元 脱脱等撰

宋史

第三册

卷三三至卷四七（紀）

中華書局

宋史卷三十三

本紀第三十三

孝宗一

孝宗紹統同道冠德昭功哲文神武明聖成孝皇帝，諱昚，字元永，太祖七世孫也。初，太祖少子秦王德芳生英國公惟憲，惟憲生新興侯從郁，從郁生華陰侯世將，世將生慶國公令譮，令譮生子偁，是爲秀王。王夫人張氏夢人擁一羊遺之曰：「以此爲識。」已而有娠，以建炎元年十月戊寅生帝于秀州青杉牐之官舍，紅光滿室，如日正中。少長，命名伯琮。

及元懿太子薨，高宗未有後，而昭慈聖獻皇后亦自江西還行在，后嘗感異夢，密爲高宗言之，高宗大寤。會右僕射范宗尹亦造膝以請，高宗曰：「太祖以神武定天下，子孫不得享之，遭時多艱，零落可憫。朕若不法仁宗，爲天下計，何以慰在天之靈。」於是詔選太祖之後。同知樞密院事李回曰：「藝祖不以大位私其子，發於至誠。陛下爲天下遠慮，合於藝祖，可以昭格天命。」參知政事張守曰：「藝祖諸子，不聞失德，而傳位太宗，過堯、舜遠甚。」高宗曰：「此事不難行，朕於『伯』字行中選擇，庶幾昭穆順序。」而上虞丞婁寅亮亦上書言：「昌陵之後，寂寥無聞，僅同民庶。藝祖在上，莫肯顧歆，此金人所以未悔禍也。望陛下於『伯』字行內選太祖諸孫有賢德者。」高宗讀之，大感歎。

紹興二年五月，選帝育于禁中。三年二月，除和州防禦使，賜名瑗。壬寅，改貴州。五年五月，用左僕射趙鼎議，立書院宮中教之，既成，遂以爲資善堂。帝讀書彊記，天資特異。己亥，制授保慶軍節度使，封建國公。六月己酉，聽讀資善堂，以徽猷閣待制范沖兼翊善，起居郎朱震兼贊讀，高宗命帝見沖、震皆拜。十二年正月丁酉，加檢校少保，封普安郡王。

三月壬寅，出閤就外第。十三年九月，秀王殁于秀州〔一〕。十四年正月庚辰，用廷臣議，聽解官行服。十六年四月乙巳，免喪還舊官。十七年六月戊午，改常德軍節度使。

二十四年，衢州盜起，秦檜遣殿前司將官辛立將千人捕之，不以聞。帝入侍言之，高宗大驚。明日以問檜，檜謂不足煩聖慮，故不敢聞，俟朝夕盜平則奏矣。檜退，知爲帝言，忌之。及檜疾篤，其家祕不以聞，謀以子熺代相，帝又密啓高宗破其奸。

三十年二月癸酉，立爲皇子，更名瑋。甲戌，詔下。丙子，制授寧國軍節度使、開府儀同三司，進封建王。制出，中外大悅。四月，賜字元瓌。

三十一年十月壬子，以明堂恩，改鎭南軍節度使。先是，金人犯邊，高宗下詔親征，而兩淮失守，朝臣多陳退避之計，帝不勝其憤，請率師爲前驅。直講史浩以疾在告，聞之，亟入爲帝言，太子不宜將兵，乃爲草奏，因中宮以進，請衞從以共子職。高宗因亦欲帝徧識諸將，十二月遂扈蹕如金陵。

三十二年五月甲子，立爲皇太子，改名昚。初，高宗久有禪位之意，嘗以諭帝，帝流涕固辭，會有邊事不果。及歸自金陵，陳康伯求去，高宗復以倦勤諭之。中書舍人唐文若聞而請對，言不宜急遽，故先下建儲之詔，賜名瑋。監察御史周必大密與康伯言，與唐昭宗名同音，不可。詔別擬進，乃定今名。旣又命學士承旨洪遵爲太子擇字，遵擬四字以進，皆不稱旨。六月甲戌〔二〕，御筆賜字元永。

乙亥，內降御札：「皇太子可卽皇帝位。朕稱太上皇帝，退處德壽宮，皇后稱太上皇后。」丙子，遣中使召帝入禁中面諭之，帝又推遜不受，卽趨側殿門，欲還東宮，高宗勉諭再三，乃止。於是高宗出御紫宸殿，輔臣奏事畢，高宗還宮。百官移班殿門外，拜詔畢，復入班殿庭。頃之，內侍掖帝至御榻前，側立不坐，內侍扶掖至七八，乃略就坐。宰相率百僚稱賀，帝遽興。輔臣升殿固請，帝愀然曰：「君父之命，出於獨斷。然此大位，懼不克當。」班退，太上皇帝卽駕之德壽宮，帝服袍履，步出祥曦殿門，冒雨掖輦以行，及宮門弗止。上皇鑒謝再三，且令左右扶掖以還，顧曰：「吾付託得人，吾無憾矣。」左右皆呼萬歲。是日，詔有司議太上皇帝、太上皇后尊號以聞，在內諸司日輪官吏應奉德壽宮，增置德壽宮提點、幹辦等官，德壽宮宿衞依皇城及宮門法。

丁丑，朝德壽宮。戊寅，大赦。詔宰相率百官月兩朝德壽宮。己卯，以卽位告于天地、宗廟、社稷。庚辰，詔五日一朝德壽宮。以左武大夫龍大淵爲樞密副都承旨，武翼郎曾覿帶御器械。癸未，始御後殿。甲申，詔中外士庶陳時政闕失。丙戌，詔進宰執官二等。丁亥，詔以太上皇不許五日一朝，自今月四朝。復除名勒停人胡銓官，知饒州。己丑，詔有司月奉德壽宮緡錢十萬。辛卯，詔罷四川市馬。壬辰，詔百官日一人入對。癸巳，蝗。甲午，上太上皇帝尊號曰光堯壽聖太上皇帝，太上皇后曰壽聖太上皇后。乙未晦，金人屠原州。

秋七月戊戌，興州中軍統制吳挺復鞏州。庚子，判建康府張浚入見。以雨水、飛蝗，令侍從、臺諫條上民間利害。壬寅，詔戒飭諸郡守臣。癸卯，以張浚爲少傅、江淮宣撫使，封魏國公。甲辰，以參知政事汪澈視師湖北、京西。遣劉珙等使金告卽位。戊申，以四川宣撫使吳璘兼陝西河東路宣撫、招討使。追復岳飛元官，以禮改葬。是夜，地震，大風拔木。己酉，有事于太廟、別廟。癸丑，馬軍司中軍統制趙撙、忠義軍統領皇甫倜復光州。甲寅，朝獻景靈宮。詔淮南諸州存恤淮北來歸之民，權免稅役。丙辰，以少保、保康軍節度使吳益爲少傅，太尉、寧武軍節度使吳蓋爲開府儀同三司。丁巳，罷李寶措置海道。戊午，恩平郡王璩入見。庚申，以御前軍器所仍隸工部。辛酉，詔後省看詳中外上書，有可采者以聞。壬戌，以黄祖舜兼權參知政事。罷諸路聖節進奉。詔李顯忠軍馬聽張浚節制。癸亥，增將士戰傷死者推恩格。詔蠲四川積年逋負。

八月乙丑朔，四川馬軍統制高師中與金人戰于摧沙，敗死。丙寅，吳璘與金人戰于德順軍。己巳，以翰林學士史浩爲參知政事。戊寅，率羣臣詣德壽宮，奉上太上皇帝、太上皇后尊號册寶。丁亥，班寬恤事十八條。起居舍人洪邁、知閤門事張掄坐奉使辱命罷。甲申，吳璘敗金人于北山。戊子，追復李光資政殿學士，趙鼎、范沖並還合得恩數。庚寅，以生日爲會慶節。追册故妃郭氏爲皇后。

九月甲午，以子愭爲少保、永興軍節度使，進封鄧王；愷爲雄武軍節度使、開府儀同三司，進封慶王；惇爲鎮洮軍節度使、開府儀同三司，進封恭王。甲午，金人攻德順軍東山堡〔三〕，中軍將李庠戰死。丁酉，詔開講日召輔臣觀講。川、陝宣諭使虞允文以論邊事不合罷。己亥，詔侍從、臺諫舉知四川利害可爲都轉運使者。庚子，以金人來索舊禮，詔宰執、侍從、臺諫各陳應敵定論以聞。辛丑，詔吳璘審度措置，保全川蜀。乙巳，詔纂錄勳臣名次。丙午，轉補朱震、范沖子孫官。庚戌，謚皇后郭氏曰恭懷。辛亥，振淮東義兵及歸正人。

以總領四川財賦軍馬錢糧王之望爲戶部侍郎、川陝宣諭使，仍命將調兵同防守興州川口。乙卯，詔虞允文赴吳璘軍議事。辛酉，以吳璘爲少師。

冬十月丙寅，詔朝臣舉堪監司、郡守者。戊辰，以岳陽軍節度使居廣開府儀同三司，史浩兼權知樞密院事。己巳，葉義問罷。詔登聞鼓院毋沮抑進狀。庚午，以恩平郡王璩爲少保。詔會慶節權免上壽。戊寅，詔張浚、陳俊卿覆實諸將所陳功賞。改謚皇后郭氏曰安穆。壬午，官岳飛孫六人。甲申，契丹招討蕭鷓巴來奔。金人攻德順城，吳璘擊走之，復遣兵追襲，遂爲所敗。乙酉，升建州爲建寧府。戊子，以資政殿學士張燾同知樞密院事。己丑，安南都護南平王李天祚、闍婆國王悉里地茶蘭固野、占城國王鄒時巴蘭並加食邑實封。

十一月庚子，以蕭鷓巴爲忠州團練使。乙巳，金人攻水洛城。丙午，賜忠義軍統制皇甫倜軍帛五千匹、綿萬兩。戊申，詔改明年爲隆興元年。辛亥，免楊存中所獻酒坊逋負錢四十萬緡。甲寅，定內侍官額。辛酉，史浩免權知樞密院事。裁定文武臣宮觀、嶽廟員數。立措置京西營田司。

十二月乙丑，詔宰臣復兼樞密使。金人攻隴城縣，官軍拒卻之。丙寅，詔帥臣、監司具部內知州治行臧否以聞。詔棄德順城，徙兵民于秦州以裏屯住。丁卯，以陳康伯兼樞密使。令江、淮宣撫司增招武勇效用軍。戊辰，詔侍從、臺諫集議當今弊事，仍命盡率其屬，使極言無隱。辛未，劉珙、張說還自盱眙。戊寅，蠲四川登極赦前帶白契稅錢〔四〕。丙戌，詔觀察使已上各舉所知三人，三省、樞密院詳議立格以聞。庚寅，罷建康、鎮江營田官兵。辛卯，廣西賊王宣破藤州，守臣廖顒棄城遁。

是歲，諸路斷大辟四十一人。

隆興元年春正月壬辰朔，羣臣朝于文德殿。帝朝德壽宮。立武臣薦舉格。甲午，四川宣撫司奉詔班師。庚子，以史浩爲尚書右僕射、同中書門下平章事兼樞密使，張浚進樞密使、都督江淮東西路軍馬。丙午，誅殿前司後軍謀變者。戊申，詔禮部貢院試額增一百人。丁巳，詔吳璘軍進退可從便宜。璘已棄德順，道爲金人所邀，將士死者數萬計。

二月壬戌朔，用史浩策，以布衣李信甫爲兵部員外郎，齎蠟書間道往中原，招豪傑之據有州郡者，許以封王世襲。安慶軍節度使士籛乞減奉賜之半，以助軍用。自是，諸宗室有請，悉從之。戊辰，宰執陳康伯等乞再減奉，止存舊格之半，許之。己卯，振兩淮流民及山東歸正忠義軍。癸未，黃祖舜罷。庚寅，逐秦檜黨人，仍禁輒至行在。

三月壬辰朔，金左副元帥紇石烈志寧〔五〕以書取侵地。癸巳，以張燾爲參知政事，御史中丞辛次膺同知樞密院事，葉義問落端明殿學士，饒州居住。丙申，雨雹。丁酉，詔戶部置局，議節浮費。己亥，楊存中等乞減半奉如宰執例，許之。庚子，以龍大淵知閤門事，曾覿同知閤門事。壬寅，陳康伯上欽宗陵名曰永獻。乙巳，詔求遺逸。丁未，詔修太上皇帝聖政。罷龍大淵，別與差遣。曾覿復帶御器械。召張浚。己酉，張燾罷。立選人減舉主法。甲寅，復以龍大淵知閤門事，曾覿同知閤門事，給事中、中書舍人留黃不行。乙卯，詔飭郡縣吏。庚申，以久雨，命有司振災傷，察刑禁。

夏四月乙丑，定選人改官歲額。戊辰，張浚入見，議出師渡淮，三省、樞密院不預聞。壬申，賜禮部進士木待問以下五百三十八人及第、出身。乙亥，王之望罷。壬午，詔戶部、臺諫議節浮費。癸未，詔以白金二十五萬兩給江、淮都督府軍費。戊子，張浚命邵宏淵帥師次盱眙。己丑，又命李顯忠帥師次定遠。是月，金人拔環州，守臣強霓及其弟震死之。

五月壬辰，申嚴鋪翠銷金及神祠僭擬之禁。丁酉，李顯忠復靈壁縣。邵宏淵次虹縣，金人拒之。戊戌，顯忠東趨虹縣。庚子，復虹縣，金知泗州蒲察徒穆及同知泗州大周仁降。辛丑，命左右史日更立前殿。壬寅，張浚渡江視師。癸卯，金右翼軍都統蕭琦降于李顯忠。甲辰，顯忠及宏淵敗金人于宿州。乙巳，史浩罷。追復司馬康右諫議大夫。丙午，復宿州，戮金兵數千人。建康前軍統領官王琪巷戰，死之。丁未，以辛次膺爲參知政事，翰林學士承旨洪遵同知樞密院事。督諸路開營田。辛亥，詣德壽宮賀天申節。金紇石烈志寧自睢陽引兵至宿州，李顯忠擊卻之。壬子，欽宗大祥，帝服衰服詣几筵，易祥服行祥祭禮。顯忠與金人戰于宿州，邵宏淵不援，顯忠失利。是夜，建康中軍統制周宏及邵宏淵之子世雄、殿前司統制官左士淵逃歸。癸丑，進李顯忠開府儀同三司、淮南京畿京東河北招討使，邵宏淵檢校少保、寧遠軍節度使、招討副使。金人攻宿州城，顯忠大敗之。殿前司統制官張訓通等七人、統領官十二人，以二將不叶而遁。甲寅，李顯忠、邵宏淵軍大潰于符離。乙卯，下詔親征。丙辰，召汪澈。以張浚兼都督荆、襄軍馬。李顯忠、邵宏淵至濠州。張浚以劉寶爲鎭江諸軍都統制。丁巳，以蒲察徒穆、大周仁、蕭琦並爲節度使，徒穆大同軍，周仁彰國軍，琦威塞軍。遣御前忠勇軍赴都督府。是月，成都地震三。

六月庚申朔，日有食之。遣內侍趣上淮東將士功賞。癸亥，汪澈罷。張浚乞致仕，且請通好，皆不許。丁卯，以觀文殿大學士湯思退爲醴泉觀使兼侍讀。戊辰，召虞允文。以兵部侍郎周葵爲參知政事。汪澈落資政殿學士，台州居住。庚午，張浚自盱眙還揚州。辛未，李顯忠罷軍職。壬申，以太傅、同安郡王楊存中爲御營使，節制殿前司軍馬。癸酉，下詔罪己。張浚降授特進，仍前樞密使、江淮東西路宣撫使，官屬各奪二官。邵宏淵降武義大夫，職仍舊。詔楊存中先詣建康措置營砦，檢視沿江守備。戊寅，詔展巡幸之期。辛次膺罷。己卯，李顯忠責授清遠軍節度副使，筠州安置。辛巳，命浙西副都總管李寶兼御營統制官，措置浙西海道。甲申，右諫議大夫王大寶入對，論移蹕。以敷文閣學士虞允文爲兵部尙書兼湖北、京西宣諭使。戊子，放宮人三十人。以蕭琦爲檢校少保、河北招撫使。

秋七月庚寅朔，以虞允文爲湖北、京西制置使。癸巳，以湯思退爲尙書右僕射、同中書門下平章事兼樞密使。李顯忠再責授果州團練副使，潭州安置。乙未，詔宿州棄軍將佐奪官貶竄有差。丙申，太白晝見，經天。罷江、淮宣撫司便宜行事。乙巳，以旱蝗、星變，詔侍從、臺諫、兩省官條上時政闕失。丁未，詔徵李顯忠侵欺官錢金銀，免籍其家。乙卯，裁減省、部、寺、監官吏。戊午，給還岳飛田宅。

八月丙寅，張浚復都督江、淮軍馬。庚午，以劉寶兼淮東招撫使。丙子，以飛蝗、風水爲災，避殿減膳。罷借諸路職田之令。戊寅，金紇石烈志寧又以書求海、泗、唐、鄧四州地及歲幣。癸未，復以龍大淵知閤門事，曾覿同知閤門事。丙戌，遣淮西安撫司幹辦公事盧仲賢等齎書至金帥府，戒勿許四州，差減歲幣。仍命諸將毋遣兵人出境。

九月己酉，楊存中罷。

冬十月戊午朔，大臣奏金帥書言四事，帝曰：「四州地、歲幣可與，名分、歸正人不可從。」辛酉，御殿復膳。己巳，遣護聖軍戍江南。丙子，詔太上皇后教旨改稱聖旨。立賢妃夏氏爲皇后。丁丑，地震。辛巳，升洪州爲隆興府。詔：「江、淮軍馬調發應援，從都督府取旨，餘事悉以聞。」

十一月己丑，盧仲賢自宿州以金都元帥僕散忠義遺三省、樞密院書來。庚子，遣王之望等爲金國通問使。辛丑，詔侍從、臺諫於後省集議講和、遣使、禮數、土貢四事，仍各薦可備小使者。丙午，盧仲賢擅許四州，下大理寺，奪三官。召張浚。癸丑，以胡昉、楊由義爲使金通問國信所審議官。

十二月己未，陳康伯罷。乙丑，張浚入見。丁丑，以湯思退爲尙書左僕射，張浚爲右僕射，並同中書門下平章事兼樞密使。浚仍都督江、淮東西路軍馬。壬午，西南方有白氣。

是歲，以兩浙大水、旱蝗，江東大水，悉蠲其租。

二年春正月辛卯，詔增德壽宮車輦儀衞。壬辰，御文德殿，册皇后。癸巳，修三省法。乙未，及皇后朝德壽宮。丙申，命虞允文調兵討廣西諸盜。庚子，罷諸州招軍。丙午，金僕散忠義復以書來。庚戌，申嚴卿監、郎官更出迭入之制。壬子，振歸正人。甲寅，白氣亙天。是月，福建諸州地震。

二月辛未，蠲秀州貧民逋租。壬申，容州妖賊李雲作亂。癸酉，復王權武義大夫，命權廣西路都鈐轄，專一措置盜賊。丙子，詔飭將帥減文武官及百司吏郊賜之半。罷兩浙、福建、江西、湖南、夔州路參議官。丁丑，雨雹及雪。獲李雲，其黨悉平。乙酉，胡昉自宿州還。初，金帥以昉等不許四郡，械繫之，昉等不屈，金主命歸之。

三月丙戌朔，詔張浚視師于淮。又詔王之望等以幣還。丁亥，詔荆襄、川陝帥臣嚴邊備，毋先事妄舉。盧仲賢除名，械送郴州編管。壬寅，詔知光州皇甫倜毋招納歸正人。丙午，王宣等降。詔三衙戍兵歸司，建康、鎮江大軍更番歸砦。庚戌，芝生德壽宮。以戶部侍郎錢端禮爲淮東宣諭使，吏部侍郎王之望爲淮西宣諭使。詔撫諭兩淮軍民。壬子，以廣西賊平，詔減高、藤、雷、容四州雜犯死罪四，釋杖以下，蠲夏秋稅賦。以忠勇軍隸步軍司，神勁右軍隸鎮江都統司。癸丑，以王彥爲建康諸軍都統制兼淮西招撫使。

夏四月庚申，召張浚還朝。甲子，以李顯忠侵欺官錢給還諸軍。丁卯，以建康歸正人爲忠毅軍，鎮江爲忠順軍，命蕭琦、蕭鷓巴分領之。戊辰，罷江、淮都督府。高麗入貢。丁丑，張浚罷。癸未，言者論宰相、執政徇欺之弊，命書置政事堂。

五月壬辰，復置環衞官。丙申，詔吳璘毋招納歸正人。辛丑，詔劉寶量度泗州輕重取舍事宜以聞。江西總管邵宏淵責授靖州團練副使，南安軍安置，仍徵其盜用庫錢。乙巳，率羣臣詣德壽宮賀天申節，始用樂。丁未，蝗。詔內外贓私不法官吏，尚書省置籍檢勘。庚戌，罷招神勁效用軍。辛亥，蠲兩淮所括戶馬。

六月甲寅朔，日有食之。辛酉，以淫雨，詔州縣理滯囚。戊辰，太白晝見。壬申，命虞允文棄唐、鄧，允文不奉詔。丁丑，振江東、兩淮被水貧民。

秋七月乙酉，召虞允文。以戶部尚書韓仲通爲湖北、京西制置使。丁亥，洪遵罷。己丑，以周葵兼權知樞密院事。遣主管馬軍司公事張守忠以兵詣淮西，措置邊備。庚子，太白經天。詔內外文武官年七十不請致仕者，遇郊毋得蔭補。乙巳，命海、泗州徹戍。丁未，雨雹。戊申，蠲淮東內庫坊場錢一年。庚戌，洪遵落端明殿學士。癸丑，以江東、浙西大水，詔侍從、臺諫、卿監、郎官、館職陳闕失及當今急務。是月，罷內侍押班梁珂爲在外宮觀。移廣西提刑司于容州。

八月甲寅朔，以災異，避殿減膳。戊午，南丹州莫延廩爲諸蠻所逐來歸，詔補脩武郎。命江東、浙西守臣措置開決圍田。甲子，秦國大長公主薨。以久雨決繫囚。庚辰，以資政殿大學士賀允中爲知樞密院事兼參知政事。辛巳，詔振淮東被水州縣。張浚薨。壬午，遣魏杞等爲金國通問使。

九月甲申，罷內侍李珂賜謚。甲午，詔江東浙西監司、守臣講明措置田事。乙未，交阯入貢。丁酉，嚴贓吏法。辛丑，以王之望爲參知政事、權刑部侍郎，吳芾爲給事中兼淮西宣諭使。金人犯邊。以久雨，出內庫白金四十萬兩，糴米賑貧民。壬寅，王彥帥師濟江，軍昭闕。癸卯，命湯思退都督江、淮東西路軍馬，辭不行。乙巳，復命楊存中爲同都督，錢端禮、吳芾並爲都督府參贊軍事。罷宣諭司。仍易國書以付魏杞。少保、崇信軍節度使趙密落致仕，權領殿前司職事。

冬十月甲寅，魏杞至盱眙，金帥以國書未如式弗受，欲得商、秦地及俘獲人，且邀歲幣二十萬，杞未得進。丁卯，賀允中罷爲資政殿大學士，致仕。己巳，以周葵兼權知樞密院事，王之望兼同知樞密院事。庚午，詔輔臣夕對便殿。丙子，大風。庚辰，蠲京西、湖北運糧所經州縣秋稅之半。以靖海軍節度使李寶爲沿海駐劄御前水軍都統制。辛巳，金人分道渡淮，劉寶棄楚州遁。

十一月乙酉，知楚州魏勝與金人戰，死之，州遂陷，濠州亦陷。王彥棄昭關遁，滁州又陷。丙戌，詔諭沿邊將士。丁亥，詔魏杞等以所齎禮幣犒軍，杞弗從命，留鎭江俟旨。復命王之望督視江、淮軍馬。戊子，以金人侵擾，詔郊祀改用明年。又詔諭歸正官民軍士。命王之望同都督江、淮軍馬。湯思退罷都督。召陳康伯。己丑，王之望罷同都督。庚寅，命楊存中都督江、淮軍馬。辛卯，湯思退罷，尋以尹穡、晁公武論之，落觀文殿大學士，永州居住，未至而卒。甲午，以黃榜禁太學生伏闕。是日，太學生張觀等七十二人上書，請斬湯思退、王之望、尹穡，竄其黨洪适、晁公武而用陳康伯、胡銓等，以濟大計。丙申，遣國信所大通事王抃持周葵書如金帥府，請正皇帝號，爲叔姪之國；易歲貢爲歲幣，減十萬；割商、秦地；歸被俘人，惟叛亡者不與；誓目大略與紹興同。以金人犯淮南，詔避殿減膳。丁酉，詔擇日視師。戊戌，以少保、觀文殿大學士陳康伯爲尚書左僕射、同中書門下平章事兼樞密使。庚子，遣兵部侍郎胡銓、右諫議大夫尹穡分詣兩浙措置海道。贈魏勝寧國軍節度使，謚忠壯。辛丑，兵部尙書錢端禮賜出身，簽書樞密院事兼提領德壽宮。壬寅，詔侍從、兩省官日一至都堂議事，有闕臺諫者亦聽會議。以顯謨閣學士虞允文同簽書樞密院事。癸卯，遣王之望勞師江上。甲辰，金人犯六合縣，步軍司統制崔臯擊卻之。乙巳，以錢端禮兼權參知政事。丁未，以顯謨閣直學士沈介爲沿江制置使。命沿江諸州調保甲分守渡口。己酉，劉寶落節鉞，爲武泰軍承宣使；王彥落龍、神衞四廂都指揮使。

閏月甲寅，陳康伯入見，詔康伯間日一朝，肩輿至殿門，給扶升殿。丙辰，周葵罷。王抃見金二帥，皆得其報書以歸。戊午，蕭琦卒。壬戌，詔罷胡銓、尹穡。丙寅，召韓仲通。以沈介爲兵部尙書、湖北京西制置使。戊辰，以金人且退，詔督府擇利擊之，王之望執不可。乙亥，之望罷。丙子，以王抃爲奉使金國通問國信所參議官，持陳康伯報書以行。丁丑，金遣張恭愈來逐使者。詔臺諫、侍從、兩省官舉楚、廬、滁、濠四州守臣。

十二月甲申，罷陝西路轉運司。戊子，魏杞始渡淮。詔郊祀大禮遵至道典故，改用來年正月一日上辛。辛卯，以錢端禮爲參知政事兼知樞密院事，虞允文同知樞密院事兼權參知政事，禮部尙書王剛中簽書樞密院事。丙申，制曰：「比遣王抃，遠抵潁濱，得其要約。尋澶淵盟誓之信，倣大遼書題之儀，正皇帝之稱，爲叔姪之國，歲幣減十萬之數，地界如紹興之時。憐彼此之無辜，約叛亡之不遣，可使歸正之士咸起寧居之心。重念數州之民，罹此一時之難，老穉有蕩析之哉，丁壯有係累之苦，宜推蕩滌之宥，少慰彫殘之情。應沿邊被兵州軍，除逃遁官吏不赦外，雜犯死罪情輕者減一等，餘並放遣。」遣洪适等賀金主生辰。詔吳挺市馬赴行在。己亥，雨雹。壬寅，罷三衙、江上、荆襄諸軍招軍。甲辰，遣沿海水軍還屯。己酉，朝獻景靈宮。庚戌，朝饗太廟。

乾道元年春正月辛亥朔，合祀天地于圜丘，大赦，改元。丁巳，淮西安撫韓璡勒停，賀州編管。庚申，以錢端禮兼德壽宮使。辛酉，召楊存中。通問使魏杞至燕山。丁卯，以王抃使金有勞，進五官。庚午，西北方有白氣。詔館職更迭補外。辛未，立兩淮守令勸民種桑賞。壬申，詔兩浙振流民。以紹興流民多死，罷守臣徐嘉及兩縣令。癸酉，蠲沿邊殘破州軍官賦一年。甲戌，劉寶責果州團練副使，瓊州安置。乙亥，罷兩淮招撫司及陝西河東宣撫、招討司。丙子，淮西守將孔福以遇敵棄城伏誅；頓遇奪官，刺面配吉陽軍牢城。

二月庚辰朔，朝德壽宮，從太上皇、太上皇后幸四聖觀。乙酉，罷江、淮都督府。遣官檢察兩浙州縣，振濟飢民。庚寅，雨雹。癸巳，移濠州戍兵于藕塘。庚子，以楊存中爲寧遠、昭慶軍節度使。甲辰，以久雨避殿減膳，蠲兩浙災傷州縣身丁錢絹，決繫囚。丁未，陳康伯薨，謚文恭。

三月甲寅，太白晝見。己未，御殿復膳。庚申，以虞允文爲參知政事兼同知樞密院事，王剛中同知樞密院事。命淮西、湖北、荆襄帥臣措置屯田，復置榷場。癸亥，黄祖舜薨。戊辰，白氣亙天。己巳，罷諸軍額外制領將佐。乙亥，太白經天。是春，湖南盗起，入廣東焚掠州縣，官軍討平之。

夏四月庚子，金報問使完顏仲等入見。乙巳，吴璘入見。

五月庚戌，以璘爲太傅，封新安郡王。丙辰，詔有司治皇后家廟。壬戌，詔監司、帥守講究弊事以聞。合廣南東、西路鹽事爲一司。癸亥，詔總領、帥漕臣、諸軍都統制並兼提領措置屯田，沿邊守臣兼管屯田事。丁卯，詔吴璘措置馬綱、水路。壬申，蠲四川州縣虚額錢。吴璘改判興元府。乙亥，詔未銓試人毋得堂除。丙子，遣李若川等使金賀上尊號。增置諸路鈐轄、都監。郴州盗李金等復作亂，遣兵討捕之。

六月癸未，王剛中薨。乙酉，詔恭王府直講王淮傾邪不正，有違禮經，可與外任。丙戌，以翰林學士洪适簽書樞密院事。戊子，步軍司統制官崔皋坐奏功冒濫，奪所遷觀察使，止進横行三官，令本軍自效。辛卯，以武經郎令德爲安定郡王。壬辰，以淮南轉運判官姚岳言境内飛蝗自死，奪一官罷之。丙申，以兩淮守令勞徠安集無效，下詔戒飭之，仍以詔置守令治所。壬寅，蠲廣東殘破郡縣稅賦。甲辰，罷湖北、京西制置司。

秋七月辛亥，詔知州年七十以上者與宮觀。癸丑，輔臣晚對選德殿，御坐後有大屛，記注諸道監司、郡守姓名，因命都堂視此書之。甲寅，借職田租二年，以裨經費。己未，鑄當二錢。己巳，蠲關外四州民今年租賦及湖南賊蹂郡縣夏稅。

八月己卯，以永豐圩田賜建康都統司。癸未，獲李金。乙酉，詔立子愭爲皇太子。丁亥，虞允文罷。戊子，大赦。己丑，以洪适爲參知政事兼權知樞密院事，吏部侍郎葉顒簽書樞密院事兼權參知政事。庚寅，立知州軍、諸路總管鈐轄都監辭見法。癸巳，錢端禮以避東宮親嫌，罷爲資政殿大學士、提舉萬壽觀。戊戌，吏部侍郎章服以論虞允文阿附罷，謫居汀州。

九月乙卯，立廣國夫人錢氏爲皇太子妃。丁巳，申嚴百司官出入局之制。丁卯，升鼎州爲常德府。甲戌，以端明殿學士汪澈知樞密院事，洪适兼同知樞密院事。乙亥，置沿淮諸州都巡檢。

冬十月己卯，遣方滋等使金賀正旦。戊子，增頭子錢。歸正人右通直郎劉藴古坐以軍器法式送北境，伏誅。壬辰，御大慶殿，册皇太子。癸巳，詣德壽宮稱謝。乙未，詔侍從各舉所知宗室一二人。丁酉，金遣高衎等來賀會慶節。乙巳，淮北紅巾賊踰淮劫掠，立賞討捕之。已而知楚州胡明遣巡尉擊殺其首蕭榮。

十一月辛亥，招收兩淮流散忠義人。丙寅，白氣亙天。辛未，遣龍大淵撫諭兩淮，措置屯田，督捕盜賊。

十二月戊寅，以洪适爲尚書右僕射、同中書門下平章事兼樞密使，汪澈爲樞密使。命廣東提刑司招安李金餘黨。癸未，遣王曮等賀金主生辰。庚寅，以葉顒爲參知政事兼同知樞密院事。辛卯，詔侍從、臺諫、兩省舉堪監司、郡守者各一人，三衙、知閤舉材武可守邊者一人。庚子，罷兩淮諸州權攝官。壬寅，金遣烏古論忠弼等來賀明年正旦。癸卯，詔樞密院文書依三省式，經中書門下晝黃書讀。

二年春正月辛酉，省六合戍兵，以所墾田給還復業之民。辛未，命湖南監司存恤寇盜殘破郡縣。

二月丁丑，罷盱眙屯田，振兩浙、江東饑。戊寅，幸玉津園宴射，遂幸龍井。

三月乙巳，禁京西、利州路科役保勝義士。壬子，詔戒飭刑獄官。戊午，殿中侍御史王伯庠請裁定奏薦，詔三省、臺諫集議，具條式以聞。詔：「縣令非兩任，毋除監察御史；非任守臣，毋除郎官。著爲令。」丁卯，賜禮部進士蕭國梁以下四百九十有三人及第、出身。戊辰，再增諸州軍離軍添差員闕。辛未，罷洪适右僕射。癸酉，以給事中、權吏部尚書魏杞同知樞密院事兼權參知政事。丁丑，罷和糴。

夏四月戊寅，以久雨，命侍從、臺諫議刑政所宜以聞。減大理、三衙、臨安府及浙西州縣雜犯死罪以下囚一等，釋杖以下。庚辰，詔兩浙漕臣王炎開平江、湖、秀圍田。辛巳，避殿減膳。甲申，太白晝見。癸巳，御殿復膳。乙未，汪澈罷。丁酉，以知荆南府李道憑恃戚里妄作，罷之。

五月戊申，張燾〔六〕薨。己酉，罷權借職田。庚戌，葉顒罷。以魏杞爲參知政事，右諫議大夫林安宅同知樞密院事兼權參知政事，中書舍人蔣芾簽書樞密院事。癸丑，太白晝見，經天。禁浙西修築圍田。罷修建康行宮。丁卯，命監司、守臣預備水旱。

六月甲戌，罷兩浙路提舉市舶司。詔諸路監司、帥臣各察守令臧否以聞。丙子，刑部上乾道新編特旨斷例。戊寅，詔制科權罷注疏出題，守臣、監司亦許解送。庚辰，封孫挺爲福州觀察使、榮國公，挺爲左千牛衞大將軍。癸未，詔使相毋奏補文資，七色補官人毋任子。堂吏遷朝議大夫以五員爲額。乙酉，申嚴內外牒式法，裁其額。丙戌，廢永豐圩。戊戌，詔：「改官人實歷知縣一任，方許關升。著爲定式。」

秋七月己酉，調泉州左翼軍二千人屯許浦鎮。甲寅，以鎮江都統制戚方爲武當軍節度使。

八月辛未朔，詔兩淮行鐵錢，銅錢毋過江北。癸酉，以武鋒軍隸步軍司。甲戌，罷任子年三十得免試參選之令。丁丑，蠲淮南放歸萬弩手差役二年。壬午，詔諸州守臣兼訓練禁軍。癸未，降會子、交子于鎮江、建康務場，令江、淮之人對換。丙戌，林安宅劾葉顒之子受金失實，罷之。丁亥，詔安宅筠州居住。温州大水。戊子，以魏杞兼同知樞密院事，蔣芾權參知政事。召葉顒。庚寅，少保、新興郡王吳蓋薨。甲午，立中興以來十三處戰功格目。乙未，詔吳璘復判興州。丙申，升宣州爲寧國府。罷戶部諸路歲糴一年。

九月甲辰，知上元縣李允升犯贓貸死，杖脊刺面，配惠州牢城，籍其貲。丙午，建康守臣王佐坐縱允升去官，奪三官勒停，建昌軍居住。餘失按官吏及薦舉官奪官有差。辛亥，遣官按視温州水災，振貧民，決繫囚。乙卯，詔改造大曆。辛酉，追封子愭爲邵王，謚曰悼肅。甲子，詔監司各舉部內知縣、縣令二三人，守臣各舉屬縣一二人。己巳，魏杞等上神宗哲宗徽宗三朝帝紀、太上皇聖政。太白晝見。是月，詔舉將帥，置章奏簿。

冬十月癸酉，上太上皇聖政于德壽宮。乙亥，遣薛良朋等使金賀正旦。己卯，減饒州歲貢金三之一，蠲諸路酒坊逋賦。戊子，知峽州呂令問坐縱贓吏知夷陵縣韓贇胄去官，奪二官，鄂州居住。辛卯，雨雹。金遣魏子平等來賀會慶節。

十一月丙午，楊存中薨。己酉，盡出內藏及南庫銀以易會子，官司並以錢銀支遣，民間從便。兩淮總領所許自造會子。鬻諸路營田。壬子，詔修祥曦殿記注。乙卯，密詔四川制置使汪應辰，如吳璘不起，收其宣撫使牌印，權行主管職事。甲子，大閱。戊辰，築郢州城。是月，詔汰冗兵。

十二月庚午朔，白氣亙天。癸酉，詔三省、侍從、臺諫、兩淮漕臣、郡守，條具兩淮鐵錢、交子利害以聞。乙亥，遣梁克家等賀金主生辰。己卯，以資政殿學士葉顒知樞密院事。辛巳，詔免進呈欽宗日曆，送國史院修纂實錄。壬午，追封楊存中爲和王。甲申，以葉顒爲尚書左僕射，魏杞右僕射，並同中書門下平章事兼樞密使。蔣芾參知政事，吏部尚書陳俊卿同知樞密院事兼權參知政事。庚寅，詔宰相領兼制國用使，參知政事同知國用事。癸巳，詔監司、守臣舉廉吏。丙申，金遣烏古論元忠等來賀明年正旦。以江東兵馬鈐轄王抃爲帶御器械。

是歲，裁定內外軍額。

校勘記

〔一〕十三年九月秀王殁于秀州　「十三年九月」，疑應作「十四年正月」，參見本書卷三〇高宗紀校勘記〔八〕。

〔二〕六月甲戌　「六月」二字原脫。按紹興三十二年六月丙寅朔，甲戌是六月九日。繫年要錄卷二〇〇從本條以下至「秋七月」各條，所有事迹都繫于六月。考異卷六七說「史失書六月」，是。今補。

〔三〕甲午金人攻德順軍東山堡　「甲午」二字，與上文重複，疑有舛誤。

〔四〕蠲四川登極赦前帶白契稅錢　「登」字原置「赦前」下，「極」字原脫。按李心傳建炎以來朝野雜記（以下簡稱朝野雜記）甲集卷一五載此事說：「自登極赦前有帶白契者悉蠲之。」據改。

〔五〕金左副元師紇石烈志寧　「左」原作「右」，據金史卷六世宗紀、卷八七紇石烈志寧傳改。

〔六〕張燾　原作「張壽」，按此卽上文隆興元年所載的張燾，據周益國文忠公集卷六一張燾神道碑改，參見本書卷三八二張燾傳校勘記。

宋史卷三十四

本紀第三十四

孝宗二

三年春正月甲辰，詔廷尉大理官毋以獄情白宰執，探刺旨意爲輕重。庚戌，置三省戶房國用司。初，以國用置之，罷江州屯駐軍馬，至是復留之。癸亥，罷銅錢過江之禁。裁定利州西路諸軍額。

二月壬申，詔國用司月上宮禁及百司官吏、三衙將士請給之數。癸酉，出龍大淵爲江東總管，曾覿爲淮西總管。甲戌，大淵改浙東，覿改福建。乙亥，罷成都、潼川路〔一〕轉運司輪年銓試，以其事付制置司。辛巳，以端明殿學士虞允文知樞密院事。癸未，雨雹。甲申，爲知陳州陳亨祖立廟于光州，賜名愍忠。丙戌，以武經龜鑑、孫子賜鎮江都統戚方、建康都統劉源。癸巳，措置淮東山水砦。丙申，從太上皇、太上皇后幸玉津園。戊戌，直秘閣前廣東提刑石敦義犯贓，刺面配柳州，籍其家。

三月甲辰〔三〕，從太上皇、太上皇后幸聚景園。辛亥，詔德壽宮恭請裁定醫官員額。丁巳，詔四川宣撫司創招千人，置司所在屯駐。壬戌，伯母秀王夫人張氏薨。

夏四月辛未，蠲諸路州軍逋負。癸酉，爲秀王王夫人成服于後苑，百官進名奉慰。丁丑，合利州東、西路爲一。戊寅，以吳璘知興元府，充利州路安撫使、四川宣撫使。

五月癸卯，葉顒等上三祖下仙源積慶圖及太宗眞宗玉牒、哲宗寶訓。甲寅，吳璘薨。庚申，命四川制置使汪應辰主管宣撫司事，移司利州。修揚州城。壬戌，大減三衙官屬。

六月己巳，命汪應辰權節制利州路屯駐御前軍馬。辛未，復分利州東、西路爲二。甲戌，以虞允文爲資政殿大學士、四川宣撫使。乙亥，金遣使來取被俘人。詔實俘在民間者還之，軍中人及叛亡者不預。戊寅，復以虞允文爲知樞密院事，充宣撫使，帝親書九事戒之。罷淮西、江東總領所營田，募人耕佃，壯丁各還本屯，癃老存留，減半請給。甲申，詔鎭江都統制戚方、武鋒軍都統制陳敏各上清河口戰守之策。追封吳璘爲信王。丁亥，詔後省參攷理檢院典故。辛卯，皇后夏氏崩。振泉州水災。

秋七月己亥，立薦舉改官額。壬寅，以皇太子疾，減雜犯死罪囚，釋流以下。乙巳，皇太子薨，謚曰莊文。己酉，東宮醫官杜楫除名，昭州編管，尋改瓊州。

閏月辛未，詔：「諸軍復置副都統制，文字與都統制連書，軍馬調發從都統制，違者奏劾。」戚方罷。癸酉，權欑安恭皇后于臨安修吉寺。丁亥，戚方落節鉞，信州居住。

八月丁酉，內侍陳瑜〔三〕、李宗回坐交結戚方受賂：瑜除名，決杖，黥面配循州；宗回除名，筠州編管；方責授果州團練副使，潭州安置，籍所盜庫金以犒軍。甲寅，以久雨，命臨安府決繫囚。丁巳，葉顒等請罷，不許。蠲光濠廬三州、壽春府賦一年。戊午，遣官分決滯獄。壬戌，以知建康府史正志兼沿江水軍制置使，自鹽官至鄂州沿江南北及沿海十五州水軍悉隸之。癸亥，詔給、舍討論考課舊法。四川旱，賜制置司度牒四百，備振濟。

九月戊子，太白晝見。

冬十月乙未朔，占城入貢。丁酉，遣唐瑑等使金賀正旦。戊戌，修眞州城。以嗣濮王士輵爲開府儀同三司。庚子，定內外薦舉改官人歲額。癸卯，詔歸正借補官資人充樞密院効士，於指定州軍以官庫酒息贍之者，毋罷其給。乙卯，金遣蒲察莎魯窩等來賀會慶節。

十一月丙寅，合祀天地于圜丘，大赦。戊辰，雷。己巳，詔戒飭武臣及百官。癸酉，以郊祀雷，葉顒、魏杞並罷，命陳俊卿爲參知政事，翰林學士劉珙同知樞密院事。甲戌，蔣芾、陳俊卿請罷，不許。丁丑，以雷發非時，詔臺諫、侍從、兩省官指陳闕失。辛巳，詔侍從、兩省、臺諫、卿監、郎官，舉堪郎官、寺監丞、監司、郡守者。癸巳，罷川路馬船。

十二月丙申，增修六合城。己亥，遣王淪賀金主生辰。乙巳，置豐儲倉。增印會子。辛亥，以吳益爲太傅。庚申，金遣徒單忠衞等來賀明年正旦。

是歲，兩浙水，四川旱，江東西、湖南北路蝗，振之。

四年春正月戊辰，籍荆南義勇民兵，增給衣甲，遇農隙日番教。壬午，奪秦埙、秦堪郊恩蔭補。癸未，雨雹。甲申，幸天竺寺，遂幸玉津園。辛卯，罷吳益郊恩蔭補。壬辰，葉顒薨。

二月甲午朔，罷福建路賣鈔鹽，蠲轉運司歲發鈔鹽錢十五萬緡。詔四川宣撫使虞允文集四路漕臣，會計財賦所入，對立兵額。丁酉，命湖北安撫司給田募辰、沅、靖三州刀弩手。戊戌，置和州鑄錢監。己亥，以蔣芾爲尚書右僕射、同中書門下平章事兼樞密使兼制國用使，觀文殿大學士史浩爲四川制置使，浩辭不行。庚子，詔蔣芾常朝，贊拜不名。芾辭，許之。乙巳，賜王炎出身，簽書樞密院事。癸丑，五星皆見。乙卯，雪，雨雹。

三月庚午，以敷文閣待制晁公武爲四川安撫制置使。戊寅，詔贈果州團練使韓崇岳立廟，賜名忠勇；宣州觀察使朱勇立廟，賜名忠節。己丑，四方霧下若塵。庚寅，蠲楚州壯丁、社民稅役。謚陳亨伯曰愍節。

夏四月乙未，置漢陽軍收發馬監。詔公吏非犯公罪，毋得引用併計案問法。己亥，置郢州轉般倉。癸卯，遣使撫邛、蜀二州饑民爲亂者。己酉，追封韓世忠爲蘄王。甲寅，蔣芾等上欽宗帝紀、實錄。丙辰，禮部員外郎李燾上所著續通鑑長編，自建隆至治平一百八卷。丁巳，詔太史局參用新舊曆。戊午，詔販牛過淮者，論如興販軍須之罪。是月，振綿、漢等州饑。

五月癸亥，出度牒千道，續減四川科調。乙丑，太白晝見。以邛州安仁縣荒旱，失于蠲放，致饑民擾亂，守貳、縣令降罷追停有差。甲申，謚趙鼎曰忠簡。丙戌，行乾道新曆。丁亥，以饒信二州、建寧府饑民嘯聚，遣官措置振濟。是月，西夏任敬德〔四〕遣使至四川宣撫司，約發兵攻西番。

六月辛卯朔，太白晝見，經天。甲午，詔罷廣西鈔鹽，復官般官賣法，歲減轉運司鈔錢十九萬緡，其秋苗毋得科折。戊戌，蠲諸路逋負乾道元年二月和市、折帛、雜色錢。辛丑龍大淵卒，詔以爲寧武軍節度使致仕。五星皆見。癸卯，詔四川宣撫司增印錢引一百萬，對償民間預借錢。蠲邛、蜀二州夏稅。丁巳，召興化軍布衣林彖赴行在。戊午，蔣芾以母喪去位。

秋七月壬戌，以劉珙兼參知政事。召建寧府布衣魏掞之赴行在。申禁異服異樂。癸亥，徽州大水。己巳，罷沿江水軍制置司。辛未，衢州大水。戊寅，知衢州王悅以盛暑禱雨、蔬食減膳、憂勤致疾而死，贈直龍圖閣。丁亥，以經、總制餘剩錢二十一萬緡椿留邛、蜀州，以備振濟。己丑，以久雨，御延和殿慮囚，減臨安府、三衙死罪以下囚，釋杖以下。是月，西夏遣間使來。

八月乙未，班祈雨雪之法于諸路。己亥，五星皆見。丁未，主管殿前司公事王琪傳旨不實，擅興工役，降三官放罷。庚戌，劉珙罷。辛亥，陳俊卿請罷政，不許。

九月庚申，立內外將佐升差審察法。庚午，從太上皇幸天竺寺。限品官子孫名田。是秋，罷關外四州營田官兵，募民耕佃。

冬十月壬辰，遣鄭聞等使金賀正旦。甲午，禁歸正人藏匿金人者。乙未，臣僚言：「天下之事，必歷而後知，試而後見。爲縣令者必爲丞簿，爲郡守者必爲通判，爲監司者必爲郡守，皆有等差。自今職事官及局務官，必任滿方許求外，未歷親民任使，卽未得擬州郡，且授通判。」詔從之。庚子，蔣芾起復尙書左僕射，陳俊卿右僕射，並同中書門下平章事兼樞密使兼制國用使。甲辰，大閱。己酉，金遣移剌神獨斡等來賀會慶節。庚戌，大風。

十一月壬戌，遣知無爲軍徐子寅措置楚州官田，招集歸正忠義人以耕。甲戌，嚴盜賊法。乙亥，詔峽州布衣郭雍赴行在。壬申，兩淮歸正忠義有田產者，蠲役五年。癸未，岳陽軍節度使居廣封永陽郡王。

十二月丙申，遣胡元質等賀金主生辰。甲辰，賜魏掞之同進士出身，爲太學錄。蔣芾辭起復，許之。減兩浙、江東西路明年夏税、和市之半。甲寅，金遣完顏仲仁等來賀明年正旦。

五年春正月甲戌，措置兩淮屯田。

二月己丑，申嚴太廟季點法。乙未，命楚州兵馬鈐轄羊滋專一措置沿淮、海盜賊。先是，海州人時旺聚衆數千來請命，旺尋爲金人所獲，其徒渡淮而南者甚衆，故命滋彈壓之。戊戌，贈張浚太師，謚忠獻。壬寅，以給事中梁克家簽書樞密院事。癸卯，大風。甲辰，以王炎參知政事兼同知樞密院事。丙午，雨雹。辛亥，詔：「自今詔令未經兩省書讀者毋輒行，給、舍駁正毋連銜同奏。」

三月丁巳朔，詔趣修廬、和二州城。己巳，蠲成都府路民戶歲輸對糴米脚錢三十五萬緡。乙亥，以王炎爲四川宣撫使，仍參知政事。召虞允文赴行在。丙子，賜禮部進士鄭僑以下三百九十有二人及第、出身。壬午，賜郭雍號沖晦處士。癸未，罷利州路諸州營田官兵，募民耕佃。詔侍從、監司、帥臣、管軍薦武舉出身人可將佐者。

夏四月己丑，復置將作軍器少監。壬辰，以梁克家兼參知政事。辛丑，詔：福建路貧民生子官給錢米。庚戌，修襄陽府城。辛亥，振恤衢、婺、饒、信四州流民。

五月己巳，帝以射弩弦斷傷目，不視朝。金牒取俘獲人，王抃議盡遣時旺餘黨，陳俊卿持不可，帝然之。

六月庚寅，太白晝見。戊戌，始視朝。己酉，以虞允文爲樞密使。

秋七月乙丑，召曾覿入見，陳俊卿及虞允文請罷之，不許。覿至行在，俊卿、允文復言其不可留，詔以覿爲浙東總管。

八月甲申朔，日有食之。己丑，以陳俊卿爲尙書左僕射，虞允文爲尙書右僕射，並同中書門下平章事、兼樞密使兼制國用使。辛亥，命淮西路鑄小鐵錢。

九月己未，罷淮東屯田官兵，募民耕佃。辛酉，詔淮東諸州，農隙教閱民丁。甲子，詔侍從、臺諫集議欽宗配饗功臣。壬申，大風。命淮西安撫司參議官許子中措置淮西山水砦，招集歸正忠義人耕墾官田。

冬十月乙酉，遣汪大猷等使金賀正旦。戊子，振温、台二州被水貧民，以守臣、監司失職，降責有差。戊戌，大風。己亥，命饒、信二州歲各留上供米三萬石，以備振糶。癸卯，金遣高德基等來賀會慶節。

十一月癸丑朔，復置淮東萬弩手，名神勁軍。庚申，增置廣東水軍。乙丑，以孫擴爲右千牛衞大將軍。以明州定海縣水軍爲御前水軍。丙寅，爲岳飛立廟于鄂州。己巳，太白晝見。辛未，詔侍從、臺諫、兩省官，各舉京朝官以上才堪監司、郡守者三人。壬申，復成閔慶遠軍節度使、鎭江諸軍都統制。

十二月己丑，遣司馬伋等賀金主生辰。辛卯，大風。丁酉，置應城縣馬監。復李顯忠威武軍節度使。乙巳，復置成都府廣惠倉。戊申，金遣完顏毅等來賀明年正旦。

六年春正月癸丑，雅州沙平蠻寇邊，焚碉門砦。四川制置使晁公武調兵討之，失利。乙卯，修楚州城。丁巳，復強盜舊法，其四年十一月指揮勿行。癸亥，初降金字牌下四川宣撫司，備邊奏。乙丑，增築豐儲倉。庚午，以奉國軍承宣使、知廬州郭振爲武泰軍節度使。

二月乙酉，詔戶部侍郎二人分領諸路財賦。丁亥，復置舒州同安監，鑄鐵錢。辛卯，王炎遣人約沙平蠻歸部，稍捐邊稅與之。丙申，廣西路復行鈔鹽法，仍增收通貨錢四十萬緡，以備漕計。壬寅，詔諭大臣：均役法，嚴限田，抑游手，務農桑。己酉，置應城縣孳生監。庚戌，以曾覿爲福州觀察使。遣司農寺丞許子中詣淮西，措置鐵錢。

三月癸丑，用三省言，兩淮守帥宜久其任，二年後察其能否，以行賞罰。乙卯，裁減樞密院吏額一百十有四人。丁巳，詔步軍司權以三萬五千人爲額。起復王抃知閤門事，專一措置三衙揀選官兵。贈彰國軍節度使大周仁爲太尉。庚申，從太上皇、太上皇后幸聚景園。乙丑，以晁公武、王炎不協，罷四川制置司歸宣撫司。辛未，從太上皇、太上皇后幸聚景園。甲戌，裁減三省吏額七十人。戊寅，以知紹興府史浩爲檢校少傅、保寧軍節度使。己卯，詔兩淮州縣官以繁簡易其任。復置江、浙、京湖〔五〕、淮、廣、福建等路都大發運使，以新知成都府史正志爲之。

夏四月辛巳朔，罷鑄錢司歸發運司。併淮東總領所歸淮西總領所。以敷文閣直學士張震知成都府，充本路安撫使。乙未，賜發運使史正志緡錢二百萬爲均輸、和糴之用。吏部尚書汪應辰三上疏論發運司。戊戌，以應辰知平江府。

五月甲寅，裁減六部吏額百五十人，其餘百司、三衙以是爲差。己未，陳俊卿、虞允文等上神宗哲宗徽宗欽宗四朝會要、太上皇玉牒。己巳，陳俊卿以議遣使不合，罷爲觀文殿大學士、知福州。罷行在至鎭江征稅所比近者十有三。甲戌，詔戒飭百官。丁丑，知潮州曾造犯贓，貸命，南雄州編管，籍其家。戊寅，詔給舍、臺諫言事。

閏月壬午，詔監司、帥臣舉守令臧否失實，依舉清要官法定罪。甲申，印給諸州上供綱目，季申而歲校之，以爲殿最。戊子，遣范成大等使金求陵寢地，且請更定受書禮。辛卯，吏部侍郎陳良祐論祈請使不當遣，恐生邊釁。詔以良祐妄興異論，不忠不孝，放罷，送筠州居住。癸巳，增環衞官奉。以梁克家爲參知政事兼同知樞密院事。壬寅，以江東漕臣黃石不親按行水災州郡，降二官。甲辰，辛次膺薨。戊申，復置武臣提刑。

六月壬子，申嚴卿監、郎官更迭補外之制。壬申，增武學生爲百人。癸酉，置蘄州蘄春監、黃州齊安監，鑄鐵錢。是月，榮國公捷〔六〕自東宮出居外第。

秋七月癸未，詔以沙田、蘆場歲收租稅六十餘萬緡入左藏南庫。丙戌，詔川廣監司、郡守任滿奏事訖方調。己丑，置興國軍興國監。甲午，詔除郎官並引對畢供職。辛丑，復置御前弓馬子弟所，命吳挺兼提舉。賜岳飛廟曰忠烈。

八月庚戌，虞允文請蚤建太子。癸丑，復置詳定一司敕令所。丙寅，置閤門舍人十員。是月，虞允文上乾道敕令格式。

九月壬辰，賜蘇軾謚曰文忠。辛丑，沅州猺人相讐殺，守臣孫叔傑出兵擊之，失利。猺人進迫州城，安撫司諭解之，叔傑尋抵罪。是月，范成大至自金，金許以遷奉及歸欽廟梓宮而不易受書禮。

冬十月己酉，以孫摠爲左千牛衞大將軍。丙辰，詔發運使置司行在。謚司馬朴曰忠潔。辛酉，遣呂正己等使金賀正旦。丁卯，金遣耶律子敬等來賀會慶節。甲戌，起居舍人趙雄請置局議恢復，詔以雄爲中書舍人。

十一月丁丑朔，復置軍器監一員。壬午，合祀天地于圜丘，大赦。乙未，復置神武中軍，以吳挺爲都統制。召曾覿提舉佑神觀。丁酉，加上光堯壽聖太上皇帝尊號曰光堯壽聖憲天體道太上皇帝、壽聖太上皇后尊號曰壽聖明慈太上皇后。是月，遣趙雄等賀金主生辰，別函書請更受書之禮。置左藏南上庫。

十二月戊申，大閱。甲子，置江州廣寧監、臨江軍豐餘監、撫州裕國監，鑄鐵錢。壬申，金遣蒲察愿等來賀明年正旦。癸酉，罷發運司。以史正志奏課不實，責爲楚州團練副使，永州安置。

是歲，兩浙、江東西、福建水旱。

七年春正月丙子，率羣臣奉上太上皇、太上皇后册寶于德壽宮。庚辰，虞允文復請建太子，帝命允文擬詔以進。壬寅，命三省旬錄宣諭聖語及時政記同進。是月，復鑄錢司。

二月癸丑，詔立子惇爲皇太子，大赦。以慶王愷爲雄武、保寧軍節度使，判寧國府，進封魏王。丁巳，增置皇太子宮講讀官。庚申，罷會子庫，仍賜戶部內藏南庫緡錢二百萬、銀九十萬兩以增給官兵之奉。甲子，詔寺觀毋免稅役。丁卯，太傅大寧郡王吳益薨。壬申，大風。

三月乙亥朔，趙雄至金，金拒其請。詔訓習水軍。丙子，立恭王夫人李氏爲皇太子妃。戊寅，徙侍衞馬軍司戍建康。己卯，起復劉珙同知樞密院事。以明州觀察使、知閤門事兼樞密都承旨張說簽書樞密院事。左司員外郎兼侍講張栻言說不宜執政。乙酉，立沿海州軍私齎銅錢下海船法。丙戌，復置將作監。殿中侍御史李處全乞遣張說按行邊戍，以息衆論，中書舍人范成大乞不草詞。戊子，說罷爲安慶軍節度使、提舉萬壽觀。庚寅，遣使覈兩淮種麥。丙申，御大慶殿册皇太子。禮部侍郎鄭聞、工部侍郎胡銓、樞密院檢詳文字李衡、祕書丞潘慈明並罷。虞允文乞留銓，乃以爲寶文閣待制兼侍講。己亥，皇太子謝于紫宸殿，宰相率百官赴東宮賀。

夏四月戊申，以曾覿爲安德軍承宣使。庚申，詔諸路增收無額錢物，並輸南上庫。壬戌，從太上皇、太上皇后幸聚景園。甲子，詔皇太子判臨安府。己巳，詔侍從、臺諫、兩省官舉任刑獄、錢穀及有智略吏能者各二人。辛未，詔皇太子領臨安尹。

五月戊寅，復置淮東總領所。丁亥，劉珙起復同知樞密院事，爲荆、襄宣撫使，珙辭不拜。庚寅，金人葬欽宗于鞏原。丁酉，詔廣西帥臣措置南丹州市馬。是月，遣知閤門事王抃點閱荆、襄軍馬。

六月丙午，復主管馬軍司公事李顯忠爲太尉。己巳，賜吳璘謚曰武順。壬申，詔兩淮墾田毋創增稅賦。

秋七月庚子，以王炎爲樞密使、四川宣撫使。

八月丙辰，詔兩淮民丁充民兵者，本名丁錢勿輸。辛酉，復修襄陽城。

九月壬申朔，以江西、湖南旱，命募民爲兵。甲申，從太上皇、太上皇后幸東園。戊子，安定郡王令德薨。

冬十月丁未，罷紹興宗正行司，改恩平郡王璩判西外宗正。己酉，遣莫濛等使金賀正旦。壬戌，金遣烏林答天錫等來賀會慶節，天錫要帝降榻問金主起居，虞允文請帝還內，命知閤門事王抃諭天錫以明日見，天錫沮退。癸亥，會慶節，金使隨班入見。

十一月甲戌，御集英殿策試應賢良方正能直言極諫科李垕。戊寅，錫垕制科出身。

十二月丁未，遣翟紱等賀金主生辰。庚申，詔閤門舍人依文臣館閣以次輪對。癸亥，罷太醫局。丙寅，金遣完顏宗寧等來賀明年正旦。

是歲，湖南、江東西路旱，振之。

八年春正月庚午朔，班乾道敕令格式。丁酉，朝獻景靈宮，遂幸天竺寺、玉津園。

二月乙巳，詔改尚書左右僕射、同中書門下平章事爲左右丞相。丙午，詔六察分隸，事有違戾，許監察御史隨事具實狀糾劾以聞。戊申，遣姚憲等使金賀上尊號，附請受書之事。辛亥，以虞允文爲左丞相，梁克家爲右丞相，並兼樞密使。癸丑，以安慶軍節度使張說、吏部侍郎王之奇並簽書樞密院事。侍御史李衡、右正言王希呂交章論說不可爲執政，不報。禮部侍郎兼直學士院周必大不草答詔，權給事中莫濟封還錄黃，詔並與在外宮觀。丙辰，詔罷王希呂與遠小監當，尋詔與宮觀。丁巳，李衡罷爲起居郎。丙寅，戶部尚書曾懷賜出身，參知政事。

三月戊子，詔省侍中、中書尚書令員，以左右丞相充其位。

夏四月庚子，賜禮部進士黃定以下三百八十有九人及第、出身。己酉，殿中侍御史蕭之敏劾虞允文擅權不公，允文請罷政，許之；翼日復留，出之敏提點江東刑獄。甲子，措置兩淮官田徐子寅等坐授田歸正人逃亡，奪官有差。乙丑，詔再蠲兩淮二稅一年。

五月戊子，福建鹽行鈔法。丙申，立宗室銓試法。

六月庚子，以武德郎令檀爲金州觀察使，封安定郡王。壬寅，蠲兩淮歸正人撮收課子。淮東巡尉有縱逸歸正戶口過淮者，奪官有差。壬子，省監司薦舉員。

秋七月辛巳，罷淮西屯田官兵，募歸正人耕佃。姚憲、曾覿至自金，金人拒其請。癸未，以覬爲武泰軍節度使。壬辰，雨雹。

九月戊辰，定江西四監鐵錢額。乙亥，詔王炎赴都堂治事。戊寅，以虞允文爲少保、武安軍節度使、四川宣撫使，封雍國公。己丑，賜允文家廟祭器。壬辰，允文入辭，帝諭以決策親征，令允文治兵俟報。

冬十月丁未，遣馮㩉等使金賀正旦。丙辰，金遣夾谷淸臣等來賀會慶節。罷借諸路職田。

十一月辛未，遣官覈江、浙、福建、二廣、湖南八路官田。辛巳，復四川諸州教授員。庚寅，進檢校少傅、知福州史浩開府儀同三司。

十二月戊戌，蠲兩淮明年租賦。甲辰，詔京西招集歸正人，授田如兩淮。甲寅，命四川試武舉。丙辰，追封劉光世爲安成郡王。丁巳，遣韓元吉等賀金主生辰。庚申，復置鑄錢司提點官二員。辛酉，金遣曹望之等來賀明年正旦。

是歲，隆興府、江筠州、臨江興國軍大旱，四川水。

九年春正月辛未，王之奇罷爲淮南安撫使，王炎罷爲觀文殿大學士、提舉洞霄宮。乙亥，以張說同知樞密院事，戶部侍郎沈夏簽書樞密院事。戊寅，遣官覈兩浙營田及沒官田，次及江東、西，四川如之。以刑部尚書鄭聞簽書樞密院事。乙酉，福建鹽復官賣法。是月，以措置兩淮、荆襄十六事敕安撫、轉運使督諸州守臣，月具所行事奏，仍審擇臧否，以議黜陟。

閏月戊申，以久雨，命大理、三衙、臨安府及兩浙州縣決繫囚，減雜犯死罪以下一等，釋杖以下。乙卯，修廬州城。辛酉，大風。幸天竺寺、玉津園。

二月壬申，蠲江西旱傷五州逋負米。乙亥，青羌奴兒結寇安靜砦，黎州推官黎商老戰死。乙酉，孫榮國公挺薨，追封豫國公。丁亥，特贈蘇軾爲太師。

三月甲午，禁北界博易銀絹。戊申，從太上皇、太上皇后幸聚景園。癸丑，復以進奏院隸門下後省。丙辰，復分淮南安撫司爲東西路。

夏四月丁丑，裁定武鋒軍軍額。己丑，皇太子解臨安尹事。

五月壬辰朔，日有食之。己未，以迪功郎朱熹屢詔不起，特改宣教郎，主管台州崇道觀。

六月甲戌，禁兩淮、荆襄、四川諸州籍民戶馬。己丑，戒飭監司、守令勸農。

秋七月壬寅，青羌奴兒結降。辛亥，吐蕃彌羌畜列陷安靜砦，引兵深入，黎州守臣誘邛部川蠻擊卻之。

八月丙子，詔興修水利。癸未，合荆、鄂二軍爲一，以吳挺充都統制。

九月丙申，梁克家等上中興會要、太上皇及皇帝玉牒。庚子，命盱眙軍以受書禮移牒泗州，示金生辰使，金使不從。

冬十月甲子，遣留正等使金賀正旦。右丞相梁克家與同知樞密院張說議使事不合，乃求去。辛未，克家罷爲觀文殿大學士、知建寧府。壬申，矞雲見。甲戌，以曾懷爲右丞相，張說知樞密院事，鄭聞參知政事，沈夏同知樞密院事。庚辰，金遣完顏襄等來賀會慶節。丁亥，襄等入辭，別函申議受書之禮，仍示虞允文速爲邊備。

十一月辛卯，詔樞密院，除授及財賦，事關中書、門下省，其邊機軍政更不錄送。戊戌，合祀天地于圜丘，大赦，改明年爲淳熙元年。

十二月己未朔，戒敕沿邊諸軍，毋輒遣間探、招納叛亡。甲子，沈夏罷。乙丑，以御史中丞姚憲簽書樞密院事。遣韓彥直等賀金主生辰。辛未，交阯入貢。癸酉，罷廣西客鈔鹽，復官般官賣法。甲戌，遣使措置宜州市馬。乙亥，以嗣濮王士輵、永陽郡王居廣並爲少保。乙酉，金遣完顏璋等來賀明年正旦，以議受書禮不合，詔俟改日。以太上皇有旨，姑聽仍舊。丁亥，璋等入見。

是歲，浙東、江東西、湖北旱。

淳熙元年春正月乙未，禁淮西諸關採伐林木。戊戌，罷坐倉糴米賞。庚子，罷兩淮將帥權攝官。丙午，禁兩淮耕牛出境。以交阯入貢，詔賜國名安南，封南平王李天祚爲安南國王。

二月癸酉，虞允文薨。辛巳，爲郭浩立廟于金州。

三月戊子朔，詔寄祿官及選人並去左右字。丙申，以鄭聞爲資政殿大學士、四川宣撫使。戊申，幸玉津園。癸丑，金遣粱肅等來計事。

夏四月戊辰，從太上皇幸聚景園。壬申，許桂陽軍谿洞子弟入州學聽讀。乙亥，詔四川宣撫司教閱諸州將兵。戊寅，遣張子顏等使金報聘。己卯，以姚憲參知政事，戶部尙書葉衡簽書樞密院事。

五月壬寅，班鄭興裔所創檢驗格目。

六月丙辰朔，詔禮官討論別建四祖廟，正太祖東嚮位。戊午，以興州都統制吳挺爲定江軍節度使。癸酉，改江陵府爲荆南府。戊寅，曾懷罷。癸未，姚憲罷。甲申，落憲端明殿學士，罷宮觀。以葉衡參知政事。

秋七月丁亥，以鄭聞參知政事。罷四川宣撫司。以成都府路安撫使薛良朋爲四川安撫制置使。戊子，詔舉廉吏。壬辰，以曾懷爲右丞相。己酉，姚憲南康軍居住。

八月己未，張説罷爲太尉，提舉隆興府玉隆觀。以徽猷閣學士楊倓爲昭慶軍節度使，簽書樞密院事。

九月乙酉朔，以曾覿開府儀同三司。壬寅，幸玉津園宴射。乙巳，罷宜州市馬。

冬十月辛酉，立金銀出界罪賞。壬戌，遣蔡洸使金賀正旦。癸亥，以積雨，命中外決繫囚。丙寅，鄭聞薨。乙亥，金遣完顏讓等來賀會慶節。戊寅，占城入貢。辛巳，再蠲臨安府民身丁錢三年。壬午，以魏王愷判明州。蠲郴州、桂陽軍借貸常平米。

十一月甲申朔，日有食之。戊戌，以禮部侍郎龔茂良參知政事。楊倓罷，以葉衡兼權知樞密院事。丙午，曾懷罷。戊申，以葉衡爲右丞相兼樞密使。

十二月丁巳，以吏部尚書李彥穎簽書樞密院事。壬戌，遣吳琚等賀金主生辰。丙寅，罷鐵錢，改鑄銅錢。庚午，詔禮官論復魏悼王襲封。壬申，葉衡等上眞宗玉牒。金遣劉仲誨等來賀明年正旦。以資政殿學士、知江陵府沈夏升大學士，爲四川宣撫使，仍命升差從主帥，場務還軍中。新四川制置使范成大改管內制置使。

二年春正月癸巳，前宰相梁克家、曾懷坐擅改堂除，克家落觀文殿學士，懷降爲觀文殿學士。甲午，廢同安蘄春監。丁未，以兩淮諸莊歸正人安業，徐子寅等行賞有差。庚戌，詔籍諸軍子弟爲背嵬軍。

三月丙申，以太上皇壽七十，詔禮官討論慶壽典禮。乙巳，詔武舉第一人補秉義郎，堂除諸軍計議官。

夏四月乙卯，賜禮部進士詹騤以下四百二十有六人及第、出身。己巳，幸玉津園。是月，茶寇賴文政起湖北，轉入湖南、江西，官軍數爲所敗，命江州都統皇甫倜招之。

五月辛卯，諭宰相以朝政闕失，士民皆得獻言。庚子，命鄂州都統李川調兵捕茶寇。乙巳，詔知縣三年爲任。

六月庚戌朔，詔自今宰執、侍從以下除外任，非有功績者不除職名，外任人非有勞效亦不除職。以沈夏同知樞密院事。辛酉，罷四川宣撫司。以倉部郎中辛棄疾爲江西提刑，節制諸軍，討捕茶寇。丁卯，用左司諫湯邦彥言，落蔣芾、王炎觀文殿大學士，張說落節度使，芾建昌軍、炎袁州、說撫州並居住。戊辰，振濟湖南、江西被寇州縣。是月，茶寇自湖南犯廣東。

秋七月辛丑，有星孛于西方。

八月丙辰，江西總管賈和仲以捕茶寇失律除名，賀州編管。甲子，賜安南國王印。丁卯，蠲湖南、江西被寇州縣租稅。丁丑，遣左司諫湯邦彥等使金申議。

九月乙卯朔，湯邦彥請分揚廬州、荆南襄陽府、金州、興元府、興州爲七路，每路文臣一人，充安撫使以治民，武臣一人，充都總管以治兵，三載視其成以議誅賞。從之。乙酉，振恤淮南水旱州縣。乙未，葉衡罷。丁未，沈夏罷。贈趙鼎爲太傅，還其爵邑，追封豐國公。

閏月丁巳，以李彥穎參知政事，翰林學士王淮簽書樞密院事。甲子，詔武臣從軍毋帶內職。是月，辛棄疾誘賴文政殺之，茶寇平。

冬十月戊寅朔，賞平茶寇功，湖南、江西、廣東監帥黜陟有差。庚辰，大風。壬午，詣德壽宮，加上光堯壽聖憲天體道太上皇帝尊號曰光堯壽聖憲天體道性仁誠德經武緯文太上皇帝，壽聖明慈太上皇后尊號曰壽聖齊明廣慈太上皇后。乙酉，遣謝廓然等使金賀正旦。戊戌，金遣完顏禧等來賀會慶節。

十一月戊申朔，奉上太上皇、太上皇后册寶于德壽宮。庚戌，麗正門內火。癸丑，大風。戊午，提點坑冶王揖進羨餘十萬緡，詔却之。

十二月辛巳，班淳熙吏部七司法。遣張宗元等賀金主生辰。甲午，朝德壽宮，行慶壽禮，大赦，文武官封父母，賞諸軍。議放天下苗稅三之一，大臣言國用不足，迺止。丙申，更定強盜贓法。甲辰，金遣完顏迶等來賀明年正旦。

三年春正月甲寅，以常州旱，寬其逋負之半。刪犯贓蔭補法。振淮東饑，仍命貸貧民種。乙丑，振恤歸正人。

二月壬午，蠲兩淮教閱民兵夏稅。癸未，以伯圭爲安德軍節度使。甲申，詔四川監司、帥守，聞命之官毋候告敕。賜韓世忠謚曰忠武。是月，罷諸路鬻沒官田。

三月丙午朔，日有食之，露雲不見。辛亥，上太上皇日曆于德壽宮。己未，置六部編敕司。癸亥，幸報恩寺，遂幸聚景園。己巳，併左藏四庫爲二。辛未，詔四川制置司歲擇梁、洋義士材武者二人，遣赴樞密院。壬申，立任子參選覆試法。

夏四月戊寅，詔侍從、臺諫、兩省官歲舉監司、郡守各五人。辛巳，靖州徭人寇邊，遣兵討捕之。丁亥，雨雹。己丑，責授葉衡安德軍節度副使，郴州安置。丁酉，湯邦彥、陳雷奉使無狀，除名，邦彥新州、雷永州編管。己亥，詔諸路提刑歲五月理囚。

五月癸丑，合利州東、西路爲一。安南國王李天祚卒。戊午，遣使弔祭。壬申，太白晝見。

六月乙酉，減四川酒課四十七萬餘緡。甲午，以朱熹屢詔不起，特命爲秘書郎，熹不就。

秋七月乙丑，禁浙西圍田。

八月乙亥，以王淮同知樞密院事，禮部尚書趙雄簽書樞密院事。詔六察官糾察庶務，臺綱益振，各進二官。庚辰，太上皇詔立貴妃謝氏爲皇后。壬午，以久雨，命中外決繫囚。戊戌，靖州徭寇平。

九月癸亥，詔：「自今犯公罪至死者，其蔭補具所犯奏裁，著爲令。」

冬十月甲戌，以久雨，命中外決繫囚。丙子，御文德殿，册皇后。丁丑，命臨安守臣嚴禁踰侈。庚辰，詔自今非歉歲不許鬻爵。癸未，遣閻蒼舒等使金賀正旦。壬辰，金遣蒲察通等來賀會慶節。

十一月癸丑，合祀天地于圜丘，大赦。庚午，遣張子正等賀金主生辰。

十二月己丑，黎州蠻寇邊，官軍失利，蠻亦遁去。甲午，詔職事官補外者，復除職如故事。追封吳玠爲涪王。丁酉，定鑄錢司歲鑄額爲十五萬緡。戊戌，金遣劉珫等來賀明年正旦。

是歲，京西湖北諸州、興元府、金洋州旱，紹興府、台婺州水，並振之。

四年春正月戊申，詔自今內外諸軍歲一閱試。庚申，詔沿江諸軍歲再習水戰。丙寅，雨雹。丁卯，班淳熙曆。

二月乙亥，幸太學，祗謁先聖，退御敦化堂，命國子祭酒林光朝講中庸。下詔。遂幸武學，謁武成王廟。監、學官進秩一等，諸生推恩賜帛有差。己卯，詔諸軍毋以未補官人任軍職。戊子，立邊人逃入溪洞及告捕法。癸巳，立武臣授環衞官法。戊戌，以新知荆南府胡元質爲四川安撫制置使兼知成都府。

三月乙巳，以史浩爲少保、觀文殿大學士、醴泉觀使兼侍讀，進封永國公。己酉，龔茂良等上仁宗玉牒、徽宗實錄、皇帝玉牒。庚戌，幸玉津園宴射。壬子，貸隨、郢二州饑民米。詔李龍翰襲封安南國王。甲寅，修韶州城。丙寅，幸聚景園。

夏四月甲戌，以魏王愷爲荆南、集慶軍節度使，行江陵尹，判明州如故。乙亥，參知政事龔茂良以曾覿從騎不避道，杖之。戊寅，上奏乞罷政，不許。甲午，給歸正官子孫田屋。

五月庚子朔，幸佑聖觀。罷四川和糴。

六月丁丑，龔茂良罷。己卯，以王淮參知政事。辛巳，班幸學詔。癸未，升蜀州爲崇慶府。

甲申，詔自今宰執朝殿得旨，事須覆奏乃行。

秋七月辛丑，禁江上諸軍盜易戰馬。振襄陽饑民。壬寅，立待補太學試法。戊申，班御史臺彈奏格。乙酉，罷臨川伯王雱從祀。癸丑，龔茂良責授寧遠軍節度副使，英州安置。

甲寅，申嚴四川入蕃茶禁。甲子，班淳熙重修敕令格式。

八月辛巳，禁耕牛過淮。

九月丁酉朔，日有食之。己亥，命修築海潮所壞塘岸。辛丑，免宰執以下會慶節進奉。庚戌，命禮官定開寶、政和祀禮。戊午，閱蹴踘于選德殿。

冬十月丙子，以久陰，命中外決繫囚。遣錢良臣等使金賀正旦。丁丑，詔監司、守臣歲舉武臣堪知縣者各二人。己卯，詔將士智勇傑出者，躐等升差。丁亥，金遣完顏忠等來賀會慶節。

十一月丁酉，詔兩淮歸正人爲強勇軍。庚子，以趙雄同知樞密院事。壬戌，太白晝見。癸亥，遣趙思等賀金主生辰。

十二月丁卯，試四川所上義士二人，官而遣之。己巳，詔行薦舉事實格法。乙亥，大閱。辛巳，蠲太平州民貸常平錢米。壬辰，金遣完顏炳等來賀明年正旦。是歲，福州、建寧府、南劍州水，並振之。

校勘記

〔一〕潼川路　原作「潼州路」，按宋代無潼州路，而有潼川府路，見宋史卷八九地理志。今據改。

〔二〕三月甲辰　「三月」，原作「正月」。按這年正月庚子朔，三月己亥朔，甲辰及下文辛亥、丁巳、壬戌都在這兩月內，但上文爲二月事，下文爲四月事，此處不應重出「正月」；又其中如秀王夫人張氏死期，據朝野雜記甲集卷一所載，正在本年三月，當以作「三月」爲是。今改正。

〔三〕陳瑜　中興聖政卷四六、宋史全文卷二四都作「陳瑤」，下文「瑜除名」句同。

〔四〕西夏任敬德　按本書卷四八六夏國傳、金史卷一三四西夏傳都說這時任得敬爲夏國相而專權，「任敬德」疑爲「任得敬」之誤。

〔五〕京湖　原作「荊湖」，據本書卷一六七職官志、中興聖政卷四八改。

〔六〕榮國公挻　「挻」，原作「挺」，據本書卷三三孝宗紀一、朝野雜記甲集卷一、兩朝綱目備要（以下簡稱兩朝綱目）卷一改。下文九年二月乙酉條同。

宋史卷三十五

本紀第三十五

孝宗三

五年春正月辛丑，侍御史謝廓然乞戒有司，毋以程頤、王安石之說取士。從之。癸卯，罷特旨免臣僚及寺觀科徭。庚戌，大風。己未，詔侍從、臺諫、兩省官集議考課法。

二月己巳，置州縣丁稅司。辛未，申嚴武臣呈試法。詔二廣毋以攝官人治獄。丁丑，禁解鹽入京西界。甲申，雨土。庚寅，威州蠻寇邊，討降之。

三月丁未，李彥穎罷。給辰、沅、澧、靖四州刀弩手田。壬子，以史浩爲右丞相。丁巳，幸玉津園。己未，以王淮知樞密院事，趙雄參知政事。是春，黎州蠻出降。

夏四月乙丑朔，詔葉衡任便居住。丙寅，以禮部尚書范成大參知政事。辛未，知紹興府張津進羨餘四十萬緡，詔以代民輸和買、身丁之半。賜禮部進士姚穎以下四百十有七人及第、出身。丁丑，雨土。己卯，以趙思奉使不如禮，罷起居舍人，仍降二官。丁亥，命後省擇中外所言利病不戾成法者以聞。

五月庚子，置武學國子員。丁未，修臨安府城。禁諸路州軍責屬縣進羨餘。

六月庚午，飭百官及諸監司毋得請托。乙亥，范成大罷。癸未，詔京西、湖北商人以牛馬負茶出境者罪死。甲申，詔翰林學士、諫議大夫、給事中、中書舍人、侍御史各舉堪御史者二人。以給事中錢良臣簽書樞密院事。己丑，罷諸州私置稅場。減四川茶課十五萬餘緡。庚寅，蠲大理寺贓錢三萬九千餘緡。

閏月丙申，贈強霓、強震官，立廟西和州，賜名旌忠。丁酉，限四川總領會子額。戊戌，罷興州都統司營田官兵，募民耕佃。己亥，復分利州東、西路爲二。壬寅，置鎭江、建康府轉般倉。龔茂良卒于英州。乙巳，以魏王愷爲永興、成德軍節度使、雍州牧，判明州如故。庚戌，蠲秀州民折帛錢。

秋七月甲子，太尉、提舉萬壽觀李顯忠薨。癸未，禁砂毛錢。丁亥，以歲豐，命沿江糴米百六十萬石，以廣邊儲。

八月甲午，詔諸路監司戒所部，民稅毋以重價強折輸錢。復制科舊法。丁酉，詔關外四州增募民兵爲忠勇軍。戊午，增銓試爲五場，呈試爲四場。

九月甲子，定廣西賣鹽賞罰。壬申，幸秘書省。戊寅，賜岳飛謚曰武穆。

冬十月戊戌，史浩等上三祖下第六世仙源類譜、仁宗玉牒。庚子，遣宇文价等使金賀正旦。辛亥，金遣張九思等來賀會慶節。乙卯，奉國軍節度使、殿前都指揮使王友直以募兵擾民，降爲武寧軍承宣使，罷軍職，統制以下奪官有差。軍民讙呶者，執送大理寺鞫之。戊午，以孫右千牛衞大將軍擴爲明州觀察使，封英國公。

十一月丙寅，詔：軍民喧鬨者，並從軍法。史浩言民不宜律以軍法，不聽。王友直再降爲宜州觀察使，信州居住。浩請罷政。甲戌，浩罷爲少傅，還舊節，充醴泉觀使兼侍讀。乙亥，以錢良臣參知政事。丁丑，以趙雄爲右丞相，王淮爲樞密使。戊寅，以兩川禁卒千人爲成都府雄邊軍。庚辰，復監司互察法。

十二月庚寅朔，班新定薦舉式。辛卯，遣錢冲之等賀金主生辰。丁酉，罷興元都統司營田官兵，募民耕佃。辛丑，復同安、蘄春監。丙午，禁兩淮銅錢，復行鐵錢。丙辰，金遣烏延察等來賀明年正旦。

是歲，階、福建興化軍水，通泰楚州、高郵軍田鼠傷禾。三佛齊國入貢。

六年春正月戊辰，振淮東饑民。庚午，復置內侍省合同憑由司。壬申，蠲夔州路上供金銀。丁丑，雨雹。辛巳，復置光州中渡榷場。

二月己丑朔，幸佑聖觀，召史浩、曾覿賜酒。壬辰，錢良臣以失舉贓吏，奪三官。丙申，詔前宰執、侍從有已見利便，聽不時以聞。辛丑，立武臣關升廕補法。丙午，詔逃軍犯強盜者毋擬貸。癸丑，命州縣毋撓義役。乙卯，詔自今歸正官親赴部授官，以革冒濫。丁巳，裁特奏名試法。

三月庚申，幸聚景園。丙寅，錄趙鼎、岳飛子孫，賜以京秩。己巳，郴州賊陳峒等破連道州、桂陽軍諸縣，命湖南帥臣討捕之。置廣西義倉。辛未，再振淮東饑民。壬申，雨雹。丁丑，詔戒勵諸道轉運使。庚辰，幸玉津園。

夏五月壬戌，裁宗室換官法。庚午，蠲四川鹽課十萬緡。乙亥，郴寇平。癸未，給襄陽歸正忠義人田。

六月甲午，建豐儲倉。丙申，詔特奏名毋授知縣、縣令。戊戌，蠲郴州運糧丁夫今年役錢之半。辛亥，廣西妖賊李接破鬱林州，守臣李端卿棄城遁，遂圍化州。命經略司討捕之。端卿除名勒停，梅州編管。

秋七月癸亥，籍郴州降寇，隸荆、鄂軍。戊辰，班隆興以來寬恤詔令于諸路。趙雄等上會要。乙亥，詔諸軍五口以上增給緡錢。癸未，太白晝見，經天。

八月庚寅，罷諸路監司、帥守便宜行事。壬寅，以知楚州翟畋過淮生事，奪五官，筠州居住。

九月辛未，合祭天地于明堂，大赦。癸未，詔福建、二廣賣鹽毋擅增舊額。

冬十月乙酉朔，蠲連州被寇民租稅。辛卯，遣陳峴等使金賀正旦。丙申，詔太學兩優釋褐，與殿試第二人恩例。庚子，四川行「當三」大錢。再蠲四川鹽課十七萬餘緡。辛丑，除紹興府民逋賦五萬餘緡。乙巳，金遣蒲察鼎壽等來賀會慶節。戊申，廣西妖賊平。

十一月乙卯朔，帝著論數百言，深原用人之弊，因及誅賞之法，命宰執示從臣于都堂。辛酉，裁宗子試法。戊寅，罷金州管內安撫司。壬午，詔宗室有出身人得考試及注教授官。癸未，遣傅淇等賀金主生辰。

十二月丙戌，班重修淳熙敕令格式。丙申，修百司省記法。己亥，詔：自今鞫贓吏，後雖原貸者，毋以失入坐獄官。庚戌，金遣耶律慥等來賀明年正旦。辛亥，蠲臨安府征稅一年。

是歲，温、台州水，和州旱。

七年春正月甲子，減廣西諸州歲賣鹽數。乙丑，劉焞以平李接功，擢集英殿修撰，將佐幕屬吏士進官、減磨勘年有差。己卯，詔京西州軍並用鐵錢及會子；民戶銅錢，以鐵錢或會子償之，滿二月不輸官，許告賞。庚辰，蠲淮東民貸常平錢米。

二月癸未朔，初置廣南煙瘴諸州醫官。丙戌，復置皇太子宮小學教授。辛卯，魏王愷薨。乙未，詔撥廣西兵校五百人隸提刑司。戊戌，罷瓜洲孳生馬監。己亥，出湖南樁積米十萬石，振羅永、邵、郴三州。甲辰，命利州路守貳、縣令兼領營田。乙巳，限改官員歲毋過八十人。封子棟爲宜州觀察使、安定郡王。

三月壬戌，詔舉賢良方正能直言極諫者。庚午，迎太上皇、太上皇后宴翠寒堂。乙亥，減內外官薦舉員。丁丑，再蠲臨安府民身丁錢三年。詔諸州招補軍籍之闕，自今歲以爲常。

夏四月甲申，幸聚景園。丙戌，趙雄等上仁宗、哲宗玉牒。戊子，除明州積欠諸司錢十五萬緡。辛卯，再免沿邊歸正人請占官田賦役三年。甲辰，黎州五部落犯盤佗砦，兵馬都監高晃以綿、潼大軍三千人與戰敗走，蠻人深入，大掠而去。己酉，命廕補、武舉、宗室、小使臣行三年喪。

五月戊辰，以吏部尚書周必大參知政事，刑部尚書謝廓然簽書樞密院事。袁州分宜縣大水，捐其稅。戊寅，詔舒、蘄二州鑄錢歲以四十五萬貫爲額。己卯，申飭書坊擅刻書籍之禁。庚辰，詔特奏名年六十人毋注縣尉。

六月丙戌，以特進、觀文殿大學士、判建康府陳俊卿爲少保。壬辰，五部落再犯黎州，制置司鈐轄成光延戰敗，官軍死者甚衆，提點刑獄、權州事折知常棄城遁。甲午，制置司益兵，遣都大提舉茶馬吳總往平之。壬寅，詔試刑法官增試經義。

秋七月癸丑，詔二廣帥臣、監司察所部守臣臧否以聞。丁卯，以旱決繫囚，分命羣臣禱雨于山川。壬申，移廣西提刑司于鬱林州。

八月癸未，禁黎州官吏市蕃商物。甲申，以禱雨未應，諭輔臣欲令職事官以上各實封言事。是夕雨。丁酉，置湖南飛虎軍。戊戌，雨。甲辰，五部落犯黎州塞，興州左軍統領王去惡拒却之，折知常重賂蠻，使之納款。

九月癸亥，詔自今常朝毋稱丞相名。甲子，命樞密使亦如之。乙丑，詔宰執、使相給使減年恩數，身後三年者毋收使。丙寅，詔知縣成資始聽監司薦舉。壬申，禁諸路遏糴。癸酉，名省記法爲淳熙重修百司法。

冬十月丙戌，詔：「限田太寬，民役煩重，其令臺諫、給舍同戶部長貳詳議以聞。」戊子，遣葉宏等使金賀正旦。乙未，黎州五部落進馬乞降，詔却獻馬，許其互市。庚子，金遣李佾等來賀會慶節。

十一月癸丑，詔邊吏存恤江西過淮饑民。丁巳，禁淮南諸司、州郡抑配民酒。辛酉，蠲兩淮州軍二稅一年。癸亥，黎州戍軍伍進等作亂，折知常遁去，王去惡誘進等誅之。壬申，南康軍旱，詔出檢放所餘苗米萬石充軍糧。癸酉，遣蓋經等賀金主生辰。

十二月庚寅，趙雄等上神宗、哲宗、徽宗、欽宗四朝國史志。壬辰，以四川制置使胡元質不備蕃部，致其猖獗，奪兩官罷之。丙申，嗣濮王士輵薨。戊戌，以新除成都府路提點刑獄祿東之權四川制置司，應黎州邊事，隨宜措置。癸卯，詔臨安府承宣旨審奏如故事。甲辰，金遣徒單守素等來賀明年正旦。是月，詔以太上皇明年七十有五，議行慶壽禮，太上皇不允，帝進黃金二千兩爲壽。

是歲，江、浙、淮西、湖北旱，蠲租，發廩貸給，趣州縣決獄，募富民振濟補官。故歲雖凶，民無流殍。安南入貢。

八年春正月甲寅，停折知常官，汀州居住。丙辰，詔：內侍見帶兵官並與在京宮觀，著爲令。乙亥，詔福建歲撥鹽于邵武軍，市軍糧。

二月壬午，詔去歲旱傷郡縣，以義倉米日給貧民，至閏三月半止。黎州土丁張百祥等不堪科役爲亂，統領官劉大年引兵逆擊之，土丁潰去，大年坐誅。戊子，禁浙西民因旱置圍田者。裁童子試法。己丑，禁廣西諸州科賣亭戶食鹽。庚寅，詔三省、樞密、六部置籍，稽考興利除害等事。戊戌，以保康軍節度使士歆爲嗣濮王。

三月丁未朔，幸佑聖觀。戊午，以潮州賊沈師爲亂，趣帥、憲捕之。辛未，幸聚景園。

閏月辛巳，命諸路帥臣、監司分州郡臧否爲三等，歲終來上。戊子，賜禮部進士黃由以下三百七十有九人及第、出身。庚寅，修揚州城。甲午，幸玉津園。壬寅，減在京及諸路房廊錢什之三，德壽宮所減，月以南庫錢貼進。禁潭、道等州官賣鹽。甲辰，立宗室命繼法。

夏四月癸丑，修湖南諸州城。丙辰，以臨安疫，分命醫官診視軍民。庚申，復以強盜配隸諸軍重役。丁卯，安定郡王子棟薨。

五月戊寅，詔監司、守令勸課農桑，以奉行勤怠爲賞罰。癸酉，立郴州宜章、桂陽軍臨武縣學，以教養峒民子弟。壬午，詔諸路轉運司趣民間補葺經界簿籍。辛卯，以久雨，減京畿及兩浙囚罪一等，釋杖以下，貸貧民稻種錢。壬寅，以史浩爲少師。

六月己酉，詔放殿前司平江府牧馬草蕩二萬畝，聽民漁採。戊午，除淳熙七年諸路旱傷檢放米一百三十七萬石、錢二十六萬緡。辛酉，罷諸路坊場監官，聽民承買。戊辰，史浩薦薛叔似、楊簡、陸九淵、陳謙、葉適、袁燮、趙善譽等十六人，詔並赴都堂審察。

七月癸未，復以許浦水軍隸殿前司。永陽郡王居廣薨，追封永王。辛卯，賞監司、守臣修舉荒政者十六人。以不雨決繫囚。壬辰，紹興大水，出秀婺州、平江府米振糶。丁酉，嚴州水，詔被災之家蠲其和買，三等以上戶減半。辛丑，錄范質後。

八月丙午，以旱罷招軍。庚戌，趙雄罷。壬子，詔紹興府諸縣夏稅、和市、折帛、身丁錢絹之類，不以名色，截日並令住催。癸丑，以王淮爲右丞相兼樞密使。甲寅，以謝廓然同知樞密院事。丙辰，更後殿幄次爲延和殿。己未，以觀文殿大學士、新四川制置使趙雄知瀘州。戊辰，言者請自今歉歲蠲減，經費有虧，令戶部據實以聞，毋得督趣已蠲閣之數。從之。罷諸路補葺經界簿籍。

九月庚辰，命諸路提舉司貸民麥種。辛巳，錢良臣罷。庚寅，以謝廓然兼權參知政事。

冬十月己酉，遣施師點等使金賀正旦。辛酉，錄黎州戰歿將士四百三人。甲子，金遣完顏寔等來賀會慶節。詔災傷州縣諭民振糶。

十一月甲戌，以旱傷罷喜雪宴。戊寅，蠲富陽、新城、錢塘夏稅。庚寅，前池州守趙粹中誤斬遞卒汪青，落職，仍詔給青家衣粮十五年。辛卯，詔兩省、侍從、臺諫各舉所知。浚行在至鎭江府運河。丁酉，遣燕世良賀金主生辰。己亥，振臨安府及嚴州饑民。庚子，再詔臨安府爲粥食饑民。辛丑，以淳熙元年減半推賞法募民振糶。

十二月癸卯朔，以徽、饒二州民流者衆，罷守臣。官出南庫錢三十萬緡，付新浙東提舉常平朱熹振糶。丁未，禁諸州營造。戊申，謚劉安世曰忠定。辛亥，蠲諸路旱傷州軍明年身丁錢物。甲寅，雨雹。以度僧牒募閩、廣民入米。丙辰，詔縣令有能舉荒政者，監司、郡守以名聞。甲子，下朱熹社倉法于諸路。戊辰，金遣魏貞吉等來賀明年正旦。以爭執進書儀，帝還內，遣王抃往諭旨。己巳，貞吉奉書入見。是月，廣東安撫鞏湘誘潮賊沈師出降，誅之。是歲，江、浙、兩淮、京西、湖北、潼川、夔州等路水旱相繼，發廩蠲租，遣使按視，民有流入江北者，命所在振業之。

九年春正月甲戌，詔四孟朝獻，分用三日，如在京故事。丁丑，命兩淮戍兵歲一更。癸未，罷樞密都承旨王抃爲在外宮觀，因罷諸軍承受，復密院文書關錄兩省舊法，以文臣爲都承旨。戊子，糴廣南米赴行在。庚寅，詔江、浙、兩淮旱傷州縣貸民稻種，計度不足者貸以椿積錢。

二月庚戌，遣使訪問二廣鹽法利害。戊辰，四川制置司言獲敍州賊大波浪。

三月辛未朔，幸佑聖觀。詔振濟忠、萬、恭、涪四州。癸未，振濟鎭江。壬辰，遣使按視淮南、江、浙振濟。甲午，罷諸路寄招軍兵三年，就揀軍子弟補其闕。

夏四月甲辰，詔自今盜發所在，親臨帥守、監司論罰，平定有勞者議賞。乙卯，詔諸路提刑，文武臣通置一員。癸亥，帝覽陸贄奏議，諭講讀官曰：「今日之政，恐有如德宗之弊者，卿等條陳來上，無有所隱。」

五月癸酉，以孫抦爲右千牛衞大將軍。丙子，詔輔臣擇監司、郡守，必先才行。六月壬寅，詔侍從、臺諫各舉操修端亮、風力彊明、可充監司者一二人。甲寅，鐲犒賞庫酒課二十二萬餘緡。汀、漳二州民爲沈師蹂踐者除其賦。丁巳，給臨安府貧民棺瘞錢。戊午，謝廓然薨。庚申，太白晝見。臨安府蝗，詔守臣亟加焚瘞。甲子，太白晝見，經天。

秋七月甲戌，以江西常平、義倉及椿管米四十萬石付諸司，預備振糶。辛巳，出南庫錢三十萬緡付浙東提舉朱熹，以備振糶。壬辰，以資政殿學士李彥穎參知政事。詔發所儲和糴米百四十萬石，補淳熙八年振濟之數，于沿江屯駐諸州椿管。

八月己亥朔，詔紹興民戶去歲已納夏稅應減者三十萬緡，理爲今年之數。庚子，減皇后內命婦蔭補數，立文武臣遇郊奏薦員，限致仕、遺表恩澤，視舊法損三之一。淮東、浙西蝗。壬子，定諸州官捕蝗之罰。乙卯，復賞修舉荒政監司、守臣。

九月己巳朔，罷諸路科買軍器物料三年。庚午，以王淮爲左丞相，梁克家爲右丞相。丙子，以子彤爲容州觀察使，封安定郡王。辛巳，大享明堂，大赦。乙酉，以錢引十萬緡賜瀘州，備振糶。辛卯，封伯圭爲滎陽郡王。以旱減恭、合、渠、昌州今年酒課。癸巳，太白晝見。乙未，禁蕃舶販易金銀，著爲令。

十月戊戌朔，遣王藺等使金賀正旦。丙午，罷軍器所招軍。辛亥，塞四川沿邊支徑。

戊午，金遣完顏宗回等來賀會慶節。甲子，蠲諸路旱傷州軍淳熙七年八年逋賦，出縣官緡錢以償戶部。

十一月戊辰朔，禁臣庶之家婦飾僭擬。庚午，振夔路飢。乙酉，進奏院火。丙戌，遣賈選等賀金主生辰。戊子，大風。

十二月己亥，更二廣官賣鹽法，復行客鈔，仍出緡錢四十萬以備漕計之闕。癸亥，金遣孛朮魯正等來賀明年正旦。

十年春正月丁丑，以給事中施師點簽書樞密院事。命州縣掘蝗。甲申，李彥穎罷。乙酉，命二廣提舉鹽事官互措置鹽事。丙戌，以施師點兼權參知政事。丁亥，詔終身任宮觀人毋得奏子。己丑，詔罷廣南官鬻鹽法。壬辰，罷江東、浙西寄招鎮江諸軍三年。

二月癸卯，提舉德壽宮陳源有罪，竄建寧府，尋移郴州，仍籍其家貲，進納德壽宮。

三月戊辰，李燾上續資治通鑑長編六百八十七卷。辛未，有司請造第七界會子。辛巳，免四川和糴三年。癸未，幸玉津園。戊子，詔四川類試，自今十六人取一人。己丑，除詐稱災傷籍產法。癸巳，復銓試舊法，罷試雜文。

夏四月丙申，再蠲臨安府民丁身錢三年。己亥，命湖南、廣西堙塞溪洞徑路。

五月丙寅，增皇太子宮小學教授一員。甲戌，以潭州飛虎軍隸江陵都統司。戊寅，幸聚景園。辛卯，詔疏襄陽木渠，以渠傍地爲屯田，尋詔民間侵耕者就給之。廢舒州宿松監。

六月戊戌，監察御史陳賈請禁僞學。乙巳，罷昭州歲貢金。己未，詔諸路監司、帥臣歲舉廉吏。庚申，嚴贓吏禁。

秋七月乙丑，以不雨決繫囚。丙寅，幸明慶寺禱雨。甲戌，以夏秋旱暵，避殿減膳，令侍從、臺諫、兩省、卿監、郎官、館職各陳朝政闕失，分命羣臣禱雨于天地、宗廟、社稷、山川。左丞相王淮等以旱乞罷，不許。丁丑，詔除災傷州縣淳熙八年欠稅。甲申，雨。己丑，御殿復膳。

八月戊申，以施師點參知政事兼同知樞密院事，御史中丞黃洽參知政事。庚戌，以史浩爲太保、魏國公，致仕。庚申，以左藏南庫隸戶部。

九月乙丑，長溪、寧德縣大水。丙寅，嚴盜販解鹽法。丁丑，幸佑聖觀。壬午，蠲諸州逋負內藏庫錢六十萬緡。乙酉，遣余端禮等使金賀正旦。丁亥，禁內郡行鐵錢。

冬十月乙未，詔兩浙義役從民便。壬子，金遣完顏方等來賀會慶節。

十一月壬戌朔，日有食之。乙丑，降會子，收兩淮銅錢。甲戌，幸龍山大閱，遂幸玉津園。

閏月壬寅，詔却安南獻象。丁巳，遣陳居仁等賀金主生辰。

十二月丙子，朝德壽宮，行太上皇后慶壽禮，推恩如太上皇故事。丁亥，金遣完顏婆盧火等來賀明年正旦。

是歲，福、漳、台、信、吉州水，京西、金、澧州、南平荆門興國廣德軍、江陵建康鎮江紹興寧國府旱。

十一年春正月辛卯朔，雨土。辛丑，安化蠻蒙光漸等犯宜州思立砦，廣西兵馬鈐轄沙世堅出兵討之，獲光漸。丙午，詔江東、西路諸監司，義役、差役從民便。甲寅，雨土。

二月甲申，詔：兩淮、京西、湖北萬弩手令在家閱習，每州許歲上材武者一二人，試授以官，如四川義士之制。

三月辛卯，詔刑部、御史臺每季以仲月錄囚徒。癸巳，命利路三都統吳挺、郭鈞、彭杲密陳出師進取利害，以備金人。復金州管內安撫司。甲午，以上津、洵陽旱，蠲其稅。辛丑，罷秀州御馬院莊，歸其侵地于民。丁未，禁淮民招温、處州戶口。除職田、官田八年逋租。庚戌，詔御試策有及軍民利害者，考官裒類以聞。辛亥，史浩入謝，賜宴于內殿。

夏四月甲子，以興元義勝軍移戍襄陽。戊辰，賜禮部進士衞涇以下三百九十四人及第、出身。癸未，重班紹興申明刑統。

五月戊子朔，蠲崇德等十六縣小民淳熙十年欠稅十四萬緡。癸卯，命刑部、大理寺議減刺配法。甲寅，出緡錢三十萬犒給四川久戍將士。乙卯，太白晝見。

六月戊午朔，詔諸道總領舉偏裨可將帥者。庚申，以周必大爲樞密使。壬戌，詔在內尚書、侍郎、兩省諫議大夫以上、御史中丞、學士、待制，在外守臣、監司，不限科舉年分，各舉賢良方正能直言極諫一人。己卯，詔諸州歲買稻種，備農民之闕。

秋七月癸卯，蠲減浙東敗闕坊場酒課。癸丑，以浙西、江東水，禁諸州遏糴。甲寅，築黎州要衝城。

八月庚申，遣章森使金賀正旦。

九月丁亥，詔諸路添差官自今毋創置。乙巳，詔殿前軍子弟許權收刺一次。甲寅，再減四川酒課六十八萬餘緡。

冬十月甲子，初命舉改官人犯贓者，舉主降二官。乙丑，遣王信等賀金主生辰。庚午，禁諸州增收稅錢。丙子，金遣張大節等來賀會慶節。盱眙軍言得金人牒，以上京地寒，來歲正旦、生辰人使權止一年。壬午，詔諸以忠義立廟者，兩淮漕臣繕治之。

十一月壬寅，禁福建民私有兵器。癸卯，助廣西諸州歲計十萬緡。甲寅，令峽州歲時存問處士郭雍。

十二月丁巳，修湖南府城。己卯，詔戒監司、州縣毋得於常賦外追取於民。

是歲，江東、浙西諸州水，福建、廣東、吉贛州、建昌軍、興元府、金洋西和州旱。

十二年春正月己丑，禁交阯鹽入省地。壬辰，四川制置使留正遣人誘青羌奴兒結殺之。戊戌，日中有黑子。戊申，賜任伯雨謚曰忠敏。庚戌，日中復有黑子。

二月辛酉，雨雹。乙亥，罷諸軍額外制領將佐。庚辰，置黎州防邊義勇。

三月乙酉，進孫擴爲安慶軍節度使，封平陽郡王。辛卯，禁習渤海樂。辛亥，命侍從、臺諫、兩省、總領、管軍官各舉堪都副統制者一二人。癸丑，除稅場高等累賞法。

夏四月甲子，幸聚景園。戊辰，班淳熙寬恤詔令。丙子，諜言故遼大石林牙假道夏人以伐金，密詔吳挺與留正議之。己卯，幸玉津園。

五月庚寅，地震。辛卯，福州地震。詔帥臣趙汝愚察守令、擇兵官、防盜賊。

六月乙卯，立淮東疆勇軍效用效士法。壬戌，除諸軍逋欠營運錢。丁丑，詔浙東帥臣、監司不以時上諸州臧否，奪一官。戊寅，太白晝見。

秋七月丁酉，太白晝見，經天。壬寅，詔二廣試攝官如銓試例，取其半。甲辰，以淮西屯田鹵莽，總領、軍帥、漕臣、守臣奪官有差。

八月癸亥，詔太上皇壽八十，令有司議慶壽禮。乙丑，詔戶部、給舍、臺諫詳議官民戶役法以聞。

九月甲申，復二廣監司以下到罷酬賞法。丙戌，詔恤湖州、台州被水之家。庚寅，遣王信等使金賀正旦。丁丑，詔諸路總領、軍帥、漕臣、守臣歲上屯田所收之數。

冬十月辛亥，加上太上皇尊號曰光堯壽聖憲天體道性仁誠德經武緯文紹業興統明謨盛烈太上皇帝、太上皇后曰聖壽齊明廣慈備德太上皇后。甲寅，蠲施、黔州經制無額錢。命侍從各舉宗室一二人。癸亥，詔諸路臧否以三月終、四川二廣以五月終來上。

十一月丁亥，鄂州大火。戊子，雷。壬辰，遣章森等賀金主生辰。辛丑，合祀天地于圜丘，大赦。

十二月庚戌朔，帥羣臣奉上太上皇、太上皇后册寶于德壽宮，推恩如紹興三十二年故事。甲子，以知福州趙汝愚爲四川制置使。丙子，金遣僕散守忠等來賀明年正旦。

十三年春正月庚辰朔，率羣臣詣德壽宮行慶壽禮。大赦，文武臣僚並理三年磨勘，免貧民丁身錢之半爲一百一十餘萬緡，內外諸軍犒賜共一百六十萬緡。癸巳，以史浩爲太傅，陳俊卿爲少師，嗣濮王士歆爲少保。庚子，以昭慶軍節度使士㟳爲開府儀同三司。

二月甲寅，詔強盜兩次以上，雖爲從，論死。庚申，詔舉歸正、添差、任滿人才藝堪從軍者。

三月丁酉，詔職事官改官，許在歲額八十員之外。合提舉廣南東、西鹽事司爲一。甲辰，幸玉津園。

夏四月辛亥，詔吳挺結約夏人。戊辰，再蠲四川和糴軍粮三年。辛未，幸聚景園。

五月癸未，日中有黑子。甲申，詔非泛補官及七色補官人、非曾任在朝侍從者，品秩雖高，毋得免役。丙申，賜冲晦處士郭雍號曰頤正先生，仍遣官就問雍所欲言，備錄來上。

秋七月壬辰，詔內外諸軍主帥各舉堪統制者二三人。壬寅，謚胡銓曰忠簡。

閏月丙午朔，雨雹。戊申，以敷文閣學士留正簽書樞密院事。己酉，施師點乞免兼同知樞密院事，許之。己未，五星皆伏。

八月乙亥朔，日、月、五星聚于軫。丙子，以故相曾懷嚣奏補恩，追落觀文殿大學士。壬午，新築江陵城成。

九月乙巳，詔僞造會子凡經行用，並處死。是月，遣李𪷄等使金賀正旦〔一〕。

冬十月甲戌朔，福州火。甲午，金遣完顏老等來賀會慶節。

十一月戊午，詔四川制置司通知馬政，量收木渠民包占荒田租。庚申，遣張叔椿等賀金主生辰。甲子，王淮等上仁宗英宗玉牒、神宗哲宗徽宗欽宗四朝國史列傳、皇帝會要。

丙寅，梁克家罷爲觀文殿大學士、醴泉觀使兼侍讀。辛未，裁定百司吏額。

十二月丙子，思州田氏獻納所買黔州民省地，詔償其直。辛巳，減汀州鹽價歲萬緡。甲午，陳俊卿薨。乙未，振臨安府城內外貧乏老疾之民。戊戌，大理寺獄空。己亥，金遣耶律子元等來賀明年正旦。辛丑，再賜軍士雪寒錢。

是歲，利州路饑，江西諸州旱。

十四年春正月癸亥，出四川樁積米貸濟金、洋州及關外四州饑民。

二月丁亥，以周必大爲右丞相。戊子，以施師點知樞密院事。

三月甲子，幸玉津園。

夏四月己卯，置籍考諸路上供殿最，以爲賞罰。戊子，賜禮部進士王容以下四百三十五人及第、出身。

五月乙巳，成都火。己酉，遣官措置汀州經界。

六月戊寅，以久旱，班畫龍祈雨法。甲申，幸太一宮、明慶寺禱雨。丁亥，梁克家薨。庚寅，臨安府火。辛卯，太白晝見。癸巳，王淮等以旱求罷，不許。詔衡州葺炎帝陵廟。己亥，減兩浙路囚罪一等，釋杖以下。

秋七月辛丑，罷戶部上供殿最。丙午，詔羣臣陳時政闕失及當今急務。丁未，以旱罷汀州經界。己酉，詔監司條上州縣弊事、民間疾苦。辛亥，避殿減膳徹樂。癸丑，命檢正都司看詳羣臣封事，有可行者以聞。詔省部、漕臣催理已蠲逋欠者，令臺諫覺察。權減秀州經、總制羅本錢半年。丙辰，命臨安府捕蝗，募民輸米振濟。除紹興新科下戶今年和市布帛二萬八千四。辛酉，江西、湖南饑，給度僧牒，鬻以糴米備振糶。戊辰，雨。命給、舍看詳監司所條弊事。

八月辛未，賜度牒一百道、米四萬五千石，備振紹興府饑。甲戌，御殿復膳。癸未，以留正參知政事兼同知樞密院事。丙戌，復夔路酬賞法。

九月癸卯，太上皇不豫。乙巳，詣德壽宮問疾。丙午，遣萬鍾等使金賀正旦。己未，詣德壽宮問疾。乙丑，罷增收木渠民田租。丙寅，除官軍私負。

冬十月辛未，以太上皇不豫，赦。壬申，詣德壽宮問疾。癸酉，分遣羣臣禱于天地、宗廟、社稷。甲戌，以太上皇未御常膳，自來日不視朝，宰執奏事內殿。乙亥，詣德壽宮侍疾，太上皇崩于德壽殿，遺誥太上皇后改稱皇太后。奉皇太后旨，以奉國軍承宣使甘昪主管太上皇喪事。丙子，以韋璞等爲金告哀使。戊寅，以滎陽郡王伯圭爲欑宮總護使。翰林學士洪邁言大行皇帝廟號當稱「祖」，詔有司集議以聞。己卯，詔尊皇太后。辛巳，詔曰：「大行太上皇帝奄棄至養，朕當衰服三年，羣臣自遵易月之令，可令有司討論儀制以聞。」甲申，用禮官顏師魯等言，大行太上皇帝上繼徽宗正統，廟號稱「宗」。乙酉，百官五上表請帝還內聽政。丙戌，詔俟過小祥，勉從所請。戊子，帝衰絰御素輦還內。以顏師魯等充金國遺留國信使。己丑，金遣田彥皐等來賀會慶節，詔免入見，却其書幣。甲午，詣德壽宮，自是七日皆如之。

十一月戊戌朔，詣德壽宮，自是朔望皆如之。己亥，大行太上皇帝大祥，自是帝以白布巾袍御延和殿；詣德壽宮，衰絰而杖如初。詔皇太子惇參決庶務。庚子，皇太子三辭參決庶務，不許。辛丑，詣德壽宮禫祭，百官釋服。甲辰，羣臣三上表請御殿聽政，詔俟過祔廟。戊申，遣胡晉臣等賀金主生辰。辛亥，冬至，詣德壽宮。甲寅，西南方有赤氣隨日入。乙卯，雷。戊午，詔皇太子參決庶務于議事堂，在內寺監、在外守臣以下，與宰執同除授訖乃奏。己未，詔五日一朝德壽宮。

十二月庚午，大理寺獄空。壬午，東北方有赤氣隨日出。癸巳，金遣完顏崇安等來賀明年正旦，見于垂拱殿之東楹素幄，詔禮物毋入殿，付之有司。

是歲，兩浙、江西、淮西、福建旱，振之。

十五年春正月丁酉朔，詣德壽宮几筵行禮。戊戌，皇太子初決庶務于議事堂。辛丑，復置左右補闕、拾遺。乙巳，詔免諸州軍會慶節進奉二年。詔自今御內殿，令皇太子侍立。庚申，施師點罷。甲子，以黃洽知樞密院事，吏部尚書蕭燧參知政事。

二月丁亥，金遣蒲察克忠等來吊祭，行禮于德壽殿，次見帝于東楹之素幄。癸巳，遣京鏜等使金報謝。

三月庚子，王淮等上大行太上皇謚曰聖神武文憲孝皇帝，廟號高宗。乙巳，上高宗謚册寶于德壽殿，又上懿節皇后改謚憲節册寶于別廟本室。丁未，右丞相周必大攝太傅，持節導梓宮。癸丑，用洪邁議，以呂頤浩、趙鼎、韓世忠、張俊配饗高宗廟庭，吏部侍郎章森乞用張浚、岳飛，祕書少監楊萬里乞用浚，皆不報。丙寅，權欑高宗于永思陵。

夏四月壬申，帝親行奉迎虞主之禮，自是七虞、八虞、九虞、卒哭、奉辭皆如之。乙亥，詔洪邁、楊萬里並予郡。甲申，用禮官尤袤請，詔羣臣再集議配享臣僚。丙戌，祔高宗神主于太廟，詔曰：「朕比下令欲衰絰三年，羣臣屢請御殿易服，故以布素視事內殿。雖詔俟過祔廟，勉從所請，然稽諸典禮，心實未安，行之終制，乃爲近古。宜體至意，勿復有請。」己丑，詔減臨安、紹興府四罪一等，釋杖以下；民緣欑宮役者蠲其賦。庚寅，用御史冷世光言，罷再議配享。皇太后有旨，車駕一月四詣德壽宮，如舊禮。

五月己亥，王淮罷。乙巳，帝既用薛叔似言，罷王淮，詔諭叔似等曰：「卿等官以拾遺、補闕爲名，不任糾劾。今所奏乃類彈擊，甚非設官命名之意，宜思自警。」丁巳，詔修高宗實錄。己未，祁門縣大水。壬戌，始御後殿。詔歲出錢五萬六千餘緡，減廣東十二州折納米價錢。

六月丁卯，雨雹。戊辰，罷敕令所。己巳，以伯圭爲少傅，帶御器械夏執中爲奉國軍節度使。癸酉，以新江西提點刑獄朱熹爲兵部郎官，熹以疾未就職。侍郎林栗劾熹慢命，熹乞奉祠。太常博士葉適論栗襲王淮、鄭丙、陳賈之說，爲「道學」之目，妄廢正人。詔熹仍赴江西，熹力辭不赴。庚寅，熒惑犯太微。

秋七月戊戌，上高宗廟樂曰大勳，舞曰大德。己未，出兵部侍郎林栗。壬戌，恩平郡王璩薨，追封信王。

八月甲子朔，日有食之。

九月庚子夜，南方有赤黃氣覆大內。辛丑，大饗明堂，以太祖、太宗配，大赦。癸卯，更試補醫官法。己酉，遣鄭僑等使金賀正旦。甲寅，上皇太后宮名慈福。

冬十月癸未，金遣王克温等來賀會慶節，見于垂拱殿東楹。甲申，會慶節，詔北使、百官詣東上閤門拜表起居，免入賀。己丑，再罷諸州科買軍器物料三年。

十一月庚子，建煥章閣，藏高宗御集。遣何澹賀金主生辰。甲辰，詔百官輪對，毋過三奏。

十二月丙寅，追復龔茂良資政殿學士。壬午，命朱熹主管西太一宮兼崇政殿說書，辭不至。戊子，金遣田彥皐等來賀明年正旦。

是歲，江西、湖北、兩淮、建寧府、徽州水。

十六年春正月癸巳，金主雍殂，孫璟立。甲午，封孫抦爲嘉國公。丙申，黄洽罷。己亥，以周必大爲左丞相，留正爲右丞相，蕭燧兼權知樞密院事，禮部尚書王藺參知政事，刑部尚書葛邲同知樞密院事。乙巳，蕭燧罷。丙午，皇太后移御慈福宮。戊申，以昭慶軍承宣使郭師禹爲保大軍節度使。辛亥，罷淮西屯田。是日，帝始諭二府，以旬日當內禪，命周必大留身呈詔草。丙辰，罷拘催錢物所。復二廣官般官賣鹽法。己未，更德壽宮爲重華宮。諡李綱曰忠定。

二月辛酉朔，日有食之。壬戌，下詔傳位皇太子。是日，皇太子卽皇帝位。帝素服駕之重華宮。辛未，上尊號曰至尊壽皇聖帝，皇后曰壽成皇后。

紹熙五年五月壬戌，壽皇聖帝不豫。六月戊戌，崩于重華殿，年六十有八。十月丙辰，諡曰哲文神武成孝皇帝，廟號孝宗。十一月乙卯，權欑于永阜陵。十二月甲戌，祔于太廟。慶元三年十一月辛丑，加諡紹統同道冠德昭功哲文神武明聖成孝皇帝。

贊曰：高宗以公天下之心，擇太祖之後而立之，乃得孝宗之賢，聰明英毅，卓然爲南渡諸帝之稱首，可謂難矣哉。

即位之初，銳志恢復，符離邂逅失利，重違高宗之命，不輕出師，又値金世宗之立，金國平治，無釁可乘。然易表稱書，改臣稱姪，減去歲幣，以定鄰好，金人易宋之心，至是亦寖異於前日矣。故世宗每戒羣臣積錢穀，謹邊備，必曰：「吾恐宋人之和，終不可恃。」蓋亦忌帝之將有爲也。天厭南北之兵，欲休民生，故帝用兵之意弗遂而終焉。

然自古人君起自外藩，入繼大統，而能盡宮庭之孝，未有若帝；其間父子怡愉，同享高壽，亦無有及之者。終喪三年，又能却羣臣之請而力行之。宋之廟號，若仁宗之爲「仁」，孝宗之爲「孝」，其無愧焉，其無愧焉！

校勘記

〔一〕李獻　當爲「李巘」之誤，金史卷六一交聘表、宋中興學士院題名錄、南宋館閣續錄卷五都作「李巘」。

宋史卷三十六

本紀第三十六

光宗

光宗循道憲仁明功茂德温文順武聖哲慈孝皇帝，諱惇，孝宗第三子也。母曰成穆皇后郭氏。紹興十七年九月乙丑，生于藩邸。二十年，賜今名，授右監門衞率府副率，轉榮州刺史。孝宗卽位，拜鎭洮軍節度使、開府儀同三司，封恭王。及莊文太子薨，孝宗以帝英武類己，欲立爲太子，而以其非次，遲之。乾道六年七月，太史奏：木、火合宿，主册太子，當有赦。是時，虞允文相，因請蚤建儲貳。孝宗曰：「朕久有此意，事亦素定。但恐儲位旣正，人性易驕，卽自縱逸，不勤於學，浸有失德。朕所以未建者，更欲其練歷庶務，通知古今，庶無後悔爾。」

七年正月丙子朔，孝宗上兩宮尊號册、寶，禮成。丞相允文復以請，孝宗曰：「朕旣立太子，卽令親王出鎭外藩，卿宜討論前代典禮。」允文尋以聞。二月癸丑，乃立帝爲皇太子；慶王愷爲雄武、保寧軍節度使，判寧國府，進封魏王。三月丁酉，受皇太子册。四月甲子，命判臨安府，尋領尹事。帝之爲恭王，與講官商較前代，時出意表；講官自以爲不及。逮尹臨安，究心民政，周知情僞。孝宗數稱之，且語丞相趙雄曰：「太子資質甚美，每遣人來問安，朕必戒以留意問學。」

淳熙十四年十月乙亥，高宗崩。十一月己亥，百官大祥畢，孝宗手詔：「皇太子可令參決庶務，以內東門司爲議事堂。」十五年二月戊戌，帝始赴議事堂。自是，間日與輔臣公裳繫鞋相見，內外除擢，自館職、部刺史以上乃以聞。九月乙巳，又詔：「每遇朝殿，令皇太子侍立。」

十一月，丞相周必大乞去，孝宗諭曰：「朕比年病倦，欲傳位太子，卿須少留。」會陳康伯家以紹興傳位御劄來上，十二月壬申，孝宗遣中使密持賜必大，因令討論典禮，既又密以禪意諭參知政事留正。十六年正月辛亥，兩府奏事，孝宗諭以倦勤，欲禪位皇太子，退就休養，以畢高宗三年之制。因令必大進呈詔草。

二月壬戌，孝宗吉服御紫宸殿，行內禪禮，應奉官以次稱賀。內侍固請帝坐，帝固辭。

內侍扶掖至七八，乃微坐復興。次丞相率百僚稱賀，禮畢，樞密院官升殿奏事，帝立聽。班退，孝宗反喪服，御後殿，帝侍立，尋登輦，同詣重華宮。

帝還內，卽上尊號曰至尊壽皇聖帝，皇后曰壽成皇后。壽皇聖帝詔立帝元妃李氏爲皇后。甲子，帝率羣臣朝重華宮。大赦，百官進秩一級，優賞諸軍，蠲公私逋負及郡縣淳熙十四年以前稅役。丙寅，帝率羣臣詣重華宮，上尊號册、寶。以閤門舍人譙熙載、姜特立並知閤門事。庚午，詔五日一朝重華宮。辛未，尊皇太后曰壽聖皇太后。壬申，詔內外臣僚陳時政闕失，四方獻歌頌者勿受。遣羅點等使金告卽位。癸酉，詔戒敕將帥。賜前宰執、從官詔，訪以得失。乙亥，詔兩省官詳定內外封章，具要切者以聞。遣諸葛廷瑞等使金弔祭。丙子，詔戒敕官吏。己卯，詔官吏贓罪顯著者，重罰毋貸。辛巳，以生日爲重明節。丁亥，詔百官輪對。己丑，詔編壽皇聖政。庚寅，詔中書舍人羅點具可爲臺諫者，點以葉適、吳鎰、孫逢吉、張體仁、馮震武、鄭湜、劉崇之、沈淸臣八人上之。

三月壬辰，以周必大爲少保，留正轉正奉大夫。丙申，遣沈揆等使金賀卽位。詔侍從、兩省、臺諫，各舉可任湖廣及四川總領者一人。己亥，子擴進封嘉王。癸卯，金遣王元德等來告哀。戊申，以壽皇却五日之朝，詔自今月四朝重華宮。甲寅，以史浩爲太師，伯圭爲少師，少保士歆爲少傅，昭慶軍節度使士屼爲少保。戊午，金遣張萬公等來致遺留物。己未，以左補闕薛叔似爲將作監，右拾遺許及之爲軍器監。拾遺、補闕官自此罷。詔東宮書籍並賜嘉王。

夏四月丙寅，有事于太廟。丁卯，四川應起經、總制錢存留三年，代輸鹽酒重額。癸酉，姪抦進封許國公。乙亥，以兩浙犒賞酒庫隸諸州，歲入六十五萬，尋減三十萬。戊寅，金遣徒單鎰等來告卽位。以權兵部侍郎何澹爲右諫議大夫。丙戌，有事于景靈宮。

五月甲午，以王藺知樞密院事兼參知政事。丙申，周必大罷爲觀文殿大學士，判潭州。常德府、辰沅靖州大水入其郛。丁酉，詔丞相以下，月一朝重華宮。戊戌，罷周必大判潭州之命，許以舊官爲醴泉觀使。戊申，以和義郡夫人黃氏爲貴妃。右丞相留正論知閤門事姜特立，罷之。

閏月庚申朔，詔內侍陳源，許在外任便居住。免郡縣淳熙十四年以前私負，十五年以後輸息及本者亦蠲之。壬戌，以趙雄爲寧武軍節度使、開府儀同三司，進封衞國公，仍判江陵府。庚午，詔罷賣浙西常平官田。癸酉，詔季秋有事于明堂，以高宗配。丙子，趙雄疾甚，改判資州。戊寅，蠲郡縣第五等戶身丁錢及臨安第五等戶和買絹各一年，仍出錢二十三萬緡振臨安貧民。己卯，階州大水入其郛。壬午，大理獄空。乙酉，御後殿慮囚。

六月庚寅，鎭江大水入其郛。癸卯，詔：自今臣僚奏請事涉改法者，三省、樞密院詳具以聞。

秋七月辛酉，儒林郎倪恕等以封事可采，遷官、免文解有差。戊辰，遣謝深甫等賀金主生辰。庚辰，下詔恤刑。

八月甲午，升恭州爲重慶府。丙申，減兩浙月樁等錢歲二十五萬五千緡。己亥，王淮薨。癸丑，金遣温迪罕肅等來賀卽位。

九月癸亥，金遣完顏守眞等來賀重明節。減紹興和買絹歲額四萬四千餘匹。乙丑，戒執政、侍從、臺諫，毋移書以薦舉、請託。南劍州火，降其守臣一官，仍令優加振濟。戊辰，詔侍從各舉公正強敏之士，嘗任守令及職事官、材堪御史者一人。甲戌，詔監司、帥守，秩滿到闕，薦所部廉吏一二人。遣郭德麟等使金賀正旦。

冬十月庚子，罷樞密院審察諸軍之制。壬寅，蠲楚州、高郵盱眙軍民負常平米一萬四千餘石。甲寅，大閱。

十一月庚午，詔改明年爲紹熙元年。復置嘉王府翊善，以祕書郎黃裳爲之。乙亥，詔陳源毋得輒入國門。丁丑，減江、浙月樁錢額十六萬五千餘緡。

十二月壬子，金遣裴滿餘慶等來賀明年正旦。

紹熙元年春正月丙辰朔，帝率羣臣詣重華宮，奉上壽聖皇太后、至尊壽皇聖帝、壽成皇后册、寶。壬申，再蠲臨安府民身丁錢三年。壬午，何澹請置紹熙會計錄。詔何澹同戶部長貳、檢正、都司稽考財賦出入之數以聞。

二月丁酉，雨雹。辛亥，殿中侍御史劉光祖言：道學非程氏私言，乞定是非，別邪正。從之。

三月丁卯，詔秀王襲封，置園廟。班安僖王諱。錄趙普後一人。庚午，以久雨釋杖以下囚。

夏四月乙酉，詔兩淮措置流民。己丑，以伯圭爲太保、嗣秀王。丁未，殿中侍御史劉光祖以論帶御器械吳端罷。戊申，賜禮部進士余復以下五百三十有七人及第、出身。

五月乙卯，趙雄坐所舉以賄敗，降封益川郡公，削食邑一千戶。己未，出吳端爲浙西馬步軍副總管。丙寅，修楚州城。丙子，太白晝見。

六月丁亥，遣丘崈等賀金主生辰。丙申，以上供等錢償廣州放免身丁錢數。甲午，御後殿慮囚。

秋七月癸丑，詔秀王諸孫並授南班。甲寅，以葛邲參知政事，給事中胡晉臣簽書樞密院事。乙卯，以留正爲左丞相，王藺樞密院使。癸酉，建秀王祠堂于行在。

八月辛卯，立任子中銓人吏部簾試法。己亥，帝率羣臣上壽皇聖帝玉牒、日曆于重華宮。己酉，詔造新曆。

九月丁巳，金遣王翛等來賀重明節。己未，升劍州爲隆慶府。辛酉，雷。庚午，遣蘇山等使金賀正旦。

冬十月丁酉，詔內外諸軍自今毋置額外制、領以下官。丙午，詔內外軍帥各薦所部有將才者。庚戌，詔諭郡縣吏奉法愛民。

十一月甲寅，安南入貢。壬戌，潼川轉運判官王溉撙節漕計，代輸井戶重額錢十六萬緡，詔獎之。

十二月辛巳朔，贈左千牛衞大將軍挺爲保寧軍節度使。壬午，賜王倫謚曰節愍。丙戌，罷王藺樞密使。戊子，以葛邲知樞密院事，胡晉臣參知政事兼同知樞密院事。癸卯，詔歲減廣東官賣鹽。丙午，金遣把德固等來賀明年正旦。戊申，浦城盜張海作亂，詔提點刑獄豐誼捕之。

二年春正月庚戌朔，命兩淮行義倉法。壬子，詔尊高宗爲萬世不祧之廟。庚申，修六合城。辛酉，金主母徒單氏殂。戊寅，雷電，雨雹。

二月庚辰朔，大雨雪。壬午，遣宋之瑞等使金弔祭。癸未，名新曆曰會元。甲申，福建安撫使趙汝愚等以盜發所部，與守臣、監司各降秩一等，縣令追停。乙酉，詔以陰陽失時，雷雪交作，令侍從、臺諫、兩省、卿監、郎官、館職，各具時政闕失以聞。出米五萬石賑京城貧民。權罷修皇后家廟。辛卯，布衣余古上書極諫，帝怒，詔送筠州學聽讀。丁未，金遣完顏𠔄〔一〕等來告哀。

三月丙辰，詔監司、郡守互送以贓論。丁巳，詔自今邊事令宰相與樞密院議，仍同簽書。丙寅，詔福建提點刑獄陳公亮、知漳州朱熹同措置漳、泉、汀三州經界。丁卯，增廣州摧鋒軍三百人。癸酉，建寧府雨雹，大如桃李，壞民居五千餘家。溫州大風雨，雷雹，田苗桑果蕩盡。丙子，出右司諫鄧馹。

夏四月乙酉，從壽皇聖帝、壽成皇后幸聚景園。丙申，詔侍從、兩省、臺諫及在外侍從之臣，各舉所知嘗任監司、郡守可充郎官、卿監及資歷未深可充諸職事官者，各三人。辛丑，徽州火，二日乃滅。

五月己酉朔，福州水。辛亥，詔六院官許輪對，仍入雜壓。庚申，詔侍從、經筵、翰苑官，自今並不時宣對，庶廣咨詢，以補治道。戊辰，金州大火。己巳，潼川崇慶二府、大安石泉淮安三軍、興利果合綿漢六州大水。

六月戊寅，詔：監司到任半年，條上裕民事，如郡守。庚辰，遣趙靨等賀金主生辰。丁亥，以伯圭判大宗正事。

秋七月丁未朔，詔故容州編管人高登追復元官，仍贈承務郎。己未，出會子百萬緡，收兩淮私鑄鐵錢。乙丑，復置太醫局。己巳，興州大水，漂沒數千家。

八月戊寅，何澹以本生繼母喪去官。甲申，寬兩浙榷鐵之禁。

九月壬子，金遣完顏兗等來賀重明節。召知福州趙汝愚爲吏部尚書。壬戌，禁職田折變。癸亥，遣黃申等使金賀正旦。乙丑，以久雨，命大理、三衙、臨安府及兩浙決繫囚，釋杖以下。己巳，詔侍從於嘗任卿監、郎官內，選堪斷刑長貳一二人以聞。

冬十月丙子朔，詔罷經界。丁丑，築福州外城。庚辰，減百官大禮賜物三之一。甲申，復吳端帶御器械。辛卯，詔守令毋征斂病民。庚子，下詔撫諭四川被水州軍。

十一月戊申，安定郡王子肜薨。己巳，册加高宗徽號曰受命中興全功至德聖神武文昭仁憲孝皇帝。辛未，有事于太廟。皇后李氏殺黃貴妃〔三〕，以暴卒聞。壬申，合祭天地于圜丘，以太祖、太宗配，大風雨，不成禮而罷。帝既聞貴妃薨，又値此變，震懼感疾，罷稱賀，肆赦不御樓。壽皇聖帝及壽成皇后來視疾，帝自是不視朝。

十二月庚辰，築荆門軍城。丁亥，帝始對輔臣于內殿。乙未，增楚州更戍兵一千五百人。庚子，復出會子百萬緡，收兩淮鐵錢。辛丑，金遣完顏宗璧等來賀明年正旦。壬寅，資、簡、普、榮四州及富順監旱。甲辰，詔：慶遠軍承宣使、內侍省都知楊皓懷姦兇恣，刺面杖脊，配吉州；和州防禦使、內侍省押班黃邁私相朋附，決杖，編管撫州。尋送皓撫州、邁常州居住。

是歲，建寧府、汀州水，階、成、西和、鳳四州及淮東旱，振之。

三年春正月乙巳朔，帝有疾，不視朝。庚戌，蠲秀州上供米四萬四千石。歲蠲四川鹽酒重額錢九十萬緡。出度僧牒二百，收淮東鐵錢。丁巳，命夔路轉運使通融漕計糴米，以備凶荒。壬戌，罷文州民雜役。詔輔臣代行恭謝之禮。

二月甲戌朔，復以兩浙犒賞酒庫隸戶部。丁酉，申嚴錢銀過淮之禁。

閏月丙午，禁郡縣新作寺觀。甲寅，以王藺爲端明殿學士、四川安撫制置使，藺辭不行。壬戌，詔：州縣未斷之訟，監司毋得移獄，違者許執奏。甲子，成都府路轉運判官王溉以代民輸激賞等絹錢三十三萬緡，詔進一官，仍令再任。詔賣郡縣沒官田屋及營田。

三月甲戌，修天長縣城。辛巳，帝疾稍愈，始御延和殿聽政。以子濤爲安定郡王。甲申，罷雅州稅場五。築峽州城。乙酉，留正乞去位，不許。庚寅，宜州蠻寇邊，改知鬱林州〔三〕

沙世堅知宜州以討之。辛卯，復監司列薦法。丁酉，罷廣東增收鹽斤錢。己亥，詔技藝補授之人，毋得奏補，著爲令。庚子，監察御史郭德麟以察事失體，出爲湖北提舉常平茶鹽。

夏四月癸卯，補童子吳鋼〔四〕官。甲寅，振四川旱傷郡縣。乙卯，以戶部侍郎丘崈爲煥章閣直學士、四川安撫制置使。戊午，帝朝重華宮。丁卯，蠲臨安民元年、二年逋賦。

五月，帝有疾，不視朝。乙未，命漢陽、荆門軍、復州行鐵錢。己亥，蠲四川水旱郡縣租賦。仍以兩浙犒賞酒庫隸諸州，令戶部郎官提領，歲以四十五萬緡爲額。庚子晦，常德府大水入其郛。

六月辛丑朔，下詔戒飭風俗，禁民奢侈與士爲文浮靡、吏苟且飾僞者。以權禮部尙書陳騤同知樞密院事。甲辰，遣錢之望等賀金主生辰。丁未，罷四川諸軍歲起西兵。廢光州定城監。壬子，慮囚。戊午，以伯圭爲太師。甲子，增捕獲私鑄銅錢賞格。丙寅，以太尉郭師禹爲少保。

秋七月己巳，刺沿邊盜萬人爲諸州禁軍。壬申，監文思院常良孫坐贓配海外。益國公周必大坐繆舉良孫，降榮陽郡公。省廣西郡縣官。甲戌，台州水。壬午，瀘州騎射卒張信等作亂，殺其帥臣張孝芳。甲申，軍士卞進、張昌擊殺信。增嘉王府講讀官二員。壬辰，修揚州城。

八月甲寅，詔兩淮行鐵錢交子。戊午，總領四川財賦楊輔奏：已蠲東、西兩川畸零絹錢四十七萬緡、激賞絹六萬六千匹。詔奬之。自是歲以爲例。

九月甲戌，修德安府外城。乙亥，金遣僕散端等來賀重明節。戊子，遣鄭汝諧等使金賀正旦。丙申，勸兩淮民種桑。

冬十月壬寅，修大禹陵廟。丙午，修潭州城。辛亥，帝詣重華宮進香。庚申，會慶節，丞相率百官詣重華宮拜表稱賀。

十一月壬申，振襄陽府被水貧民。癸酉，減蘄州歲鑄錢二十萬緡。丙戌，日南至，丞相率百官詣重華宮拜表稱賀。兵部尚書羅點、給事中尤袤、中書舍人黃裳皆上疏請帝朝重華宮，吏部尚書趙汝愚亦因面對以請，帝開納。辛卯，帝朝重華宮，皇后繼至，都人大悅。癸巳，蠲湖南北、京西、江西郡縣月樁、經總制錢，歲二十三萬餘緡。戊戌，詔：李純乃皇后親姪，可特除閤門宣贊舍人。

十二月癸卯，帝率羣臣上壽皇聖帝玉牒、聖政、會要于重華宮。丙午，蠲歸正人賦役三年。辛亥，以留正爲少保。乙丑，金遣温敦忠等來賀明年正旦。

是歲，江東、京西、湖北水。

四年春正月己巳朔，帝朝重華宮。辛卯，蠲臨安府民身丁錢三年。二月戊戌朔，詔陳源特與在京宮觀。丙寅，貸淮西民市牛錢。出米七萬石振江陵饑民。甲戌，皇孫生。

三月丙子，帝朝重華宮，皇后從。辛巳，以葛邲爲右丞相，胡晉臣知樞密院事，陳騤參知政事，趙汝愚同知樞密院事。甲申，監察御史汪義端奏：汝愚執政，非祖宗故事，請罷之。疏三上，不報。辛卯，義端罷。癸巳，帝從壽皇聖帝、壽成皇后幸聚景園。乙未，修巢縣城。

夏四月己酉，罷括賣四川沿邊郡縣官田。

五月丙寅朔，復永州義保。己巳，賜禮部進士陳亮以下三百九十有六人及第、出身。進士李僑年五十四，調成都司戶參軍，自以祿不及養，乞以一官回贈父母。帝嘉其志，特詔以本官致仕，父母皆與初品官封。丙子，淮西大水。丙戌，紹興大水。召浙東總管姜特立。丞相留正以論特立不行，乞罷相，不報。壬辰，太尉、利州安撫使吳挺卒。四川制置使丘崈承制以總領財賦楊輔權安撫使，命統制官李世廣權管其軍。

六月丙申朔，留正出城待罪。振江浙、兩淮、荆湖被水貧民。戊戌，祕書省著作郎沈有開，著作佐郎李唐卿，祕書郎范黼、彭龜年，校書郎王奭，正字蔡幼學、顏棫、吳獵、項安世上疏，乞寢姜特立召命。己亥，遣許及之等賀金主生辰。壬寅，詔市淮馬充沿江諸軍戰騎。

戊申，胡晉臣薨。己酉，御後殿慮囚。癸丑，蠲臨安增民稅錢八萬餘緡。甲寅，太白晝見。甲子，雨雹。

秋七月乙丑朔，太白晝見。丙寅，大雨雹。己巳，留正復論姜特立，繳納出身以來文字，待罪于范村。丙子，以不雨命諸路提刑審斷滯獄。戊寅，命臨安府及三衙決繫囚，釋杖以下。壬午，以趙汝愚知樞密院事，吏部尚書余端禮同知樞密院事，陳源爲內侍省押班。癸未，禁邕州左、右兩江販鬻生口。乙酉，敘州夷賊沒該落無等寇邊，遣兵討平之。

八月丙申，蠲紹興丁鹽、茶租錢八萬二千餘緡。丁酉，罷郡縣賣沒官田。癸丑，詔三省議振恤郡縣水旱。丁巳，贈吳挺少保；其子曦落階官，起復濠州團練使、帶御器械。戊午，振江東、浙西、淮西旱傷貧民。

九月己巳，金遣董師中等來賀重明節。庚午，重明節，百官上壽。侍從、兩省請帝朝重華宮，不聽。己卯，上壽聖皇太后尊號曰壽聖隆慈備福皇太后。壬午，遣倪思等使金賀正旦。甲申，帝將朝重華宮，皇后止帝，中書舍人陳傅良引裾力諫，不聽。戊子，著作郎沈有開、祕書郎彭龜年、禮部侍郎倪思等咸上疏，請朝重華宮。

冬十月丙午，內教三衙諸軍。己酉，朝獻于景靈宮。夜，地震。庚戌，朝獻于景靈宮。夜，地又震。壬子，祕書省官請朝重華宮，疏三上，不報。甲寅，雨土。工部尚書趙彥逾等上疏重華宮，乞會慶聖節勿降旨免朝。壽皇曰：「朕自秋涼以來，思與皇帝相見，卿等奏疏，已令進御前矣。」明日會慶節，帝以疾不果朝，丞相葛邲率百官賀于重華宮。侍從上章，居家待罪，詔不許。嘉王府翊善黃裳上疏，請誅內侍楊舜卿；臺諫張叔椿、章穎上疏，乞罷黜；戊午，太學生汪安仁等二百一十八人上書，請朝重華，皆不報。己未，丞相以下奏事重華宮。庚申，帝將朝重華宮，復以疾不果。丞相以下上疏自劾，請罷政；彭龜年請逐陳源以謝天下，皆不報。

十一月辛未，日中有黑子。壬申，侍從、兩省趙彥逾等十一人同班奏事。癸酉，太白晝見，地生毛，夜有赤雲白氣。戊寅，帝朝重華宮，都人大悅。遣右司郎官徐誼召留正于城外。庚辰，正始入朝，復赴都堂視事。命姜特立還故官。日中黑子滅。癸未，帝率羣臣奉上皇太后册、寶于慈福宮。

十二月戊戌，帝朝重華宮。壬寅，右司諫章穎以地震請罷葛邲，疏十餘上，不報。甲辰，命沿邊守臣三年爲任。己酉，詔監司、帥守毋獨員薦士。庚戌，趙雄薨。甲寅，復四川鹽合同場舊法。丁巳，振江、浙流民。己未，金遣完顏弼等來賀明年正旦

五年春正月癸亥朔，帝御大慶殿，受羣臣朝，遂朝重華宮，次詣慈福宮，行慶壽禮。推

恩如淳熙十年故事。癸酉，壽皇聖帝不豫。丙子，大理獄空。癸未，葛邲罷。丙戌，寬紹興民租稅。

二月乙未，趙汝愚、余端禮以奏除西帥不行，居家待罪。戊戌，荆、鄂諸軍都統制張詔爲成州團練使、興州諸軍都統制。庚戌，禁湖南、江西遏糴。

三月癸亥，合利州東、西爲一路。己巳，壽成皇后生辰，免過宮上壽。

夏四月甲午，帝幸玉津園，皇后及後宮皆從。乙未，壽皇聖帝幸東園。丙申，史浩薨。己亥，朝獻于景靈宮。壬寅，以不雨命大理、三衙、臨安府及兩浙決繫囚，釋杖以下。癸卯，雨土。甲辰，侍從入對，請朝重華宮。己酉，太學生程肖說等以帝未朝，移書大臣，事聞，帝將以癸丑日朝。至期，丞相以下入宮門以俟，日昃，帝復以疾不果出。侍從、館學官上疏，乞罷黜，居家待罪；職事官請去待罪者百餘人，詔不許。丙辰，侍講黃裳、秘書少監孫逢吉等再上疏以請。丁巳，起居郎兼權中書舍人陳傅良請以親王、執政或近上宗戚一人充重華宮使。臺諫交章劾內侍陳源、楊舜卿、林億年離間兩宮，請罷逐之。

五月辛酉朔，辰州傜賊寇邊。甲子，侍從入對，未得見。宰執詣重華宮問疾，不及引。陳傅良繳上告敕，出城待罪。丁卯，以壽皇聖帝疾棘，命丞相以下分禱天地、宗廟、社稷。戊辰，丞相留正等請帝侍疾，正引裾隨帝至福寧殿，久之，乃泣而出。辛未，丞相以下以所請不從，求退，帝命皆退，於是丞相以下遂出城待罪。知閤門事韓侂胄請宣押入城，許之。追封史浩爲會稽郡王。乙亥，帝將朝重華宮，復不果。戊寅，以壽皇聖帝疾，赦。權刑部尙書京鏜入對，請朝重華宮。庚辰，丞相以下詣重華宮問疾。癸未，起居舍人彭龜年叩頭請奏事，詔令上殿，乃請朝重華宮。甲申，從官列奏以請，嘉王府翊善黃裳、講讀官沈有開、彭龜年奏，乞令嘉王詣重華宮問疾，許之。王至重華宮，壽皇爲之感動。丙戌，權戶部侍郎袁說友入對，請朝重華宮。

六月，遣梁總等賀金主生辰。戊戌夜，壽皇聖帝崩，遺誥改重華宮爲慈福宮，建壽成皇后殿於宮後，以便定省。以重華宮錢銀一百萬緡賜內外軍。先是，丞相留正、知樞密院事趙汝愚、參知政事陳騤、同知樞密院事余端禮聞壽皇聖帝大漸，見帝于後殿，力請帝朝重華宮，皇子嘉王亦泣以請，不聽。至是，丞相正等聞壽皇聖帝崩，乃率百官聽遺誥于重華宮。己亥，丞相以下上疏，請詣重華成禮。庚子，遣薛叔似等使金告哀。辛丑，丞相率百官拜表，請就喪次成服。壬寅，壽皇大斂。皇子嘉王復入奏事，詔俟疾愈，過宮行禮。丞相以下請皇太后垂簾聽政，不許，請代行祭奠禮，許之。仍有旨：皇帝有疾，聽就內中成服。夜，白氣亙天。乙巳，尊壽聖隆慈備福皇太后爲太皇太后，壽成皇后爲皇太后。己酉，白氣亙天。乙卯，遣林湜等使金致遺留物。

秋七月辛酉，丞相留正稱疾，乞罷政，遂逃歸。初，正等屢請立嘉王爲皇太子，帝許之。正擬指揮以進，奉御筆：「歷事歲久，念欲退閑。」正得之，大懼，乃謀退焉。甲子，太皇太后以皇帝疾未能執喪，命皇子嘉王即皇帝位于重華宮之素幄，尊皇帝爲太上皇帝，皇后爲壽仁太上皇后，移御泰安宮。

慶元元年十一月戊戌，上尊號曰聖安壽仁太上皇帝。六年八月庚寅，太上皇帝不豫。辛卯，崩于壽康宮，年五十有四。十一月丙寅，謚曰憲仁聖哲慈孝皇帝，廟號光宗。嘉泰三年十一月壬申，加謚循道憲仁明功茂德温文順武聖哲慈孝皇帝。

贊曰：光宗幼有令聞，嚮用儒雅。逮其即位，總權綱，屏嬖幸，薄賦緩刑，見於紹熙初政，宜若可取。及夫宮闈妬悍，內不能制，驚憂致疾。自是政治日昏，孝養日怠，而乾、淳之業衰焉。

校勘記

〔一〕完顏亶　「亶」，原作「亶」，按完顏亶是金熙宗，金國使者不應與之同名，今據金史卷六二交聘表、卷九章宗紀改。

〔二〕黃貴妃　「黃」，原作「皇」，據本書卷二四三光宗慈懿李皇后傳、黃貴妃傳改。

〔三〕鬱林州　原作「鬱州」，據本書卷九〇地理志、宋會要蕃夷五之一〇二補。

〔四〕吳鋼　兩朝綱目卷二、朝野雜記甲集卷一三、宋史全文卷二八上都作「吳綱」。

宋史卷三十七

本紀第三十七

寧宗一

寧宗法天備道純德茂功仁文哲武聖睿恭孝皇帝，諱擴，光宗第二子也，母曰慈懿皇后李氏。光宗爲恭王，慈懿夢日墜于庭，以手承之，已而有娠。乾道四年十月丙午，生于王邸。五年五月，賜今名。十一月乙丑，授右千牛衞大將軍。七年，光宗爲皇太子。淳熙五年十月戊午，遷明州觀察使，封英國公。七年二月，初就傅。九年正月，始冠。十年九月己巳，始預朝參。十一年，當出閤，兩宮愛之，不欲令居外，乃建第東宮之側，以十月甲戌遷焉。十二年三月乙酉，遷安慶軍節度使，封平陽郡王。八月辛酉，納夫人韓氏。十六年二月壬戌，光宗受禪。三月己亥，拜少保、武寧軍節度使，進封嘉王。帝自弱齡，尊師重傅，至是，始置翊善，以沈清臣爲之。

紹熙元年春，宰相留正請立帝爲儲嗣。

五年六月戊戌，孝宗崩，光宗以疾不能出。壬寅，宰臣請太皇太后垂簾聽政，不許；請代行祭奠之禮，從之。丁未，宰臣奏云：「皇子嘉王，仁孝夙成。宜正儲位，以安人心。」越六日，奏三上，從之。明日，遂擬旨以進。是夕，御批付丞相云：「歷事歲久，念欲退閑。」

七月辛酉，留正以疾辭去。知樞密院事趙汝愚見正去，乃遣韓侂胄因內侍張宗尹以禪位嘉王之意，請于太皇太后，不獲。遇提舉重華宮關禮，侂胄因其問，告之。禮繼入內，泣請于太皇太后，太皇太后乃悟，令諭侂胄曰：「好爲之！」侂胄出，告汝愚，命殿帥郭杲夜分兵衞南北內〔一〕。

翌日禫祭，汝愚率百官詣大行柩前，太皇太后垂簾，汝愚率同列再拜，奏：「皇帝疾，不能執喪，臣等乞立皇子嘉王爲太子，以安人心。」乃奉御批八字以奏。太皇太后曰：「既有御筆，卿當奉行。」汝愚曰：「內禪事重，須議一指揮。」太皇太后允諾。汝愚袖出所擬以進，云：「皇帝以疾，未能執喪，曾有御筆，欲自退閑，皇子嘉王擴可即皇帝位。尊皇帝爲太上皇，皇后爲太上皇后。」太皇太后覽畢，曰：「甚善。」

汝愚出，以旨諭帝，帝固辭曰：「恐負不孝名。」汝愚曰：「天子當以安社稷、定國家爲孝，今中外憂亂，萬一變生，置太上皇何地。」衆扶入素幄，披黃袍，方却立未坐，汝愚率同列再拜。帝詣几筵殿，哭盡哀。須臾立仗訖，催百官班，帝衰服出，就重華殿東廡素幄立，內侍扶掖，乃坐。百官起居訖，乃入行禫祭禮。詔建泰安宮，以奉太上皇、太上皇后。汝愚卽喪次請召還留正。乙丑，太皇太后命立崇國夫人韓氏爲皇后。丙寅，大赦。百官進秩一級，賞諸軍。詔車駕五日一朝泰安宮，百官月兩朝。以卽位告于天地、宗廟、社稷。

丁卯，侍御史張叔椿劾留正擅去相位，詔以叔椿爲吏部侍郎。戊辰，詔求直言。遣鄭湜使金告禪位。己巳，以趙汝愚兼參知政事。庚午，召祕閣修撰、知潭州朱熹詣行在。壬申，建泰安宮。乙亥，以趙汝愚爲右丞相，參知政事陳騤知樞密院事，余端禮參知政事，仍兼同知樞密院事。汝愚辭不拜。賜前宰執、侍從詔，訪以得失。丙子，大風。戊寅，詔：秋暑，太上皇帝未須移御，卽以寢殿爲泰安宮。以殿前都指揮使郭杲爲武康軍節度使。庚辰，率羣臣拜表于泰安宮。辛巳，以趙汝愚爲樞密使，保大軍節度使郭師禹爲攢宮總護使。壬午，侍御史章穎等劾內侍林億年、陳源、楊舜卿，詔億年、源與在外宮觀，舜卿在京宮觀。韓侂胄落階官，爲汝州防禦使。癸未，余端禮辭兼同知樞密院事。甲申，以兵部尚書羅點簽書樞密院事。詔兩省官詳定應詔封事，具要切者以聞。戊子，詔百官輪對。罷楊舜卿在京宮觀，林億年常州居住，陳源撫州居住。

八月己丑朔，安定郡王子濤薨。辛卯，初御行宮便殿聽政。癸巳，以朱熹爲煥章閣待制兼侍講。甲午，增置講讀官，以給事中黃裳、中書舍人陳傅良彭龜年等爲之。丁酉，以生日爲天祐節。己亥，率羣臣朝泰安宮。辛丑，詔諸道舉廉吏、糾汚吏。壬寅，詔經筵官開陳經旨，救正闕失。進封弟許國公抦爲徐國公。癸卯，加嗣濮王士歆少師，郭師禹少傅，夏執中少保。乙巳，詔晚講官坐講。丁未，復罷經筵坐講。命三省議振恤諸路郡縣水旱。乙卯，加安南國王李龍翰思忠功臣。詔歲減廣西鹽額十萬緡。丙辰，留正罷，以觀文殿大學士判建康府。以趙汝愚爲右丞相。丁巳，詔侍從、兩省、臺諫各舉通亮公淸、不植黨與、曾任知縣者二人。

九月己巳，命趙汝愚朝獻景靈宮。庚子，命嗣秀王伯圭朝饗太廟。是日，羅點薨。辛未，合祭天地于明堂，大赦。壬申，以刑部尚書京鏜簽書樞密院事。甲戌，下詔撫諭諸將。改天祐節爲瑞慶節。

冬十月己丑，右諫議大夫張叔椿再劾留正擅去相位，詔落正觀文殿大學士。庚寅，更泰安宮爲壽康宮。辛卯，命四川制置司銓量諸州守臣。癸巳，雷。乙未，詔以陰陽謬盭，雷雷非時，令臺諫、侍從，各疏朝政闕失以聞。戊戌，復許武舉人試換文資。庚子，以久雨命大理、三衙、臨安府、兩浙州縣決繫囚，釋杖以下。辛丑，減兩浙、江東西路和市折帛錢，蠲兩浙路丁鹽、身丁錢一年。雅州蠻寇邊，土丁拒退之，尋出降。甲辰，以朱熹言，趣後省看詳應詔封事。乙巳，上大行至尊壽皇聖帝謚曰哲文神武成孝皇帝，廟號孝宗。丙午，復以朱熹奏請，卻瑞慶節賀表。庚戌，改上安穆皇后謚曰成穆皇后，安恭皇后謚曰成恭皇后。壬子，遣曾三復使金賀正旦。丙辰，上孝宗皇帝册寶于重華殿，成穆皇后、成恭皇后册寶于本室。是月，建福寧殿。

閏月庚申，以吏部尚書鄭僑等奏請祧僖、宣二祖，正太祖東嚮之位，尋立僖祖別廟，以藏順、翼、宣三祖之主。乙丑，遣林季友使金報謝。戊辰，金遣使來弔祭。戊寅，侍講朱熹以上疏忤韓侂胄罷，趙汝愚力諫，不聽；臺諫、給舍交章請留朱熹，亦不聽。詔兩省、臺諫、侍從各舉宗室有文學器識者二人。壬午，詔改明年爲慶元元年。

十一月甲午，復加安南國王李龍翰濟美功臣。丙午，帝自重華宮還大內。庚戌，以宜州觀察使韓侂胄兼樞密都承旨。辛亥，雨木冰。詔行孝宗三年喪制，命禮官條具典禮以聞。升明州爲慶元府。乙卯，權欑孝宗皇帝于永阜陵。

十二月丁巳朔，禁民間妄言宮禁事。乙丑，吏部侍郎彭龜年上疏，言韓侂胄假託聲勢，竊弄威福，乞黜之以解天下之疑。詔罷龜年；進侂胄一官，與在京宮觀。趙汝愚請留龜年，不聽。御史中丞謝深甫劾陳傅良，罷之。戊辰，以陳康伯配饗孝宗廟庭。己巳，陳騤罷。庚午，以余端禮知樞密院事，京鏜參知政事，鄭僑同知樞密院事。辛未，監察御史劉德秀劾起居舍人劉光祖，罷之。癸酉，金遣使來賀登位。上孝宗廟樂曰大倫之舞。甲戌，祔孝宗神主于太廟。丁丑，減臨安、紹興二府死罪以下囚，釋杖以下。蠲民緣欑宮役者賦。戊寅，加郭師禹少師，進封永寧郡王。癸未，金遣使來賀明年正旦。

是歲，兩浙、淮南、江東西路水旱，振之，仍蠲其賦。

慶元元年春正月丁巳朔，蠲兩淮租稅。壬寅，黎州蠻寇邊，官軍戰卻之。乙巳，蠲台、嚴、湖三州貧民身丁、折帛錢一年。詔兩浙、淮南、江東路荒歉諸州收養遺棄小兒。辛亥，以久雨振給臨安貧民。丙辰，白虹貫日。

二月丁巳朔，詔兩淮諸州勸民墾闢荒田。壬戌，詔嗣秀王伯圭贊拜不名。癸亥，以久雨釋大理、三衙、臨安府、兩浙路杖以下囚。丁卯，詔帥臣、監司歲終考察郡守臧否以聞。戊寅，以右正言李沐言，罷趙汝愚爲觀文殿大學士、知福州。己卯，雨土。以余端禮兼參知政事。庚辰，兵部侍郎章穎以黨趙汝愚罷。甲申，謝深甫等再劾汝愚，詔與宮觀。

三月丙戌朔，日有食之。庚寅，太白經天。辛亥，詔四川歲發西兵詣行在，如舊制。癸丑，命侍從、臺諫、兩省集議江南沿江諸州行鐵錢利害。甲寅，國子祭酒李祥、博士楊簡以黨趙汝愚罷。

夏四月丁巳，太府寺丞呂祖儉坐上疏留趙汝愚及論不當黜朱熹、彭龜年等，忤韓侂胄，送韶州安置。己未，以余端禮爲右丞相，京鏜知樞密院事，鄭僑參知政事，謝深甫簽書樞密院事。庚申，太學生楊宏中等六人以上書留趙汝愚、章穎、李祥、楊簡，請黜李沐，詔宏中等各送五百里外編管。中書舍人鄧馹上疏救之，不聽。戊辰，臨安大疫，出內帑錢爲貧民醫藥、棺斂費及賜諸軍疫死者家。

五月戊子，呂祖儉改送吉州安置。戊戌，詔戒百官朋比。丙午，詔諸路提舉司置廣惠倉，修胎養令。辛亥，減大理、三衙、臨安府雜犯死罪以下囚，釋杖以下。

六月丁巳，復留正觀文殿大學士，充醴泉觀使。右正言劉德秀請考核眞僞，以辨邪正。己未，遣汪義端賀金主生辰。庚午，詔三衙、江上諸軍主帥、將佐，初除舉自代一人，歲薦所知二人。癸酉，以韓侂胄爲保寧軍節度使，提舉萬壽觀。

秋七月壬辰，加周必大少傅。丁酉，落趙汝愚觀文殿大學士，罷宮觀。己亥，太白晝見。

八月己巳，詔內外諸軍主帥條奏武備邊防之策以聞。

九月壬午朔，蠲臨安府水災貧民賦。乙酉，以久雨決繫囚。丙戌，熒惑入太微。甲辰，遣黃艾使金賀正旦。己酉，蠲台、嚴、湖三州被災民丁絹。

冬十月己卯，詔三省、樞密院條上合教諸軍例。乙丑，升秀州爲嘉興府，舒州爲安慶府，嘉州爲嘉定府，英州爲英德府。戊辰，金遣吳鼎樞來賀瑞慶節。壬申，封子恭爲安定郡王。

十一月己丑，雨土。庚寅，以弟徐國公柄爲昭慶軍節度使。戊戌，加上壽聖隆慈備福太皇太后尊號曰壽聖隆慈備福光佑太皇太后，壽成皇太后曰壽成惠慈皇太后，太上皇曰聖安壽仁太上皇，太上皇后曰壽仁太上皇后。丙午，以監察御史胡紘言，責授趙汝愚寧遠軍節度副使，永州安置。丁未，命宰執大閱。

十二月癸亥，置楚州弩手効用軍。丙子，命朱熹爲煥章閣待制，辭。丁丑，金遣紇石烈正來賀明年正旦。

二年春正月庚寅，以余端禮爲左丞相，京鏜爲右丞相，鄭僑知樞密院事，謝深甫參知政事，御史中丞何澹同知樞密院事。庚子，趙汝愚卒于永州。甲辰，右諫議大夫劉德秀劾留正引用僞學之黨，詔落正觀文殿大學士，罷宮觀。

二月辛酉，詔追復趙汝愚官，許歸葬，以中書舍人吳宗旦言，罷之。辛未，再蠲臨安府民身丁錢三年。

三月丙申，命諸軍射鐵簾。己亥，進封弟抦爲吳興郡王。丙午，有司上慶元會計錄。

夏四月甲子，佘端禮罷。壬申，以何澹參知政事，吏部尚書葉翥簽書樞密院事。乙亥，增置監察御史一員。

五月辛巳，以旱禱于天地、宗廟、社稷。詔大理、三衙、臨安府、兩浙州縣決繫囚。乙酉，申嚴獄囚瘐死之罰。辛卯，賜禮部進士鄒應龍以下四百九十有九人及第、出身。甲午，減諸路和市折帛錢三年。建華文閣，以藏孝宗御集。甲辰，更慈福宮爲壽慈宮。

六月庚戌，遣吳宗旦賀金主生辰。乙丑，命監司、帥守臧否縣令，分三等。丙子，子埈生。

秋七月癸未，饗于太廟。丙戌，減諸路死罪囚，釋流以下。戊子，量徙流人呂祖儉等于內郡。詔檢正、都司考覈諸路守臣便民五事以聞。戊戌，以韓侂胄爲開府儀同三司、萬壽觀使。

八月癸丑，奉安孝宗皇帝、成穆皇后、成恭皇后神御于景靈宮。丙辰，以太常少卿胡紘請，權住進擬僞學之黨。壬戌，子埈薨，追封兗王，謚沖惠。

九月丁亥，復分利州爲東西路。癸巳，嗣濮王士歆薨，追封韶王。甲午，流星晝隕。丁酉，遣張貴謨使金賀正旦。

冬十月戊申，率羣臣奉上壽聖隆慈備福光佑太皇太后、壽成惠慈皇太后、聖安壽仁太上皇、壽仁太上皇后册寶于慈福、壽康宮。辛亥，册皇后。壬戌，金遣張嗣來賀瑞慶節。甲戌，大閱。

十一月庚寅，詣壽康宮，上太上皇帝寬恤詔令。壬辰，京鏜等上孝宗皇帝寬恤詔令。癸卯，賞宜州捕降峒寇功。

十二月辛未，金遣完顏崇道來賀明年正旦。是月，監察御史沈繼祖劾朱熹，詔落熹祕閣修撰，罷宮觀。竄處士蔡元定于道州。

三年春正月壬寅，鄭僑罷。癸卯，以謝深甫兼知樞密院事。

二月己酉，京鏜等上神宗玉牒、高宗實錄。丁巳，以大理司直邵褒然請詔大臣自今權臣、僞學之黨，勿除在內差遣，詔下其章。

三月乙未，建東華門。庚子，禁浙西州軍圍田。壬寅，詔：「自今有司奏讞死罪不當者，論如律。」

夏四月丙午，雨土。命不袪爲嗣濮王。壬子，以旱禱于天地、宗廟、社稷。乙丑，雨雹。

六月戊辰，頒淳熙寬恤詔令。

閏月甲戌，內出銅器付尚書省毀之，命申嚴私鑄銅器之禁。乙亥，遣衞涇賀金主生辰。甲午，詔留正分司西京，邵州居住。是夏，廣東提舉茶鹽徐安國遣人捕私鹽于大奚山，島民遂作亂。

秋七月庚午，監察御史沈繼祖錄淹四四百餘條來上，詔進二官。八月戊子，復置嚴州神泉監。辛卯，知廣州錢之望遣兵入大奚山，盡殺島民。甲午，均諸路職田。

九月壬寅，以四川旱詔蠲民賦。辛酉，遣曾炎使金賀正旦。乙丑，申嚴帥臣、監司臧否郡守之制。是月，詔監司、帥守薦舉改官，勿用僞學之人。

冬十月癸酉，雷。丙戌，金遣完顏愈來賀瑞慶節。丙申，以太皇太后違豫，赦。十一月辛丑，加孝宗皇帝謚曰紹統同道冠德昭功哲文神武明聖成孝皇帝。太皇太后吳氏崩。壬寅，朝獻于景靈宮。癸卯，朝饗于太廟。甲辰，祀天地于圜丘，大赦。乙巳，詔爲大行太皇太后服期。丁未，遣趙介使金告哀。十二月丙子，始御正殿。丁丑，以大行太皇太后欑宮，蠲紹興府貧民明年身丁、折帛綿絹。庚辰，罷文武官納官告綾紙錢。甲申，雷，雨土。乙未，金遣奧屯忠孝來賀明年正旦。丁酉，以知綿州王沇請，詔省部籍僞學姓名。

四年春正月己卯，上欽宗皇后謚曰仁懷皇后。丙寅，以葉翥同知樞密院事。丁卯，詔有司寬恤兩浙、江淮、荆湖、四川流民。

二月辛未，詔兩省、侍從、臺諫各舉所知一二人，毋薦宰執親黨。丙子，上大行太皇太后謚曰憲聖慈烈皇后。

三月甲子，權欑憲聖慈烈皇后于永思陵。乙丑，金遣烏林答天益來弔祭。

夏四月丙戌，祔仁懷皇后、憲聖慈烈皇后神主于太廟。己丑，蠲臨安、紹興二府租稅有差。丙申，始御正殿。是月，右諫議大夫張釜請下詔禁僞學。遣湯碩使金報謝。

五月己亥，加韓侂胄少傅，賜玉帶。己酉，詔禁僞學。

六月己巳，遣楊王休賀金主生辰。癸酉，以弟吳興郡王抦爲開府儀同三司。

秋七月辛酉，葉翥罷。

八月丁卯朔，以久雨決繫囚。丙子，以謝深甫知樞密院事兼參知政事，吏部尚書許及之同知樞密院事。庚辰，白氣亙天。丙戌，詔以太上皇聖躬淸復，率羣臣上壽。尋不克行。

九月壬寅，太白晝見。癸卯，太白經天。丁未，頒慶元重修敕令格式。庚申，遣馬覺使金賀正旦。是月，詔造新曆。

冬十月戊子，金遣孫鐸來賀瑞慶節。

十二月丙戌，再蠲臨安府民身丁錢三年。己丑，金遣楊庭筠來賀明年正旦。

五年春正月庚子，樞密院直省官蔡璉訴趙汝愚定策時有異謀，詔下大理捕鞫彭龜年、曾三聘等以實其事。中書舍人范仲藝力爭之于韓侂胄，事遂寢。張釜等復請窮治，詔停龜年、三聘官。壬戌，建玉堂。

二月癸酉，白氣亙天。乙酉，張釜劾劉光祖附和僞學，詔房州居住。

三月甲午，罷監司臧否郡守之制。

夏五月壬辰朔，新曆成，賜名曰統天。戊戌，賜禮部進士曾從龍以下四百十有二人及第、出身。戊申，以久雨，民多疫，命臨安府振恤之。壬子，詔諸路州學置武士齋，選官按其武藝。

六月癸亥，遣李大性賀金主生辰。

秋七月甲寅，禁高麗、日本商人博易銅錢。

八月乙亥，白氣亙天。辛巳，太祖廟楹生芝，率羣臣詣壽康宮上壽，始見太上皇，成禮而還。甲申，以過宮上壽禮成，中外奉表稱賀。丙戌，詔減諸路流囚，釋杖以下，推恩如慶壽故事。丁亥，進京鏜等官一級。戊子，立沿邊諸州武舉取士法。

九月庚寅朔，加韓侂胄少師，封平原郡王。丙辰，遣朱致知使金賀正旦。

冬十月庚申朔，封郭師禹爲廣陵郡王。丙子，金遣僕散琦來賀瑞慶節。

十一月己丑朔，詔復右司一員。

十二月辛酉，嗣濮王不袪薨。庚午，命廣東水土惡弱諸州建安仁宅、惠濟倉庫，給士大夫死不能歸者。乙亥，奉安仁懷皇后、憲聖慈烈皇后神御于景靈宮。甲申，金遣范楫來賀明年正旦。

是歲，饒信江撫嚴衢台七州、建昌興國軍、廣東諸州皆水，振之。

六年春正月己亥，子坦生。

二月戊辰，減諸路雜犯死罪囚，釋徒以下。己巳，雨土。己卯，率羣臣奉上聖安壽仁太上皇玉牒、聖政、日曆、會要于壽康宮。甲申，封婕妤楊氏爲貴妃。

閏月庚寅，以京鏜爲左丞相，謝深甫爲右丞相，何澹知樞密院事兼參知政事。乙巳，復留正少保、觀文殿大學士致仕。丁未，雨土。辛亥，以殿前副都指揮使吳曦爲昭信軍節度使。

三月甲子，朱熹卒。辛未，從壽成惠慈皇太后幸聚景園。己卯，安定郡王子恭薨。

夏四月己酉，命不璺爲嗣濮王。

五月丙辰，以旱決中外繫囚。除茶鹽賞錢。有司上慶元寬恤詔令、役法撮要。癸亥，避正殿，減膳。丙寅，詔大理、三衙、臨安府及諸路闕雨州縣釋杖以下囚。戊辰，詔侍從、臺諫、兩省、卿監、郎官、館職疏陳闕失及當今急務。辛未，以久不雨詔中外陳朝廷過失及時政利害。壬申，雨。丁丑，詔三省、樞密院擇臣僚封事可行者以聞。

六月乙酉朔，日有食之。丁亥，以太上皇后違豫，赦。戊子，太上皇后李氏崩。壬辰，遣趙善義賀金主生辰，吳旴使金告哀。戊申，許及之以母憂去位。

秋七月己未，初御後殿。丁卯，以御史中丞陳自強簽書樞密院事。

八月庚寅，以太上皇違豫，赦。辛卯，太上皇崩。甲午，遣李寅仲使金告哀。乙未，日中有黑子。丙申，上大行太上皇后謚曰慈懿皇后。丁酉，京鏜薨。壬寅，子坦薨，追封邠王，謚沖溫。癸卯，權攢慈懿皇后于臨安府南山之修吉寺。

九月乙卯，祔慈懿皇后神主于太廟。甲子，婺州布衣呂祖泰上書，請誅韓侂胄、蘇師旦，逐陳自強等，以周必大代之。詔杖祖泰，配欽州牢城。己巳，命謝深甫朝獻景靈宮。庚午，命嗣濮王不璺朝饗太廟。辛未，合祭天地于明堂。大赦。丙子，遣丁常任爲金國遺留國信使。

冬十月丙戌，加韓侂胄太傅。戊子，遣林桷使金賀正旦。庚子，復加安南國王李龍翰保節功臣。辛丑，雨土。

十一月癸丑朔，詔宗子與愿更名曮，爲福州觀察使。己未，皇后韓氏崩。癸亥，子增生。丙寅，東北地震。上大行太上皇謚曰憲仁聖哲慈孝皇帝，廟號光宗。乙亥上大行皇后謚曰恭淑皇后。

十二月癸未朔，子增薨，追封郢王，謚沖英。乙酉，日中有黑子。辛卯，雨土。權攢憲仁聖哲慈孝皇帝于永崇陵。己亥，金遣烏古論誼來弔祭。壬寅，權攢恭淑皇后于臨安府南山之廣教寺。癸卯，祔光宗皇帝神主于太廟。遣虞儔使金報謝。詔改明年爲嘉泰元年。乙巳，日中黑子滅。蠲臨安、紹興二府民緣攢宮役者賦。戊申，金遣紇石烈忠定來賀明年正旦。己酉，加吳曦太尉。庚戌，祔恭淑皇后神主于太廟。詔罷四川總領所所增關外四州營田租。

是歲，建寧府、徽嚴衢婺饒信南劍七州水，建康府、常潤楊楚通泰和七州、江陰軍旱，振之。

校勘記

〔一〕分兵衛南北內　「內」字原脫，據本書卷三九二趙汝愚傳、卷四七四韓侂胄傳補。

宋史卷三十八

本紀第三十八

寧宗二

嘉泰元年春正月戊午，申嚴福建科鹽之禁。壬戌，謝深甫等薦士三十有五人，詔籍名中書，以待選擢。丁卯，命路鈐按閱諸州兵士，毋受饋遺及擅招軍，違者置諸法。庚午，以葛邲配饗光宗廟庭。丙子，金遣完顏充來弔祭。

二月戊子，詔求明曆之士。壬辰，開資善堂。遣俞烈使金報謝。癸巳，監察御史施康年劾少傅、觀文殿大學士致仕周必大首倡僞學，私植黨與，詔降爲少保。修光宗實錄。乙未，續修吏部七司法。己亥，初置教官試于四川。辛丑，雨土。

三月丙寅，雨雹。戊辰，復雨雹。頒慶元寬恤詔令、役法撮要。己巳，雨雹。戊寅，臨安大火，四日乃滅。

夏四月辛巳，詔有司振恤被災居民，死者給錢瘞之。壬午，下詔自責。詔樞密院覈禁衞班直及諸軍營栅焚燬之數。癸未，避正殿，減膳。甲申，命臨安府察姦民縱火者，治以軍法。內降錢十六萬緡、米六萬五千餘石，振被災死亡之家。辛卯，龍州蕃部寇邊，遣官軍討之。詔以風俗侈靡，災後官軍營造〔一〕，務遵法制。內出銷金鋪翠，焚之通衢，禁民無或服用。丁酉，御正殿，復膳。戊戌，以潛邸爲開元宮。丙午，詔文武臣無寓居州任鼇務官，著爲令。

五月戊午，以旱禱于天地、宗廟、社稷，詔大理、三衙、臨安府、兩浙州縣決繫囚。癸亥，釋諸路杖以下囚。除茶鹽賞錢。丁卯，命有司舉行寬恤之政十有六條。乙亥，監太平惠民局夏允中請用文彥博故事，以韓侂胄平章軍國重事。韓侂胄上疏請致仕，不許。免允中官。丙子，雨。丁丑，雨雹。

六月辛巳，遣陳宗召賀金主生辰。丙午，太白經天。

秋七月乙卯，何澹罷。丁巳，以旱復禱于天地、宗廟、社稷。壬戌，釋大理、三衙、臨安府及諸路闕雨州縣杖以下囚。癸亥，雨雹。甲子，以陳自強參知政事兼同知樞密院事，張釜簽書樞密院事。丁卯，復振被火貧民。己巳，以吳曦爲興州都統制兼知興州。

八月己卯，減奏薦恩。甲申，張釜罷，以陳自強兼知樞密院事，給事中張巖參知政事，右諫議大夫程松同知樞密院事。丙戌，復詔侍從、臺諫、兩省集議沿江八州行鐵錢利害。九月辛亥，遣朝臣二人決浙西圍田。己未，雨土。辛未，遣李景和使金賀正旦。甲戌，令禮官纂集孝宗一朝典禮。

冬十月甲申，詔免瑞慶節諸道入貢。丙戌，起居郎王容請以韓侂胄定策事迹付史館，從之。甲午，金遣徒單懷忠來賀瑞慶節。甲辰，編光宗御集。

十一月庚申，蠲潭州民舊輸黃河鐵纜錢。丙寅，太白晝見。

十二月己卯，太白經天。庚寅，復免臨安府民身丁錢三年。辛丑，雨土。癸卯，金遣紇石烈眞來賀明年正旦。

是歲，浙西、江東、兩淮、利州路旱，振之，仍蠲其賦。眞里富國獻馴象二。

二年春正月癸亥，以知閤門事蘇師旦兼樞密都承旨。丁卯，陳自強等上高宗實錄。

二月甲申，追復趙汝愚資政殿學士。丁亥，修高宗正史、寶訓。戊子，頒治縣十二事以風厲縣令。癸巳，禁行私史。

三月辛亥，詔宰執各舉可守邊郡者二三人。己未，初命諸路提刑以五月按部理囚。己巳，詔諸路帥臣、總領、監司舉任將帥者與本軍主帥列上之。

夏四月庚寅，雨雹。

五月甲辰朔，日有食之。己巳，賜禮部進士傅行簡以下四百九十有七人及第、出身。

六月丙子，遣趙不艱賀金主生辰。己卯，臨安火。壬午，濬浙西運河。辛卯，禁都民以火說相驚者〔三〕。庚子，大雨雹。

秋七月辛亥，封子覶爲安定郡王。癸亥，以旱釋諸路杖以下囚。己巳，命有司舉行寬恤之政七條。庚午，禱于天地、宗廟、社稷。復行寬恤四事。

八月丙子，以吏部尙書袁說友同知樞密院事。癸未，建寶謨閣以藏光宗御集。己丑，詔作壽慈宮，請太皇太后還內。甲午，謝深甫等上慶元條法事類。

九月己酉，朝壽慈宮。甲寅，修皇帝會要。壬戌，奉安光宗皇帝、慈懿皇后神御于景靈宮、萬壽觀。丙寅，嗣秀王伯圭薨，追封崇王，謚曰憲靖。庚午，臨安府野蠶成繭。

冬十月乙亥，上壽成惠慈太皇太后尊號曰壽成惠聖慈祐太皇太后。戊子，金遣完顏瑭來賀瑞慶節。乙未，遣魯誼使金賀正旦。是月，追復朱熹煥章閣待制致仕。

十一月甲辰，始御正殿。乙巳，重修吏部七司法。庚戌，以陳自強知樞密院事，前同知樞密院事許及之參知政事。丁巳，右文殿楹生芝。

十二月甲戌，日中有黑子。率羣臣奉上壽成惠聖慈祐太皇太后册、寶于壽慈宮。甲申，立貴妃楊氏爲皇后。加韓侂胄太師。庚寅，大閱。

閏月丁未，詔講官有當開釋者，隨事開陳。乙卯，以福州觀察使㬎爲威武軍節度使，封衞國公。丁卯，金遣徒單公弼來賀明年正旦。是月，復周必大少傅、觀文殿大學士。是冬，子坰生，未踰月薨，追封華王，謚沖穆。

是歲，建寧府、福汀南劍瀘四州水，邵州旱，振之。

三年春正月庚辰，謝深甫罷。壬午，置湖南谿洞總首。戊子，龍州蕃部復寇邊，遣官軍討之。甲午，張巖罷。丙申，以陳自強兼參知政事。戊戌，幸太學，謁大成殿，御化原堂，命國子祭酒李寅仲講尙書周官篇。遂幸武學，謁武成殿。監學官進秩一級，諸生推恩賜帛有差。以袁說友參知政事，權翰林學士、知制誥傅伯壽簽書樞密院事，伯壽辭不拜。

二月乙巳，御文德殿册皇后。以吏部尙書費士寅簽書樞密院事。

三月丁丑，以久雨詔大理、三衙、臨安府決繫囚。乙酉，幸聚景園。

夏四月己亥朔，日有食之。壬寅，福州瑞麥生。丙午，出封樁庫兩淮交子一百萬，命轉運司收民間鐵錢。乙卯，陳自強等上徽宗玉牒、孝宗光宗實錄。辛酉，詔宰執、臺諫子孫毋就試。

五月戊寅，以陳自強爲右丞相，許及之知樞密院事，仍兼參知政事。庚辰，以旱詔大理、三衙、臨安府釋杖以下囚。癸未，命有司搜訪舊聞，修三朝正史，以書來上者賞之。是月，以蘇師旦爲定江軍承宣使。

六月壬寅，遣劉甲賀金主生辰。己酉，減大理、三衙、臨安府囚罪一等，釋杖以下。癸亥，太白經天。

秋七月辛未，頒慶元條法事類。命殿前司造戰艦。壬午，權罷同安、漢陽、蘄春三監鑄錢。白虹貫日。癸未，禁江、浙州縣抑納逃賦。乙未，加光宗皇帝謚曰循道憲仁明功茂德温文順武聖哲慈孝皇帝。

八月壬寅，增置襄陽騎軍。戊申，置四川提舉茶馬二員，分治茶馬事。丙辰，陳自强等上皇帝會要。甲子，詔刑部歲終比較諸路瘐死之數，以爲殿最。

九月庚午，袁說友罷。壬申，以宗子希瑊爲莊文太子嗣，更名搢，授右千牛衞將軍。癸酉，命阬冶鉄冶司毋得毀私錢改鑄〔三〕。己丑，詔南郊加祀感生帝，太子、庶子星，宋星。遣張孝曾使金賀正旦。

冬十月庚子，詔宥呂祖泰。癸卯，以費士寅參知政事，華文閣學士、知鎭江府張孝伯同知樞密院事。丙午，命兩淮諸州以仲冬教閱民兵萬弩手。丁未，大風。戊申，龍州蕃部出降。壬子，金遣完顏奕來賀瑞慶節。

十一月壬申，上光宗册、寶于太廟。癸酉，朝獻于景靈宮。甲戌，朝饗于太廟。乙亥，祀天地于圜丘，大赦。癸未，大風。己丑，安定郡王子覿薨。更定選人薦舉改官法。庚寅，復置福田、居養院，命諸路提舉常平司主之。

十二月丙辰，命四川提舉茶馬通治茶馬事。辛酉，下詔戒敕將帥掊克。金遣獨吉思忠來賀明年正旦。是冬，金國多難，懼朝廷乘其隙，沿邊聚粮增戍，且禁襄陽榷場。邊釁之開，蓋自此始。

四年春正月乙亥，大風。潼天長縣濠。癸未，日中有黑子。壬辰，雨雹。瓊州西浮洞逃軍作亂，寇掠文昌縣，遣兵討平之。

二月丁酉，置莊文太子府小學教授。辛亥，命內外諸軍射鐵帖轉資。壬子，蠲臨安府逋負酒稅。己未，立試刑法避親格。庚申，夜有赤氣亙天。

三月丁卯，臨安大火，迫太廟，權奉神主于景靈宮。己巳，避正殿。庚午，命臨安府振焚室。辛未，詔修太廟。甲戌，下詔罪己。乙亥，詔百官疏陳時政闕失。庚寅，復御正殿。

夏四月甲午朔，立韓世忠廟于鎮江府。命內外諸軍詳度純隊法。甲辰，許及之罷。振恤江西水旱州縣。乙巳，以費士寅兼知樞密院事，張孝伯參知政事，吏部尚書錢象祖賜出身，同知樞密院事。丙辰，詔革選舉之弊。

五月乙亥，詔諸軍主帥各舉部內將材三人，不如所舉者坐之。癸未，追封岳飛爲鄂王。

六月癸巳，遣張嗣古賀金主生辰。丙申，置諸軍帳前雄効，以軍官子孫補之。壬寅，詔侍從、臺諫、兩省集議裁抑濫賞。壬子，詔諸路監司覈實諸州樁積錢米，沿江、四川軍帥簡練軍實。丁巳，增廬州強勇軍爲千人。

秋七月甲子，以旱詔大理、三衙、臨安府、兩浙及諸路決繫囚。戊辰，禱于天地、宗廟、社稷。己巳，命諸路提刑從宜斷疑獄。蠲內外諸軍逋負營運息錢。辛未，蠲兩浙闕雨州縣逋租。戊子，命諸路提刑、提舉司措置保伍法。

八月己亥，陳自強等上皇帝玉牒。癸丑，詔自今以恩賞進秩，歲毋過二官。蠲紹興府攢宮所在民身丁錢絹綿鹽。丙辰，除靜江府、昭州折布錢。戊午，張孝伯罷。

九月乙丑，得四圭，有邸玉一，詔藏于太常。壬午，遣鄧友龍使金賀正旦。丙戌，戒飭兩淮州縣遵守寬恤舊法。

冬十月庚子，以資政殿大學士、淮東安撫使張巖參知政事。壬寅，金遣完顏昌來賀瑞慶節。

十一月己未朔，詔兩淮、荆襄諸州值荒歉奏請不及者，聽先發廩以聞。庚午，封伯栩爲安定郡王。壬申，白氣亙天。庚辰，修六合縣城。

十二月癸巳，詔總覈內外財賦，以陳自強兼國用使，費士寅、張嚴同知國用事。己亥，詔改明年爲開禧元年。壬寅，禁州縣挾私籍沒民產。甲辰，再蠲臨安府民身丁錢三年。乙卯，金遣烏林答毅來賀明年正旦。

開禧元年春正月癸酉，初置澉浦水軍。壬午，雨雹。

二月癸巳，奪徐安國三官。癸卯，詔國用司立考覈財賦之法。丙午，蠲臨安府逋負酒稅。

三月庚申，太白晝見。辛未，申嚴民間生子棄殺之禁，仍令有司月給錢米收養。辛巳，以淮西安撫司所招軍爲強勇軍。癸未，費士寅罷。

夏四月戊子朔，以錢象祖參知政事兼同知樞密院事，吏部尚書劉德秀簽書樞密院事。辛卯，以江陵副都統李奕爲鎭江都統，皇甫斌爲江陵副都統兼知襄陽府。戊戌，修憲聖慈烈皇后聖德事迹。辛丑，日中有黑子。甲寅，武學生華岳上書，諫朝廷不宜用兵，恐啓邊釁。以忤韓侂冑，送建寧府編管。乙卯，大風。

五月己巳，賜禮部進士毛自知以下四百三十有三人及第、出身。復淳熙薦舉改官法。

乙亥，詔以衞國公曮爲皇子，進封榮王。甲申，鎭江都統戚拱遣忠義人朱裕結弓手李全焚漣水縣。是月，金國以邊民侵掠及增邊戍來責渝盟。

六月戊子，罷廣東稅場八十一墟。辛卯，詔內外諸軍密爲行軍之計。戊戌，命諸路安撫司教閱禁軍。己亥，遣李壁賀金主生辰。庚子，進程松資政殿大學士，爲四川制置使。辛丑，淮東安撫鄭挺坐擅納北人牛眞及劫漣水軍事敗，奪二官罷。壬寅，天鳴有聲。復同安、漢陽、蘄春三監。己巳，熒惑犯太微右執法。陳自強等上新修淳熙以後吏部七司法。壬子，陳自強及侍御史鄧友龍等請用本朝故事，以韓侂胄平章軍國事。減大理、三衙、臨安府囚罪一等，釋杖以下。

秋七月庚申，詔韓侂胄平章軍國事，立班丞相上，三日一朝，赴都堂治事。命興元都統司增招戰兵。丙寅，以蘇師旦爲安遠軍節度使領閤門事。丁卯，詔侍從、兩省、臺諫、在外待制學士已上及內外文武官，各舉將帥邊守一二人。戊辰，贈趙汝愚少保。己卯，韓侂胄等上高宗御集。壬午，詔諸路提刑、提舉司措置保甲。癸未，以韓侂胄兼國用使。以旱詔大理、三衙、臨安府、兩浙州縣及諸路決繫囚。

八月丙戌朔，蠲兩浙闕雨州縣贓賞錢。丁亥，命湖北安撫司增招神勁軍。癸巳，雨。乙巳，以殿前副都指揮使郭倪爲鎭江都統兼知揚州。是月，贈宇文虛中少保，追封劉光世爲鄜王。

閏月戊寅，韓侂胄等上欽宗玉牒、憲聖慈烈皇后聖德事迹。九月丁亥，劉德秀罷。庚子，詔官吏犯贓追還所受，如舊法。丁未，遣陳景俊使金賀正旦。庚戌，大風。

冬十月甲子，江州守臣陳鑄〔四〕以歲旱圖獻瑞禾，詔奪一官。丙寅，升嘉定府爲嘉慶軍。庚午，金遣紇石烈子仁來賀瑞慶節。復置和州馬監。

十一月乙酉，置殿前司神武軍五千人屯揚州。乙未，申嚴告訐之禁。

十二月癸丑朔，修孝宗、光宗御集。庚午，詔兩淮京西監司、帥守講行寬恤之政。增刺馬軍司弩手。癸酉，詔永除兩浙身丁錢絹。戊寅，金遣趙之傑來賀明年正旦，入見，禮甚倨。韓侂胄請帝還內，詔使人更以正旦朝見。著作郎朱質上書請斬金使，不報。是歲，眞里富國獻瑞象。江浙、福建、二廣諸州旱，兩淮、京西、湖北諸州水，振之。

二年春正月癸未朔，蠲兩浙路身丁紬綿。癸巳，再給軍士雪寒錢。發米振給貧民。以金使悖慢，館伴使、副以下奪官有差。乙未，增太學內舍生爲百二十人。辛丑，更名國用司曰國用參計所。己酉，雷，雨雹。辛亥，詔坑戶毀錢爲銅者不赦，仍籍其家，著爲令。是月，雅州蠻高吟師寇邊，遣官軍討之。

二月癸丑，壽慈宮火。甲寅，太皇太后移居大內，車駕月四朝。乙卯，以火災避正殿，徹樂。丁巳，以久雨詔大理、三衙、臨安府及諸路決繫囚。己卯，復御正殿。

三月癸巳，以程松爲四川宣撫使，吳曦爲宣撫副使。甲午，頒開禧重修七司法。丁酉，詔諸路監司歲十一月按部理囚，如五月之制。己亥，從太皇太后幸聚景園。乙巳，錢象祖罷，以張巖兼知樞密院事。丙午，以錢象祖懷姦避事，奪二官，信州居住。己酉，知處州徐邦憲入見，請立太子，因以肆赦弭兵，侍御史徐柟劾罷之。

夏四月己未，雅州蠻作亂，焚碉門砦，官軍失利；庚申，四川宣撫司復調御前大軍往討之。甲子，以薛叔似爲兵部尙書、湖北京西宣撫使，鄧友龍爲御史中丞、兩淮宣撫使。下納粟補官之令。戊辰，以吳曦兼陝西、河東路招撫使。己巳，調三衙兵增戍淮東。庚午，追奪秦檜王爵，命禮官改謚。乙亥，以郭倪兼山東、京東路招撫使，鄂州都統趙淳兼京西北路招撫使，皇甫斌兼京西北路招撫副使。丁丑，吳曦遣其客姚淮源獻關外四州于金，求封蜀王。鎭江都統制陳孝慶復泗州，江州統制許進復新息縣。戊寅，光州忠義人孫成復褒信縣。

五月辛巳朔，陳孝慶復虹縣。吳興郡王抦薨，追封沂王，謚曰靖惠。癸未，禁邊郡官吏擅離職守。丙戌，江州都統王大節引兵攻蔡州不克，軍大潰。丁亥，下詔伐金。癸巳，以伐金告于天地、宗廟、社稷。皇甫斌引兵攻唐州，敗績。興元都統秦世輔出師至城固縣，軍大亂。甲午，賜宗室希瞿子名均，命爲沂王抦後，補千牛衞將軍。以池州副都統郭倬、主管馬軍行司公事李汝翼會兵攻宿州，敗績。壬寅，太白晝見。簡荆襄、兩淮田卒以備戰兵。癸卯，郭倬等還至蘄縣，金人追而圍之，倬執馬軍司統制田俊邁以與金人，乃得免。

六月壬子，王大節除名，袁州安置，尋徙封州。癸丑，建康都統李爽攻壽州，敗績。甲寅，鄧友龍罷。以江南東路安撫使丘崈爲刑部尚書、兩淮宣撫使。乙卯，雅州蠻高吟師出降，官軍殺之。丁巳，減大理、三衙、臨安府囚罪一等，釋杖以下。奪郭倬、李汝翼三官〔五〕。辛酉，奪皇甫斌三官。甲子，李爽罷。丁卯，曲赦泗州，減雜犯死罪囚，餘皆除之，蠲其租稅三年。建康副都統田琳復壽春府。戊辰，雅州蠻復寇邊。甲戌，奪李爽三官，汀州居住。再奪皇甫斌五官，南安軍安置。丙子，奪鄧友龍三官，興化軍居住。戊寅，蘇師旦罷。是月，命丘崈至揚州部署諸將，悉三衙江上軍分守江、淮要害。金人封吳曦爲蜀王。

秋七月辛巳，復紹興邊郡賞。奪蘇師旦三官，衡州居住，仍籍其家。罷旱傷州軍比較租賦一年。詔侍從、臺諫、兩省、卿監、郎官、監司、郡守、前宰執侍從，各舉人材二三人。壬午，雅州蠻出降。庚子，蘇師旦除名，韶州安置。癸卯，以張巖知樞密院事，禮部尚書李壁參知政事。乙巳，置沂王府小學教授。

八月丙寅，有司上開禧刑名斷例。斬郭倬于鎭江。戊辰，再奪李爽三官，南雄州安置。辛未，詔諸州無證有佐之獄毋奏裁。壬申，以淮東安撫司所招軍爲御前強勇軍。

九月壬午，金兵攻奪和尚原。己丑，朝獻于景靈宮。庚寅，朝饗于太廟。辛卯，合祭天地于明堂，大赦。乙巳，賞復泗州功。

冬十月戊申朔，詔內外軍帥各舉智勇可將帥者二人。辛酉，以將士暴露，罷瑞慶節宴。丙子，金人自淸河口渡淮，遂圍楚州。

十一月庚辰，命主管殿前司公事郭杲領兵駐眞州以援兩淮。辛巳，金人破棗陽軍。甲申，以丘崈簽書樞密院事，督視江、淮軍馬。金人犯神馬坡，江陵副都統魏友諒突圍趨襄陽。乙酉，趙淳焚樊城。戊子，金人犯廬州，田琳拒退之。癸巳，以金人犯淮告于天地、宗廟、社稷。乙未，避正殿，減膳。以湖廣總領陳謙爲湖北、京西宣撫副使。丙申，金人去廬州。丁酉，金人犯舊岷州，守將王喜遁去。戊戌，金人圍和州，守將周虎拒之。金人破信陽軍。辛丑，金人圍襄陽。壬寅，金人破隨州。癸丑，太皇太后賜錢一百萬緡犒賞軍士。詔諸路招塡禁軍以待調遣。甲辰，金人犯眞州。乙巳，金人破西和州。是月，濠州、安豐軍及邊屯皆爲金人所破。

十二月戊申，金人圍德安府，守將李師尹拒之。庚戌，金人破成州，守臣辛槱之遁去。

吳曦焚河池縣，退屯青野原。辛亥，釋大理、三衙、臨安府杖以下囚。癸丑，金人去和州。甲寅，金人攻六合縣，郭倪遣前軍統制郭僎救之，遇于胥浦橋，大敗，倪棄揚州走。丁巳，金人破大散關。戊午，熒惑守太微。癸亥，魏友諒軍潰于花泉，走江陵。丁卯，金人犯七方關，興州中軍正將李好義拒卻之。戊辰，吳曦還興州。金人自淮南退師，留一軍據濠州。己巳，罷郭倪，奪三官，責授果州團練副使，南康軍安置。庚午，薛叔似、陳謙罷。以荆湖北路安撫使吳獵爲湖北、京西宣撫使〔六〕。復兩浙圍田，募兩淮流民耕種。癸酉，吳曦始自稱蜀王。甲戌，以鎭江副都統畢再遇爲鎭江都統、權山東京東路招撫司公事。乙亥，四川宣撫使程松遁。

三年春正月丁丑朔，丘崈罷。己卯，命知樞密院事張巖督視江、淮軍馬。庚辰，以陳自強兼樞密使。癸未，金人破階州。丁亥，子圻生。庚寅，詔建康府給淮民裝錢，遣歸業。辛卯，吳曦招通判興元府、權大安軍事楊震仲，震仲不屈，死之。癸巳，命兩淮帥守、監司招集流民。甲午，吳曦僭位于興州。甲辰，奪池州都統陳孝慶三官罷。

二月壬子，以金師退，御正殿，復膳。甲寅，削奪福建路總管兼延祥水軍統制商榮官爵，柳州安置。己未，罷程松四川宣撫使，以成都府路安撫使楊輔爲四川制置使，沿江制置使葉適兼江、淮制置使。庚申，以旱詔大理、三衙、臨安府決繫囚。癸亥，子圻薨，追封順王，謚沖懷。甲子，振給旱傷州縣貧民。命諸路提刑司從宜斷疑獄。丁卯，罷江、浙、荆湖、福建招軍。戊辰，子墌生。庚午，金人去襄陽。辛未，以旱禱于天地、宗廟、社稷。命有司舉行寬恤之政八條，蠲兩淮被兵諸州今年租賦。乙亥，釋兩浙路杖以下囚。四川宣撫副使司隨軍轉運安丙及興州中軍正將李好義、監四川總領所興州合江倉楊巨源等共誅吳曦，傳首詣行在，獻于廟社，梟三日，四川平。併誅曦妻子，家屬徙嶺南，奪其父挺官。遷吳璘子孫出蜀，存其廟祀，玠子孫免連坐。

三月丙子朔，蠲兩淮被兵州郡役錢。丁丑，斬僞四川都轉運使徐景望于利州。壬辰，興州將劉昌國引兵至階州，金人退去。癸巳，李好義復西和州。丁酉，金人去成州。庚子，詔以楊輔爲四川宣撫使，安丙爲端明殿學士、四川宣撫副使，起居舍人許奕爲四川宣諭使。落程松資政殿大學士，奪六官，筠州安置。忠義統領張翼復鳳州。辛丑，曲赦四川，減雜犯死罪囚，釋杖以下。壬寅，責授程松順昌軍節度副使，澧州安置。

夏四月戊申，以吳獵兼四川宣諭使。子墌薨，追封申王，謚沖懿。癸丑，赦兩淮、湖北、京西被兵諸州，減雜犯死罪囚，釋流以下。蠲湖北、京西諸郡今年租賦。四川忠義人復大散關。己未，奉使金國通謝、國信所參議官方信孺發行在。庚申，以兵部尚書宇文紹節知江陵府，權湖北、京西宣撫使。壬戌，詔吳獵與宣撫司議，分興州都統司軍之半屯利州。丁卯，召楊輔詣行在，以吳獵爲四川制置使。戊辰，以資政殿學士錢象祖參知政事。己巳，改興州爲沔州。庚午，贈楊震仲官，仍官其子一人。癸酉，金人復破大散關。甲戌，赦西和、階、成、鳳四州。

五月丁丑，賞誅吳曦功。戊寅，用四川宣撫司奏，吳曦黨人張仲之等一十六人除名，編配兩廣及湖南諸州。己丑，以旱禱于天地、宗廟、社稷。辛卯，以太皇太后謝氏有疾，赦，是日崩。四川宣撫副使司參贊軍事楊巨源與金人戰于長橋，敗績。戊戌，詔四川宣撫、制置司〔七〕分治兵民。

庚子，復置沔州副都統制，以李好義爲之。辛丑，李好義襲秦州，敗還。

六月甲寅，賞守襄陽功。己未，李好義遇毒死。癸亥，以林拱辰爲金國通謝使，遣富琯使金告哀，劉彌正賀金主生辰。癸酉，安丙殺其參議官楊巨源。

秋七月己卯，命不儔爲嗣濮王。乙酉，以災傷下詔罪己。

八月己巳，上大行太皇太后謚曰成肅皇后。

九月丁丑，詔諸路帥臣申儆邊備。辛巳，召張巖詣行在。壬午，方信孺以忤韓侂胄，坐用私覿物擅作大臣饋遺金將，奪三官，臨江軍居住。甲申，減極邊官吏舉主員。乙酉，權欑成肅皇后于永阜陵〔八〕。丙戌，命淮西轉運司措置雄淮軍。辛卯，以趙淳爲殿前副都指揮使兼江、淮制置使。乙未，張巖罷。辛丑，遣王柟持書赴金國都副元帥府。壬寅，祔成肅皇后神主于太廟。

冬十月乙巳，減臨安、紹興二府四罪一等，蠲民緣欑宮役者賦。丙午，更殿前司純隊法。乙卯，復珍州遵義軍。丙辰，詔以邊事諭軍民。

十一月甲戌，詔：韓侂胄輕啓兵端，罷平章軍國事；陳自強阿附充位，罷右丞相。乙亥，禮部侍郎史彌遠等以密旨命權主管殿前司公事夏震誅韓侂胄于玉津園。以錢象祖兼知樞密院事，李壁兼同知樞密院事。以誅韓侂胄詔天下。丁丑，以夏震爲福州觀察使、主管殿前司公事，將士行賞有差。奪陳自強三官，永州居住。戊寅，責授蘇師旦武泰軍節度副使，韶州安置；己卯，斬之。詔：「姦臣竄殛，當首開言路，以來忠讜。中外臣僚，各具所見以聞。」辛巳，再奪鄧友龍五官，南雄州安置，尋除名徙循州。乙酉，置御前忠銳軍。丙戌，以御史中丞衞涇簽書樞密院事兼參知政事。丁亥，詔立皇子榮王曮爲皇太子，更名幬。戊子，郭倪除名，梅州安置；郭僎除名，連州安置；仍籍其家。奪李壁二官，撫州居住。癸巳，奪張巖二官，徽州居住。己亥，以立皇太子大赦。

十二月癸卯，以丘崈爲江、淮制置大使。罷山東、京東招撫司。以許奕爲金國通問使。乙巳，太白晝見。丁未，罷京西北路招撫司。己酉，落葉適寶文閣待制。蠲兩淮州軍稅一年。庚戌，奪許及之二官，泉州居住。奪薛叔似二官，福州居住。再奪皇甫斌五官，英德府安置。癸丑，金人復破隨州。辛酉，以錢象祖爲右丞相兼樞密使，衞涇及給事中雷孝友並參知政事，吏部尚書林大中簽書樞密院事。乙丑，以禮部尚書史彌遠同知樞密院事。丙寅，贈呂祖儉朝奉郎、直祕閣，官其子一人。丁卯，詔改明年爲嘉定元年。

是歲，浙西旱蝗，沿江諸州水。

校勘記

〔一〕災後官軍營造　「官軍」，兩朝綱目卷七、宋史全文卷二九都作「官民」，似以「官民」爲是。

〔二〕禁都民以火說相驚者　「說」，兩朝綱目卷七、宋史全文卷二九都作「訛」。

〔三〕命阬冶鉄冶司毋得毀私錢改鑄　「毋得」二字原脫。按兩朝綱目卷八作「命坑冶鉄冶司毋得毀私錢爲銅」，續宋編年通鑑卷一三也作「命鐵冶司毋得毀私錢爲銅」。據補。

〔四〕江州守臣陳鑄　「江州」，宋會要職官七四之一九、兩朝綱目卷八都作「汀州」。

〔五〕奪郭倬李汝翼三官　「三」，原作「二」，據宋會要職官七四之二一、兩朝綱目卷九改。

〔六〕以荆湖北路安撫使吳獵爲湖北京西宣撫使　「荆」，原作「京」，據本書卷三九七本傳、兩朝綱目卷九改。

〔七〕四川宣撫制置司　「制置司」原作「置制司」。按宋代官制，有「制置司」而無「置制司」。據宋會要職官四〇之一七、朝野雜記甲集卷一一改。

〔八〕永阜陵　「永」字原脫，據本書卷二四三本傳、宋史全文卷二九下、兩朝綱目卷一〇補。

宋史卷三十九

本紀第三十九

寧宗三

嘉定元年春正月戊寅，右諫議大夫葉時等請梟韓侂胄首于兩淮以謝天下，不報。辛巳，下詔求言。壬午，王柟還自河南，持金人牒，求韓侂胄首。丙戌，葉時等復請梟侂胄首于兩淮。戊子，安定郡王伯栩薨。壬辰，以史彌遠知樞密院事，以許奕爲金國通謝使。

二月戊申，追復趙汝愚觀文殿大學士，謚忠定。詔史官改紹熙以來韓侂胄事迹。壬子，詔臨安府振給流民。戊午，責授程松果州團練副使，賓州安置。是月，郴州黑風峒寇羅世傳作亂，招降之。

三月癸酉，以毛自知首論用兵，奪進士第一人恩例。戊子，下詔戒飭內外羣臣。復秦檜王爵、贈謚。己丑，王柟自軍前再還行在，議以韓侂胄函首易淮、陝侵地。辛卯，詔梟侂胄首于兩淮。是春，子堉生。

夏四月丙辰，詔後省科別羣臣奏疏可行者以聞。贈彭龜年寶謨閣直學士，落李沐寶文閣學士。戊午，再責授陳自強復州團練副使，雷州安置，仍籍其家。

閏月辛未，置拘榷安邊錢物所〔一〕。壬申，雨雹。癸未，子堉薨，追封肅王，謚冲靖。詔大理、三衙、臨安府及諸路闕雨州縣決繫囚，釋杖以下。甲申，詔自今視事令皇太子侍立。乙酉，以錢象祖兼太子少傅，衞涇、雷孝友、林大中並兼太子賓客。辛卯，以旱禱于天地、宗廟、社稷。癸巳，減常膳。乙未，蠲兩浙闕雨州縣貧民逋賦。命大理、三衙、臨安府、兩浙州縣決繫囚。丙申，幸太乙宮、明慶寺禱雨。丁酉，以旱詔求言。

五月辛酉，賜禮部進士鄭自成以下四百二十有六人及第、出身。甲子，太白經天。乙丑，以飛蝗爲災，減常膳。丁卯，詔侍從、臺諫疏奏闕政，監司、守令條上民間利害。

六月庚午，金人歸大散關。辛未，金人歸濠州。乙亥，衞涇罷。丙子，遣鄒應龍賀金主生辰。甲申，林大中薨。乙酉，以蝗禱于天地、社稷。丙戌，詔侍從、兩省、臺諫舉沿邊守臣。辛卯，以史彌遠兼參知政事。

秋七月辛丑，詔呂祖泰特補上州文學。癸丑，以丘崈同知樞密院事。壬戌，以飛蝗爲災，詔三省疏奏寬恤未盡之事。

八月戊辰朔，發米振貧民。辛未，丘崈卒。甲戌，命侍從、臺諫、兩省詳議會子折閱利害。辛巳，以禮部尚書婁機同知樞密院事，吏部尚書樓鑰簽書樞密院事。丙戌，詔禮部侍郎許奕、起居舍人曾從龍攷訂監司、守令所陳民間利害，擇可行者以聞，其未上者趣之。甲午，發米二十萬，振糴江、淮流民。

九月辛丑，金使完顏侃、喬宇入見。壬子，出安邊所錢一百萬緡，命江、淮制置大使司糴米振饑民。己未，詔以和議成諭天下。甲子，遣曾從龍使金賀正旦。乙丑，大風。赦沿邊諸州。

冬十月丙子，以錢象祖爲左丞相，史彌遠爲右丞相。雷孝友知樞密院事仍兼參知政事，婁機參知政事，樓鑰同知樞密院事。己卯，褒錄慶元上書楊宏中等六人。庚辰，封伯枃爲安定郡王。辛巳，蔡璉除名，配贛州牢城。癸未，金遣使來賀瑞慶節。

十一月丙辰，金主璟殂。戊午，史彌遠以母憂去位。

十二月戊辰，錢象祖罷。庚午，四川初行當五大錢。升嘉興府爲嘉興軍。再奪李沐三官，信州居住。戊寅，改命曾從龍使金弔祭。己卯，黎州蠻畜卜寇邊。己丑，遣宇文紹彭使金賀卽位。辛卯，蠲兩淮州軍二稅一年。

是歲，江、淮制置司汰雄淮軍歸農，淮東揀刺八千餘人以補鎭江大軍及武鋒軍之闕，淮西揀刺二萬六千餘人以爲御前定武軍〔二〕。

二年春正月庚子，詔內外有司疏陳節用之事。辛丑，金遣裴滿正來告哀。丁巳，以樓鑰參知政事，御史中丞章良能同知樞密院事，吏部尚書宇文紹節簽書樞密院事。庚申，金遣蒲察知剛來獻遺留物。詔侍從、兩省、臺諫各舉監司、郡守治行尤異者二三人。

二月己巳，金遣使來告卽位。庚午，黎州蠻寇邊。壬午，以會子折閱日甚，詔侍從、兩省以下各疏奏所見。丁亥，罷法科試經義，復六場舊法。戊子，大風。

三月丙申，雨雹。己酉，詔：民以減會子之直籍沒家財者，有司立還之。戊午，禁兩淮官吏私買民田。庚申，命浙西及沿江諸州給流民病者藥。辛酉，罷潭泉福三州、興化軍賣廢寺田。壬戌，出內庫錢十萬緡爲臨安貧民棺櫝費。

夏四月乙丑，詔諸路監司督州縣捕蝗。戊辰，江、淮制置司言，放廬、濠二州忠義軍歸農。甲申，賜臨安諸軍死者棺錢。戊子，賜楊震仲謚曰節毅。

五月丙申，史彌遠起復。丁酉，以旱詔諸路監司決繫囚，劾守令之貪殘者。戊戌，借補訓武郎〔三〕羅日愿謀爲變，伏誅。庚子，詔侍從、兩省、臺諫各舉監司、郡守有政績才望者二人，以補郎官之闕。辛丑，申命州縣捕蝗。癸卯，詔兩淮、荊襄守令以戶口多寡爲殿最。乙卯，釋大理、三衙、臨安府、兩浙州縣杖以下囚。除茶鹽賞錢。己未，以旱詔羣臣上封事。庚申，禱于天地、宗廟、社稷。

六月癸亥朔，命浙西諸州諭民種麻豆，毋督其租。詔臺省及諸路監司速決滯獄。戊辰，奉安成肅皇后神御于景靈宮。己巳，遣俞應符賀金主生辰。乙酉，復禱雨于天地、宗廟、社稷。己丑，命江西、福建、二廣豐稔諸州糴運以給臨安，仍償其費。辛卯，京湖制置司言，放諸州新軍及忠義人歸農。

秋七月癸巳，命有司舉行寬恤之政五條。乙未，詔荒歉州縣七歲以下男女聽異姓收養，著爲令。己亥，蠲信陽、荊門、漢陽軍民賦。壬寅，命兩淮轉運司給諸州民麥種。癸卯，募民以振饑免役。

八月甲子，聽兩淮諸州民行鐵錢于沿江八州。乙丑，以安丙爲四川制置大使，罷宣撫司。甲戌，册皇太子。丁丑，皇太子謁于太廟。戊寅，詔皇太子更名詢。己卯，黎州蠻復寇邊。丙戌，發米十萬石振兩淮飢民。

九月己亥，朝獻于景靈宮。庚子，朝饗于太廟。辛丑，合祭天地于明堂，大赦。丙午，增太學內舍生十員。癸丑，命吏部郎官劉爚等審定中外所陳會子利害，上于朝。己未，遣費培使金賀正旦。

冬十月丁卯，命京湖制置司募逃卒及放散忠義以補廂、禁軍闕。丁丑，金遣使來賀瑞慶節。己丑，命兩淮轉運司給諸州民稻種。減公私房廊白地錢什之三。

十一月辛卯朔，沔州統制張林等謀作亂，事覺，貸死除名，廣南羈管。甲午，詔浙西監司募飢民修水利。乙未，以歲饑罷雪宴。是月，郴州黑風峒寇李元礪作亂，衆數萬，連破吉、郴諸縣，詔遣荆、鄂、江、池四州軍討之。

十二月甲子，四川制置大使司調官軍討黎州蠻，敗績。己巳，賜朱熹謚曰文。乙亥，詔諸州毋糴職田租。丙戌，金遣使來賀明年正旦。

是歲，諸路旱蝗，揚楚衡郴吉五州、南安軍盜起。

三年春正月甲辰，下詔招諭羣盜。又詔戒飭監司、郡守。丙午，雨土。

二月辛酉，黎州蠻復寇邊。庚午，詔楚州武鋒軍歲給累重錢，如大軍例。壬午，以工部侍郎王居安知隆興府，督捕峒寇。

三月丁酉，蠲都城及荒歉諸州民間逋負。己亥，以湖南轉運判官曹彥約知潭州，督捕峒寇。庚子，賜彭龜年謚曰忠肅。甲寅，誅楚州渠賊胡海。丙辰，以久雨釋兩浙州縣繫囚。

夏四月癸亥，李元礪犯南雄州，官軍大敗。乙丑，決臨安繫囚，釋杖以下。丙寅，詔監司、守臣安集泰、吉二州民經賊蹂踐者。戊辰，出內庫錢二十三萬緡賜臨安軍民。己巳，詔臨安府給細民病死者棺櫬。

五月乙未，淮東賊悉平，詔寬恤殘破州縣。甲辰，以去歲旱蝗百官應詔封事，命兩省擇可行者以聞。乙巳，命沿海諸州督捕海寇。戊申，經理兩淮屯田。庚戌，以江陵忠勇軍爲御前忠勇軍。癸丑，以久雨發米振貧民。

六月丁巳朔，日有食之。壬戌，命有司舉行寬恤之政十有九條。癸亥，遣黃中賀金主生辰。己卯，加楊次山少保，封永陽郡王。詔三衙、江上、四川諸軍主帥核實軍籍，欺冒者以贓論。是月，池州副都統許俊、江州副都統劉元鼎與李元礪戰于江西，皆不利；知潭州曹彥約又與賊戰，亦爲所敗，賊勢愈熾。

秋七月辛卯，申嚴圍田增廣之禁。癸卯，定南班爲三十員。

八月乙亥，大風拔木。是月，臨安府蝗。

九月丙戌朔，詔三衙、江上諸軍，升差將校必以材藝年勞；其徇私者，臺諫及制置、總領劾之。癸丑，遣錢仲彪使金賀正旦。

冬十月壬申，雷。金遣使來賀瑞慶節。丁丑，推南雄州戰歿將士恩。

十一月癸巳，賞楚州平賊功。乙巳，遣朝臣二人往兩浙路與提舉官議收浮鹽。是月，李元礪迫贛州、南安軍，詔以重賞募人討之。

十二月丙辰，詔江、淮諸司嚴飭守令安集流民。戊午，夔機罷。丙寅，湖南賊羅世傳縛李元礪以降，峒寇悉平。辛巳，金遣使來賀明年正旦。黎州蠻請降。是歲，臨安紹興二府、嚴衢二州大水，振之，仍蠲其賦。

四年春正月己丑，敍州蠻攻嘉定府利店砦，陷之。甲辰，以四川鹽擔錢對減激賞絹一年。丙午，詔：湖南、江西諸州經賊蹂踐者，監司、守臣攷縣令安集之實，第其能否以聞。二月乙卯，李元礪伏誅。壬戌，羅世傳補官，尋復叛。辛巳，罷廣西諸州牛稅。閏月丁未，大風。辛亥，詔：諸路帥臣、監司、守令格朝廷振恤之令及盜發不卽捕者，重罪之。

三月己未，臨安府振給病民，死者賜棺錢。丙子，沔州將劉世雄等謀據仙人原作亂，伏誅。

夏四月甲申，禁兩浙、福建州縣科折鹽酒。己丑，以吳曦沒官田租代輸關外四州旱傷秋稅。丙午，賜黑風峒名曰效忠。戊申，出內庫錢瘞疫死者貧民。是月，四川制置大使司置安邊司以經制蠻事，命成都路提刑李𡌴、潼川路安撫許奕共領之。

五月乙亥，賜禮部進士趙建大以下四百六十有五人及第、出身。

六月丁亥，遣余嵘賀金主生辰，會金國有難，不至而還。減京畿囚罪一等，釋杖以下。辛丑，更定四川諸軍軍額。

秋七月壬戌，太白晝見。丙寅，詔四川官吏嘗受僞命者自今毋得敍用。丁丑，詔：軍興以來爵賞冒濫者聽自陳，除其罪。

九月辛酉，敍州蠻寇邊。乙亥，羅世傳爲其黨所殺。丁丑，遣程卓使金賀正旦。詔：附會開邊得罪之人，自今毋得敍用。

冬十月甲辰，以金國有難，命江淮、京湖、四川制置司謹邊備。

十一月己酉朔，日有食之。癸丑，賞平峒寇功。甲戌，申嚴諸軍升差之制。

十二月辛巳，奉議郎張鎡坐扇搖國本除名，象州羈管。癸未，以會子折閱不行，遣官體訪江、浙諸州。乙巳，金遣使來賀明年正旦。

是歲，金國有難，賀生辰使不至。

五年春正月己巳，詔諸路通行兩浙倍役法，著爲令。壬申，賜李好義謚曰忠壯。

二月壬午，罷兩淮軍興以來借補官。

三月庚戌，四川制置司遣兵分道討敍州蠻，其酋米在請降。戊辰，以久雨詔大理、三銜、臨安府、兩浙州縣決繫囚。甲戌，以廣東、湖南、京西盜平，監司、帥臣進職有差。

夏五月癸酉，安南國王李龍翰卒，以其子昊旵爲安南國王。詔：州縣見役人毋納免役錢，役滿復輸。

六月癸未，遣傅誠賀金主生辰。乙酉，禁銅錢過江。

秋七月庚申，賞降敍州蠻功。戊辰，以雷雨毀太廟屋，避正殿減膳。

八月甲戌朔，御後殿，復膳。

九月丙午，太白晝見。己酉，有司上續編中興禮書。庚戌，遵義砦夷楊煥來獻馬。辛未，罷沿海諸州海船錢。遣應武使金賀正旦。

冬十月辛巳，詔諸路總領官歲舉堪將帥者二三人，安撫、提刑舉可備將材者各二人。戊子，金遣使來賀瑞慶節。戊戌，雷。遣使弔祭安南。

十一月庚申，朝獻于景靈宮。辛酉，朝饗于太廟。壬戌，祀天地于圜丘，大赦。

十二月丁丑，再蠲濠州租稅一年。壬午，詔蠲州縣橫增稅額。己亥，金遣使來賀明年正旦。

六年春正月庚申，宇文紹節卒。詔侍從、臺諫、兩省官、帥守、監司各舉實才二三人。

二月丁丑，太白晝見。丙戌，有司上嘉定編修吏部條法總類。乙未，詔宗室毋與胥吏通姻，著爲令。

三月癸亥，樓鑰罷。

夏四月丙子，以章良能參知政事。甲午，復法科試經義法，雜流進納人不預。

五月丁卯，以旱命大理、三衙、臨安府決繫囚。戊辰，修慶元六年以來寬恤詔令。

六月乙亥，詔刑部歲終上諸州未決之獄于尙書省，擇其最久者罪之。丁丑，遣董居誼賀金主生辰，會金國亂，不至而還。丁亥，復監司臧否守令及監司、郡守舉廉吏所知法。丙申，詔三衙、江上諸軍主帥各舉堪將帥者二三人。

八月己巳朔，詔諸路監司、帥臣舉所部官吏之才行卓絕、績用章著者。庚午，知思州田宗範謀作亂，夔州路安撫司遣兵討平之。是月，金人弒其主允濟。

九月甲辰，蠲京、湖諸州逋負二十八萬餘緡。

閏月戊辰朔，詔御史臺置考課監司簿。丙戌，以金主新立，命四川謹邊備。己丑，詔湖北監司、守令振恤旱傷。癸巳，雷。甲午，史彌遠等上三祖下七世仙源類譜、高宗寶訓、皇帝玉牒、會要。乙未，大雷。丙申，以雷發非時下罪己詔。

冬十月丁酉朔，申嚴互送之禁。戊申，遣眞德秀賀金主卽位，會金國亂，不至而還。庚戌，遣李𡨋使金賀正旦，亦不至而還。甲子，金遣使來告卽位。

十一月癸未，虛恨蠻寇嘉定府之中鎭砦。

十二月壬寅，蠲瓊州丁鹽錢。癸亥，金遣使來賀明年正旦。

是歲，兩浙諸州大水，振之。

七年春正月丁卯朔，四川制置司遣提舉皂郊博馬務何九齡率諸將及金人戰于秦州城下，敗還。丁丑，章良能薨。壬午，沔州都統王大才斬何九齡，梟首境上，以其事聞。

三月丁卯，以安丙同知樞密院事，成都府路安撫使董居誼爲四川制置使。庚辰，金國來督二年歲幣。戊子，金人來止賀正旦使。

夏四月癸卯，蠲福建沿海諸州貧民納鹽。

五月丁丑，太白經天。乙酉，賜禮部進士袁甫以下五百四人及第、出身。

六月辛丑，以旱命諸路州軍禱雨。甲辰，詔諸路監司、守臣速決滯訟。丙午，蠲兩浙路諸州贓賞錢。壬子，釋大理、三衙及兩浙路杖以下囚。丁巳，置嘉定府邊丁二千人以備蠻。

秋七月甲子朔，以左諫議大夫鄭昭先簽書樞密院事兼權參知政事。戊辰，詔省吏毋授參議官。乙亥，金人來告遷于南京。庚寅，以起居舍人眞德秀奏，罷金國歲幣。是月，夏人以書來四川，議夾攻金人，不報。

八月癸巳朔，罷關外四州所增方田稅。乙未，罷四川宣制司所補官。癸卯，復建宗學，置博士、諭各一人，弟子員百人。金國復來督歲幣。乙巳，太白經天。禁州縣沮壞義役。戊申，詔以安丙爲觀文殿學士、知潭州。

九月壬戌朔，日有食之，太白晝見。乙丑，史彌遠等上高宗中興經武要略。戊寅，調殿前司兵增戍天長縣。丙戌，以久雨釋大理、三衙、臨安府杖以下囚。庚寅，釋兩浙路杖以下囚。除茶鹽賞錢。

冬十月壬辰朔，出內帑錢振臨安府貧民。

十一月辛酉朔，遣聶子述使金賀正旦，刑部侍郎劉爚〔四〕等及太學諸生上章言其不可，不報。丙戌，命浙東監司發常平米振災傷州縣。罷四川制置大使司所開鹽井。

十二月甲午，復罷同安監鑄錢。丁巳，金遣使來賀明年正旦。

是歲，黎州蠻畜卜始降。

八年春正月辛未，命師禹嗣秀王。詔侍從、兩省、臺諫各舉將材三人。己卯，遣丁焴賀金主生辰。戊子，申嚴銷金鋪翠之禁。

二月丙午，雷孝友罷。壬子，蠲平江等五郡逋負米，釋其繫囚。己未，雨土。

三月辛酉，詔大郡歲舉廉吏二人，小郡一人。乙亥，以旱命諸路州縣禱雨。丙子，蠲臨安府茶鹽賞錢。釋兩浙諸州繫囚。辛巳，應賢良方正能直言極諫科何致，坐妄造事端、營惑衆聽，配廣州牢城。癸未，安定郡王伯栻薨。丙戌，釋江、淮闕雨州郡杖以下囚。

夏四月乙未，幸太一宮、明慶寺禱雨。辛丑，避正殿，減膳。壬寅，禱雨于天地、宗廟、社稷。癸卯，詔中外臣民直言時政得失。乙巳，減臨安及諸路雜犯死罪以下囚，釋杖以下。

五月辛未，雨。己卯，命利州路安撫司招刺忠義人。辛巳，御正殿，復膳。癸未，復命有司禱雨。甲申，詔贓吏毋得減年參選，著爲令。乙酉，發米振糶臨安府貧民。

六月丙辰，詔兩浙、江、淮路諭民雜種粟麥麻豆，有司毋收其賦，田主毋責其租。

秋七月辛酉，以鄭昭先參知政事，禮部尚書曾從龍簽書樞密院事。壬戌，詔四川立楊巨源廟，名曰褒忠。戊辰，蠲兩淮諸州今年秋稅併極邊五州明年夏稅。癸酉，蠲臨安、紹興二府貧民夏稅。丙子，發米三十萬石振糶江東飢民。庚辰，詔弟撍更名思正，姪均更名貴和。甲申，詔職田蠲放如民田，違者坐之。

八月己丑，賜張栻謚曰宣。庚子，申嚴宗子訓名法。丁未，權罷旱傷州縣比較賞罰。己酉，禁州縣遏糴。是月，蘭州盜程彥暉求內附，四川制置使董居誼卻之。

九月己巳，朝獻于景靈宮。庚午，朝饗于太廟。辛未，合祭天地于明堂，大赦。乙亥，申嚴兩浙圍田之禁。甲申，罷四川法科試。

冬十月乙未，命六部各類赦書寬恤事，下諸路監司推行。壬寅，金遣使來賀瑞慶節。

十一月丙辰朔，封伯澤爲安定郡王。癸亥，遣施累使金賀正旦。

十二月己丑，詔楊巨源、李好義子孫各進一官。辛亥，金遣使來賀明年正旦。

是歲，兩浙、江東西路旱蝗。

九年春正月乙丑，賜呂祖謙謚曰成。置馬軍司水軍。乙亥，遣留筠賀金主生辰。丙子，命諸州招塡軍籍。辛巳，罷諸路旱蝗州縣和糴及四川關外科糴。

二月甲申朔，日有食之。辛亥，東西兩川地大震。

三月乙卯，又震。甲子，又震，馬湖夷界山崩八十里，江水不通。丁卯，又震。壬申，又震。丁丑，詔侍從、臺諫、兩省舉堪監司者各二人。

夏四月戊戌，秦州人唐進與其徒何進等引衆十萬來歸，四川制置使董居誼拒卻之。

五月癸酉，太白晝見。

六月辛卯，西川地震。壬辰，又震。乙未，又震，黎州山崩。戊申，振恤浙西被水州縣，寬其租稅。

秋七月戊辰，詔邊縣擇才不拘常法，其餘並遵三年之制〔五〕。九月甲申，詔兩浙、江東監司覈州縣被水最甚者，蠲其租。冬十月癸亥，西川地震。甲子，又震。丙寅，金遣使來賀瑞慶節。十一月庚寅，遣陳伯震使金賀正旦。癸卯，以程彥暉攻圍鞏州，迫及川界，命利州副都統劉昌祖移駐西和州以備之。十二月丁巳，再給諸軍雪寒錢。乙亥，金遣使來賀明年正旦。

校勘記

〔一〕拘榷安邊錢物所　按朝野雜記乙集卷一三作「拘催安邊錢物所」，其官屬有拘催官兩名；本書卷四一五黃疇若傳、後村先生大全集卷一四二黃公神道碑記置安邊所事，又有黃疇若和沈詵「條具合節省、拘催者」之文，疑「拘榷」爲「拘催」之誤。

〔二〕定武軍　本書卷一九二兵志、兩朝綱目卷一一同。本書卷三九八丘崈傳、朝野雜記乙集卷一七「丘宗卿創淮西武定軍」條、岳珂愧郯錄卷一三「武定軍」條都作「武定軍」。

〔三〕訓武郎　原作「武訓郎」，按本書卷一六九職官志，有訓武郎而無武訓郎，據兩朝綱目卷一二、宋史全文卷三〇改。

〔四〕劉掄　原作「劉鑰」，據本書卷四〇一本傳、兩朝綱目卷一四改。

〔五〕邊縣擇才不拘常法其餘並遵三年之制　按兩朝綱目卷一五，此事係「邊縣官許起復」一詔的內容。

宋史卷四十

本紀第四十

寧宗四

十年春正月癸巳，雨土。乙未，大風。庚子，遣錢撫賀金主生辰。

二月庚申，地震。

夏四月丁未朔，金人犯光州中渡鎭，執榷場官盛允升殺之，遂分兵犯樊城。戊申，鄂州、江陵府副都統王守中引兵拒之，金人遂分兵圍棗陽、光化軍。丙辰，詔江淮制置使李珏、京湖制置使趙方措置調遣，仍聽便宜行事。丁巳，命四川制置使董居誼酌量緩急，便宜行事。辛酉，廬州鈐轄王辛敗金人于光山縣之安昌砦，殺其統軍完顏掩。壬戌，金兵遁去，隨州、光化皆以捷聞〔一〕。丁卯，詔出戍官兵全給其家。

五月辛巳，以久雨釋大理、三衙、臨安府杖以下四，蠲茶鹽賞錢。甲申，賜禮部進士吳潛以下五百二十有三人及第、出身。癸卯，趙方請下詔伐金，遂傳檄招諭中原官吏軍民。

六月庚戌，太白晝見。戊午，詔厲將士，募京西忠義人進討。辛未，東川大水。癸酉，太白經天。

秋七月丙子朔，日有食之。戊寅，以旱釋諸路杖以下囚。甲申，雅州蠻寇邊，焚碉門砦，遣兵討之。丁亥，嗣濮王不儔薨。庚子，詔諸軍將佐有罪者送屯駐州鞫之，罷軍士涅刑。

八月乙丑，詔監司、郡守各舉威勇才略可將帥者二人。

冬十月乙巳朔，以久雨釋大理、三衙、臨安府及兩浙諸州杖以下囚。癸酉，蠲三衙、江上諸軍公私逋負錢。

十一月丁丑，大風。庚辰，太白晝見。甲申，詔浙東提舉司發米十萬石振給貧民。戊戌，太白經天。

十二月戊申，以軍興募民納粟補官。乙卯，詔武舉人毋復應文舉。癸亥，金鳳翔副統軍完顏贇以步騎萬人犯四川。戊辰，迫湫池堡。己巳，破天水軍，守臣黃炎孫遁。金人攻白環堡，破之。庚午，迫黃牛堡，統制劉雄棄大散關遁，金人據之。

十一年春正月壬午，京東路忠義李全率衆來歸，詔以全爲京東路總管。戊子，金人圍皂郊堡。壬辰，利州將麻仲率忠義人焚秦州永寧砦。乙未，以度僧牒千給四川軍費。丁酉，詔四川忠義人立功，賞視官軍。金人犯隔芽關，興元都統李貴遁，官軍大潰。

二月甲辰，金人焚大散關而去。乙巳，沔州都統王大才馬蹶，死于河池。丙午，金人破皂郊，死者五萬人。丁未，金人破湫池堡。戊申，金人圍隨州、棗陽軍，游騎至漢上，均州守臣應謙之棄城走。丙辰，白虹貫日。楚州鈐轄梁昭祖焚金人糧舟于大清河，京東忠義副都統沈鐸遣兵助之。

三月丁丑，金人焚湫池堡而去。戊子，利州統制王逸等率忠義人復皂郊，金副統軍完顏贇、包長壽遁去，沔州軍士郭雄追斬贇首，長壽僅以身免。己丑，沔州都統劉昌祖至皂郊。辛卯，忠義人十萬餘出攻秦州，官軍繼進，至赤谷口，王逸傳昌祖之命退師，且放散忠義人，軍大潰。癸巳，包長壽合長安、鳳翔之衆，復攻皂郊，遂趨西和州。是日，鎭江忠義統制彭惟誠等敗于泗州。丙申，劉昌祖焚西和州遁，守臣楊克家棄城去。戊戌，金人破西和州。

夏四月甲辰，劉昌祖焚成州遁，守臣羅仲甲棄城去。是日，金人去西和州。戊申，命四川增印錢引五百萬以給軍費。階州守臣侯頤棄城去。是日，金人去成州。戊午，金人復犯大散關，守將王立遁。己未，金人犯黃牛堡，興元都統吳政拒退之。癸亥，政至大散關，執王立斬之。

五月乙亥，命四川制置司招集忠義人。癸未，蚩尤旗見，其長竟天。丁亥，詔侍從、臺諫、兩省官集議平戎、禦戎、和戎三策。壬辰，申嚴試法官七等之制。

六月辛酉，詔湖州振恤被水貧民。

秋七月癸酉，奪知天水軍黃炎孫三官，辰州居住。乙酉，修孝宗寶訓。辛卯，蠲四川關外諸州稅役。甲午，蠲光州民兵戰死之家稅役。

九月己卯，朝獻于景靈宮。庚辰，朝饗于太廟。辛巳，合祭天地于明堂，大赦。辛卯，安定郡王伯澤薨。丙申，興元都統吳政、利州副都統張威各進三官。劉昌祖奪五官，韶州安置。

冬十月丙午，羅仲甲、楊克家、侯頤並奪三官，仲甲常德府、克家道州、頤撫州居住。戊午，大風。壬戌，修盱眙軍城。

十一月壬申，金人攻安豐軍之黃口灘。是月，陝西人張羽來歸。

十二年春正月戊辰朔，召董居誼詣行在。以新利州路安撫使聶子述爲四川制置使。

庚辰，金人犯湫池堡，守將石宣拒退之。甲申，金人攻白環堡，守將董炤拒退之。戊子，金人犯成州，沔州都統張威自西和州退守仙人原。庚寅，金人犯隨州、棗陽軍，又破信陽軍之二砦，京西諸將引兵拒之。辛卯，金人犯西和州，守臣趙彥呐設伏以待之，殲其衆乃還。金人犯安豐軍，建康都統許俊遣將却之。金人焚成州，犯河池，守將張斌遁去。癸巳，金人圍安豐軍及光州，攻光化軍，破鄖山縣，進逼均州。甲午，破鳳州，守臣雷雲棄城去，金人夷其城。乙未，興元都統吳政及金人戰于黃牛堡，死之。金人乘勝攻武休關。

二月戊戌朔，金人破光山縣。太白晝見。壬寅，金人圍棗陽軍，京湖制置使趙方遣統制扈再興救之，不克進而還。癸卯，金人破武休關，興元都統李貴遁還，利州路提刑、權興元府事趙希昔棄城去。丁未，金人破興元府。戊申，金人攻棗陽軍。己酉，遣殿前司軍八千人防捍江面。庚戌，以曾從龍同知樞密院事兼江、淮宣撫使，權吏部尚書任希夷簽書樞密院事。辛亥，金人破大安軍，守臣李文子棄城去。金人犯洋州，守臣蔡晉卿遣兵拒之，不克，洋州破。壬子，四川制置使董居誼自利州遁。沔州都統張威遣統制石宣等邀擊金人于大安軍，大破之，獲其將巴土魯安，金人遂去興元府。丙辰，金人去洋州。丁巳，京湖制置使趙方遣統制扈再興等引兵三萬餘人出攻唐、鄧二州，隨州忠義統領劉世興等引兵攻唐州。甲子，金人去棗陽軍。乙丑，夏人復以書來四川，議夾攻金人，利州路安撫丁焴許之。

三月己巳，以鄭昭先知樞密院事，曾從龍參知政事。癸酉，金人復入洋州，焚其城而去。乙亥，興元軍士權興等作亂，犯巴州，守臣秦季槱棄城去。鄂州統制劉世榮會兵攻唐州。丁亥，太白晝見。權興等降。癸巳，雨土。甲午，金人自盱眙退師。

閏月己未，追雷雲三官，梅州安置。辛酉，贈吳政爲右武大夫、忠州刺史。壬戌，詔撫諭四川官軍、忠義人。癸亥，興元軍士張福、莫簡等作亂，以紅巾爲號。是春，金人圍安豐軍、滁濠光三州。江、淮制置使李珏命池州都統武師道、忠義軍統制陳孝忠救之，皆不克進。金人遂分兵自光州犯黃州之麻城，自濠州犯和州之石磧，自盱眙軍犯滁州之全椒、來安及揚州之天長、眞州之六合。淮南流民渡江避亂，諸城悉閉。金人游騎數百至東采石、楊林渡，建康大震。京東總管李全自楚州、忠義總轄季先自漣水軍各引兵來援，金人乃解去。全追擊，敗之于曹家莊，獲其貴將。

夏四月庚午，張福入利州，四川制置使聶子述遁，殺總領財賦楊九鼎。丁丑，張福掠閬州，丁亥，掠果州。癸巳，曾從龍罷。以鄭昭先兼參知政事，崇信軍節度使、開府儀同三司、萬壽觀使安丙爲四川宣撫使。董居誼落職，奪三官。

五月乙未朔，召聶子述詣行在。張福薄遂寧府，潼川府路轉運判官、權府事程遇孫棄城遁。丁酉，減兩淮、荆襄、湖北、利州路沿邊諸州雜犯死罪囚，釋流以下，仍蠲今年租稅。

己亥，太學生何處恬等伏闕上書，以工部尚書胡榘欲和金人，請誅之以謝天下。張福入遂寧府，焚其城。甲寅，四川宣撫司命沔州都統張威引兵捕福。戊午，福入普州，守臣張巳之棄城遁。癸亥，詔侍從、兩省、臺諫各舉文武可用之才二三人。

六月戊辰，張福屯普州之茗山。庚午，張威引兵至。丙子，太白晝見。辛巳，西川地震。太白晝見。癸未，張福請降，乙酉，張威執之，歸于宣撫司。丁亥，嗣濮王不嫖薨。金國招諭李全等，不聽。辛卯，太白經天。癸巳，丁焴復以書約夏國攻金人。

秋七月丙申，張福伏誅。復奪董居誼二官，永州居住。庚子，張威捕賊衆一千三百餘人誅之，莫簡自殺，紅巾賊悉平。癸亥，李全引兵至齊州，知州王贇以城降。

八月戊辰，復合利州東、西路爲一。

九月丙午，罷江、淮制置司，置沿江、淮東西制置司。以寶文閣待制李大東爲沿江制置使，淮南轉運判官趙善湘爲主管淮西制置司公事，淮東提刑賈涉爲主管淮東制置司公事兼節制京東、河北路軍馬。

十一月辛亥，進封楊次山爲會稽郡王。

十二月壬申，京東節制司言復京東、河北二府九州四十縣。乙亥，築興元府城。丁丑，雅州蠻入盧山縣。己卯，四川宣撫司遣兵取洮州，召諸將議出師，招諭中原豪傑。辛巳，蠻焚硐門砦，邊丁大敗。乙酉，金人犯鳳州之長橋。丁亥，四川宣撫司命罷洮州之師。己丑，京湖制置司遣統制扈再興等引兵六萬人，分三道出境。庚寅，賞茗山捕賊功。

十三年春正月丁酉，扈再興引兵攻鄧州，鄂州都統許國攻唐州，不克而還。金人追之，遂攻樊城，趙方督諸將拒退之。己亥，雅州蠻復掠廬山縣，遣兵討之。己酉，命不凌爲嗣濮王。戊午，夏人復以書來四川，議夾攻金人。

三月辛卯朔，雨土。丁巳，黎州土丁叛，遣兵討之。

夏四月庚申朔，淮東制置賈涉招諭山東、兩河豪傑。

五月庚寅朔，雅州蠻降。戊戌，史彌遠等上玉牒及三祖下第七世宗藩慶系錄。

六月癸酉，賜禮部進士劉渭以下四百七十有五人及第、出身。加安丙少保。丙子，以李全爲左武衞大將軍。壬午，以季先爲果州團練使、漣水軍忠義副都統，命赴樞密院議事，未至，殺之。

秋七月戊戌，以京東、河北諸州守臣空名官告付京東、河北節制司，以待豪傑之來歸者。丙午，以任希夷兼參知政事。丙辰，四川宣撫司招黎人土丁，降之。

八月癸亥，皇太子詢薨，謚曰景獻。壬申，安丙遣夏人書，定議夾攻金人。癸未，四川宣撫司命利州統制王仕信引兵赴熙、鞏州會夏人，遂傳檄招諭陝西五路官吏軍民。甲申，復海州，以將作監丞徐晞稷知州事。盱眙將石珪叛入漣水軍，詔以珪爲漣水忠義軍統轄。

九月辛卯，夏人引兵圍鞏州，且來趣師。甲午，太白晝見。王仕信引兵發宕昌。乙未，四川宣撫司統制質俊、李寔引兵發下城。戊戌，四川宣撫司命諸將分道進兵：沔州都統張威出天水，利州副都統程信出長道，興元副都統陳立出大散關，興元統制田胃爲宣撫司帳前都統出子午谷，金州副都統陳昱出上津。己亥，張威下令所部諸將毋得擅進兵。庚子，質俊等克來遠鎭。辛丑，王仕信克鹽川鎭。壬寅，質俊等自來遠鎭進攻定邊城，金人來救，俊等擊破之。乙巳，程信、王仕信引兵與夏人會于鞏州城下。丁未，攻城不克。庚戌，金人犯皂郊堡，沔州統制董炤等與戰大敗。壬子，程信及夏人攻鞏州不克，信引兵趨秦州。丙辰，夏人自安遠砦退師。

冬十月丁巳朔，程信邀夏人共攻秦州，夏人不從，信遂自伏羌城引軍還，諸將皆罷兵。戊寅，程信以四川宣撫司之命，斬王仕信于西和州。四川宣撫司以張威不進兵，罷其軍職。

十一月庚戌，大風。壬子，臨安府火。

十二月戊午，大風。壬申，漣水忠義軍統轄石珪叛。癸未，鎭江副都統翟朝宗以「皇帝恭膺天命之寶」來獻。

十四年春正月丙戌朔，以雪寒釋大理、三衙、臨安、兩浙諸州杖以下囚。乙未，地震。以李全還自山東，賜緡錢六萬。庚子，立四川運米賞格。

二月戊辰，金人圍光州。己巳，金人犯五關。壬申，金人治舟于團風，弗克濟，遂圍黃州，分兵破諸縣，又遣別將犯漢陽軍。丁丑，李全棄泗州遁還。甲申，詔淮東、京湖諸路應援淮西，沿江制置司防守江面，權殿前司職事馮榯將兵駐鄂州，京東忠義都統李全將兵救蘄、黃，榯不果行。

三月丙戌朔，鄂州副都統扈再興引兵攻唐州。丁亥，金人破黃州，淮西提刑、知州事何大節棄城遁死。庚寅，長星見。李全自楚州引兵援淮西。癸巳，扈再興引所部趨蘄州。甲午，太白晝見。乙未，詔京湖制置司趣援蘄、黃。己亥，金人陷蘄州，知州事李誠之及其家人、官屬皆死之。癸丑，金人退師，扈再興邀擊，敗之于天長鎮，甲寅晦，又敗之。

夏四月乙卯，復置諸王宮大小學教授。乙丑，命任子簾試于御史臺。戊辰，金人渡淮而北，李全遣兵追擊，敗之。

五月甲申朔，日有食之。壬辰，史彌遠等上孝宗寶訓、皇帝會要。丙申，西川地震。乙巳，頒慶元寬恤詔令。

六月甲寅朔，初置沿江制置副使司于鄂州。丙寅，詔以姪福州觀察使貴和爲皇子，更名竑，進封祁國公。丁卯，以立皇子告于天地、宗廟、社稷。乙亥，以太祖十世孫與莒補秉義郎。丙子，減京畿四罪一等，釋杖以下。辛巳，大風。

秋七月辛丑，以趙方爲京湖制置大使，賈涉爲淮東制置使兼京東、河北路節制使。丁未，修光宗寶訓。

八月乙卯，賜史彌遠家廟。任希夷罷。壬戌，以兵部尙書宣繒同知樞密院事，給事中兪應符簽書樞密院事。甲子，以秉義郎與莒爲右監門衞大將軍，賜名貴誠。乙丑，追封史浩爲越王，改謚忠定，配享孝宗廟庭。戊寅，以姪右監門衞大將軍貴誠爲果州團練使。

九月癸未，立貴誠爲沂靖惠王後。己丑，朝獻于景靈宮。庚寅，朝饗于太廟。辛卯，合祭天地于明堂，大赦。

冬十月癸丑，京東、河北節制司言復滄州，詔以趙澤爲河北東路鈐轄、知州事。甲寅，復以齊州爲濟南府，兗州爲襲慶府。丙寅，夏人復以書來四川趣會兵。庚午，雷。

十一月己亥，安丙薨。是月，京東安撫張林叛。

十二月庚申，鄭昭先罷。

閏月辛巳朔，以宣繒兼參知政事，俞應符兼權參知政事。戊申，以殿前司同正將華岳等謀爲變，殺之。

是歲，浙東、江西、福建諸路旱，沔、成、階、利四州水，振之。

十五年春正月庚戌朔，御大慶殿，受恭膺天命之寶。癸丑，立李誠之廟于蘄州。甲寅，褒贈蘄州死事官吏，錄其子孫有差。丁巳，詔撫諭山東河北軍民、將帥、官吏。己未，以受寶大赦，文武官各進秩一級，大犒諸軍。

二月庚子，罷御史臺簾試任子法。

三月丁巳，詔江西提舉司振恤旱傷州縣。

夏四月壬午，詔蠲蘄州今年租賦。

五月庚戌，太白晝見。甲寅，詔監司慮囚，察州縣匿囚者劾之。丁巳，進封子祁國公竑爲濟國公。己未，以姪果州團練使貴誠爲邵州防禦使。壬戌，知濟南府种贇等攻張林于靑州，林遁去。己巳，修孝宗經武要略。

六月辛卯，俞應符薨。

秋七月甲子，詔江淮、荆襄、四川制置監司條畫營田來上。

八月己卯，命戶部詳議義役。辛卯，詔文武官毋得歸宗，著爲令。甲午，有彗星出于氐。

九月辛亥，以宣繒參知政事，給事中程卓同知樞密院事，吏部尙書薛極賜出身，簽書樞密院事。癸丑，雷，大雨雹。丁巳，復以隨州三關隸德安府，置關使。壬戌，彗星沒。辛未，太白晝見。

冬十月丙子，以收復京東州軍，犒賞忠義有差。

十一月戊午，赦京東、河北路。

十二月乙亥朔，發米振給臨安府貧民。丙子，以雪寒釋京畿及兩浙諸州杖以下囚。丁亥，以李全爲保寧軍節度使、右金吾衞上將軍、京東路鎭撫副使。

十六年春正月戊申，詔命官犯贓毋免約法。己酉，子坻生。辛酉，命淮東制置司振給山東流民。

二月戊子，雨土。己丑，嗣秀王師禹薨，追封和王。戊戌，子坻薨，追封邳王，謚沖美。

三月戊申，張林所部邢德來歸，詔進二官，復以爲京東東路副總管。丁卯，以道州民饑，詔發米振之。

夏五月甲辰，詔右選試注官如左選之制。戊申，賜禮部進士蔣重珍以下五百四十有九人及第、出身。戊辰，詔復潭州稅酒法。

六月丁酉，程卓薨。

秋八月辛巳，詔州縣經界毋增紹興稅額。癸未，申嚴舶船銅錢之禁。

九月庚子朔，日有食之。乙巳，詔江、淮諸司振恤被水貧民。乙卯，雷。

冬十一月辛亥，以太平州大水，詔振恤之。

十二月辛巳，命淮東、西總領及沿江被水州募江西、湖南民入米補官。癸未，嗣濮王不凌薨。壬辰，雷。

十七年春正月戊戌朔，詔補先聖裔孔元用爲通直郎，錄程頤後。癸亥，命淮東西、湖北路轉運司提督營屯田。

二月癸巳，蠲台州逋賦十萬餘緡。甲午，命臨安府振糶貧民。

三月癸丑，雪。是月，金人迫西和州，尋引兵還。

夏四月辛卯，詔廬州振糶饑民。乙未，賜李全、彭義斌錢三十萬緡爲犒賞戰士費。

五月戊戌，詔覈實兩淮、京湖、四川、江上諸軍之數。

六月丁卯朔，太白經天，晝見。癸酉，知西和州尙震午坐金兵至謀遁〔三〕，奪三官，岳州居住。壬辰，大名府蘇椿等舉城來歸，詔悉補官，即以其州授之。

秋七月丁酉朔，命福建路監司振恤被水貧民。辛亥，命師嵒嗣秀王。

八月乙亥，罷通州天賜鹽場。丙戌，帝不豫。

閏八月乙未朔，申嚴兩浙諸州輸苗過取之禁。丁酉，皇帝崩于福寧殿，年五十七。史彌遠傳遺詔，立姪貴誠爲皇子，更名昀，卽皇帝位。尊皇后爲皇太后，垂簾聽政。進封皇子竑爲濟陽郡王，出居湖州。

寶慶元年正月己丑，謚曰仁文哲武恭孝皇帝，廟號寧宗。三月癸酉，葬于會稽之永茂陵。三年九月，加謚法天備道純德茂功仁文哲武聖睿恭孝皇帝。

贊曰：宋世內禪者四，寧宗之禪，獨當事勢之難，能不失禮節焉，斯可謂善處矣。初年以舊學輔導之功，召用宿儒，引拔善類，一時守文繼體之政，煒然可觀。中更侂胄用事，內蓄羣姦，至指正人爲邪，正學爲僞，外挑強鄰，流毒淮甸。頻歲兵敗，乃函侂胄之首，行成于金，國體虧矣。旣而彌遠擅權，幸帝耄荒，竊弄威福。至於皇儲國統，乘機伺間，亦得遂其廢立之私，他可知也。雖然，宋東都至于仁宗，四傳而享國百年，邵雍稱爲前代所無，南渡至寧宗，亦四傳而享國九十有八年，是亦豈偶然哉。惜乎神器授受之際，寧、理之視仁、英，其跡雖同，其情相去遠矣。

校勘記

〔一〕隨州光化皆以捷聞　「隨州」，原作「徐州」，據兩朝綱目卷一五、宋史全文卷三〇改。

〔二〕知西和州尙震午坐金兵至謀遁　「西」字原脫，據兩朝綱目卷一六、續宋編年通鑑卷一五補。按本書卷六三五行志：「四月丁卯，西和州焚軍壘及居民二千餘家，人火之也，守臣尙震午誤以爲金人至而遁」，即指此事。兩朝綱目注說：「前所謂金人迫西和州者，蓋卽震午掩飾之詞，史官承而書之，未經刊削耳。」

宋史卷四十一

本紀第四十一

理宗一

理宗建道備德大功復興烈文仁武聖明安孝皇帝，諱昀，太祖十世孫。父希瓐，追封榮王，家于紹興府山陰縣，母全氏。以開禧元年正月癸亥生于邑中虹橋里第。前一夕，榮王夢一紫衣金帽人來謁，比寤，夜漏未盡十刻，室中五采爛然，赤光屬天，如日正中。既誕三日，家人聞戶外車馬聲，亟出，無所睹。幼嘗晝寢，人忽見身隱隱如龍鱗。是時，寧宗弟沂靖惠王薨，無嗣，以宗室希瞿子賜名均爲沂王後，尋改賜名貴和。嘉定十三年八月，景獻太子薨，寧宗以國本未立，選太祖十世孫年十五以上者教育，如高宗擇普安、恩平故事，遂以十四年六月丙寅立貴和爲皇子，改賜名竑，而以帝嗣沂王。六月乙亥，補秉義郎。八月甲子，授右監門衞大將軍，賜名貴誠。十五年五月丁巳，以竑爲檢校少保，進封濟國公。己未，以帝爲邵州防禦使。帝性凝重寡言，潔修好學，每朝參待漏，或多笑語，帝獨儼然。出入殿庭，矩度有常，見者斂容。會濟國公竑與丞相史彌遠有違言，彌遠日謀媒蘖其失於寧宗，屬意於帝而未遂。

十七年八月丙戌，寧宗違豫，自是不視朝。壬辰，疾篤，彌遠稱詔以貴誠爲皇子，改賜名昀，授武泰軍節度使，封成國公。

閏月丙申，寧宗疾甚，丁酉，崩于福寧殿。彌遠使楊谷、楊石入白楊皇后，稱遺旨以皇子竑開府儀同三司，進封濟陽郡王，判寧國府，命子昀嗣皇帝位。大赦。尊楊皇后曰皇太后，同聽政。封竑爲濟王，賜第湖州，以醴泉觀使就第。癸亥，詔宮中自服三年喪。

九月乙亥，詔褒表老儒，以傅伯成爲顯謨閣學士，楊簡寶謨閣直學士，並提舉南京鴻慶宮；柴中行敍復元職，授右文殿修撰，主管南京鴻慶宮。戊寅，詔兄濟王妻衞國夫人吳氏封許國夫人。己卯，皇太后、皇帝御便殿垂簾。詔以先聖四十九代孫行可爲迪功郎，授判、司、簿、尉；以禮部侍郎程珌、吏部侍郎朱著、中書舍人眞德秀兼侍讀；工部侍郎葛洪、起居郎喬行簡、宗正少卿陳貴誼、軍器監王塈兼侍講。壬午，葛洪權工部尚書，升兼侍讀。辛卯，祀明堂，大赦。

冬十月戊戌，詔諸路提點刑獄以十一月按理囚徒。己亥，嗣秀王師嵓薨。壬子，詔百官奉按月給。

十一月甲子，右正言麋溧〔一〕請承順東朝，繼志述事，壹以孝宗爲法，而新政之切者，曰畏天、悅親、講學、仁民。上嘉納焉。癸未，以五月十六日爲皇太后壽慶節。丁亥，詔改明年爲寶慶元年。戊子，以葛洪爲端明殿學士、同簽書樞密院事〔二〕。己丑，詔以生日爲天基節。

十二月甲午，雪寒，免京城官私房賃地、門稅等錢。自是祥慶、災異、寒暑皆免。癸丑，開經筵，詔輔臣觀講。詔太后所居殿號曰慈明。辛酉，請大行皇帝謚號于南郊，謚曰仁文哲武恭孝皇帝，廟號曰寧宗。

寶慶元年春正月壬戌朔，詔舉賢良。庚午，湖州盜潘壬、潘丙、潘甫謀立濟王竑，竑聞變，匿水竇中，盜得之，擁至州治，以黃袍加其身，守臣謝周卿率官屬入賀。初，壬等僞稱李全以精兵二十萬助討史彌遠擅廢立之罪，比明視之，皆太湖漁人及巡尉兵卒，竑乃遣王元春告于朝而率州兵誅賊。彌遠奏遣殿司將彭任討之，至則盜平，又遣其客秦天錫託宣醫治竑疾，諭旨逼竑死，尋詔貶爲巴陵郡公。辛未，詔保寧軍節度使師彌爲檢校少保。詔以皇太后弟奉國軍節度使楊谷、保寧節度楊石並開府儀同三司。丙戌，濟王竑訃聞，特輟視朝。己丑，上寧宗謚册、寶。

二月甲午，詔故太師、武勝定國軍節度使、鄂王岳飛謚忠武。丙申，詔師彌檢校少師嗣秀王。丙辰，楚州火。戊午，發廩振在京細民，給犒馬步軍、皇城司守衞軍有差。

三月癸酉，葬寧宗于會稽永茂陵。

夏四月辛卯朔，寧宗祔廟。壬辰，詔皇兄竑贈少師、保靜鎮潼軍節度使，直舍人院王塈等繳奏命，遂寢。丁酉，皇太后手書：「多病，自今免垂簾聽政。」壬寅，帝兩請皇太后垂簾，不允。辛亥，發廩振在京細民。

五月甲子，詔：「內外文武大小之臣，於國政有所見聞，封章來上，毋或有隱。」丙寅，詔不熄為保康軍承宣使、嗣濮王。

六月辛卯，太白晝見。丁未，詔史彌遠為太師，依前右丞相兼樞密使，進封魏國公。彌遠辭免太師。

秋七月丁丑，滁州大水，詔振恤之。乙酉，詔行大宋元寶錢。

八月壬寅，以司農丞姚子才封事切直，詔進一秩，授秘書郎。癸卯，詔知袁州趙篋夫直秘閣、福建提點刑獄，以旌廉吏。丙午，詔侍從、給諫、卿監、郎官，并在外前執政、侍從，帥臣、監司，各舉廉吏三人。戊申，詔侍從、兩省、臺諫、三衙、知閤、御帶、環衞官，在外前執政、侍從，帥臣、監司、都副都統制及屯戍主將，其各舉堪充將帥三人。己酉，地震。壬子，張九成贈太師，追封崇國公，謚文忠。甲寅，以程頤四世孫源爲籍田令。乙卯，莫澤言眞德秀舛論綱常，簡節上語，曲爲濟王地。詔德秀煥章閣待制、提舉玉隆萬壽宮。丁巳，詔戒貪吏。

九月丙寅，著作佐郎陶崇上保業、愼獨、謹微、持久四事，帝嘉納之。

冬十月癸巳〔三〕，有流星大如太白。甲寅，詔：會稽攢宮所在，稅賦盡免折科，山陰縣權免三年。

十一月癸亥，宣繒兼同知樞密院事，薛極參知政事，葛洪簽書樞密院事。詔：「邵州潛藩可升爲寶慶府。筠州與御名音相近，改爲瑞州。」壬午，雪寒，在京諸軍給緡錢有差，出戍之家倍之。自是祥慶、災異、霪雨、雪寒咸給。甲申，朱端常言魏了翁封章謗訕，眞德秀奏箚誣詆。詔魏了翁落職，奪三秩，靖州居住；眞德秀落職罷祠。

十二月甲辰，詔刪修敕令。

是歲，兩浙路戶一百九十七萬五千九百九十六，口二百八十二萬二千三十二。福建路戶一百七十萬四千一百八十六，口三百五十五萬三千七十九。

二年春正月癸亥，詔贈沈煥、陸九齡官，煥謚端憲，九齡謚文達。錄張九成、呂祖謙、張栻、陸九淵子孫官各有差。癸酉，召布衣李心傳赴闕。戊寅，熒惑入氐。壬午，太白、歲星、塡星合于女。

二月辛卯，監察御史梁成大言眞德秀有大惡五，僅褫職罷祠，罰輕。詔削二秩。

三月癸酉，以久雨詔大理寺、三衙、兩浙運司、臨安府諸屬縣榷酒所，凡贓賞等錢，罪已決者，一切勿徵，毋錮留妻子。自是霖潦、寒暑皆免。戊寅，詔太常寺建功臣閣，以「昭勳崇德」爲名。己卯，蘄州火。

夏四月己丑，詔輔臣奉薄，其以隆興格爲制。辛亥，有流星大如太白。

六月丙申，御後殿，賜進士王會龍以下九百八十九人及第、出身有差。壬寅，詔以孔子五十二代孫萬春襲封衍聖公。

秋七月戊辰，雷電雨，晝晦，大風。遂安、休寧兩縣界山裂，洪水壞公宇、民居、田疇。

八月乙巳，濟王竑追降巴陵縣公。辛亥，衞涇薨。

九月庚申，雷。

冬十月甲申，詔寧宗御集閣以「寶章」爲名，仍置學士、待制員。辛丑，又雷。辛亥，熒惑、歲星、塡星合于女，熒惑犯塡星。改湖州爲安吉州。

十一月甲寅，修祚德廟，以嚴程嬰、公孫杵臼之祀。丙辰，始御紫宸殿。辛酉，熒惑犯歲星。丙子，日南至，上詣慈明殿。

十二月癸卯，親享太廟。

三年春正月辛亥朔，上壽明皇太后尊號册、寶于慈明殿。壬子，史彌遠進二秩。辛酉，以楊谷、楊石並爲少傅。知楚州姚翀朝辭，奏淮楚忠義軍事，上曰：「南北皆吾赤子，何分彼此，卿其爲朕撫定之。」己巳，詔：「朕觀朱熹集註大學、論語、孟子、中庸，發揮聖賢蘊奥，有補治道。朕勵志講學，緬懷典刑，可特贈熹太師，追封信國公。」

三月庚戌朔，詔郡縣長吏勸農桑，抑末作，戒苛擾。工部侍郎朱在進對，奏人主學問之要，上曰：「先卿中庸序言之甚詳，朕讀之不釋手，恨不與同時。」辛亥，以皇太后尊號册、寶禮成，姪孫楊鳳孫以下推恩有差。

夏四月戊戌，宣引前丞相謝深甫孫女謝氏詣慈明殿進見。

五月壬子，詔岳珂戶部侍郎，依前淮東總領兼制置使。

閏月己卯朔，詔：郡縣繫囚不實書曆〔四〕，未經結錄，守臣輒行特判，憲司其詳覆所部獄案，歲月淹延者重置于憲。

六月戊申朔，日有食之。

秋七月乙酉，太陰犯心。丁酉，詔振贍被水郡縣，其竹木等稅勿徵。丙午，史彌遠乞歸田里，詔不允。

八月庚戌，詔謝氏特封通義郡夫人。癸亥，詔：凡試邑兩經罷黜，更勿授知縣、縣令。甲戌，太白、熒惑合于翼。丙子，城太平州，詔知州綦奎進中奉大夫，餘推恩有差。

九月癸未，故觀文殿大學士、魏國公、贈太師留正謚忠宣。丙午，追上寧宗徽號曰法天備道純德茂功仁文哲武聖睿恭孝皇帝。

冬十月甲子，右監門衞大將軍與奭改賜名貴謙，授宜州觀察使，繼沂王後。右千牛衞將軍孟杓改賜名乃裕，授和州防禦使，繼景獻太子後。甲戌，趙范江東提刑兼知池州，節制防江水步軍、池州都統司軍馬。

十一月戊寅，奉上寧宗徽號册、寶于太廟。辛巳，日南至，郊，大赦。改明年爲紹定元年。

十二月己酉，日旁有氣如珥。壬申，發廩振贍京城細民。大元兵破關外諸隘，四川制置鄭損棄三關。

紹定元年春正月丙子朔，上壽明慈睿皇太后尊號册、寶于慈明殿。楊谷、楊石並升少師。

六月壬寅朔，日有食之。己酉，流星晝隕。

秋七月戊戌，熒惑犯南斗。

冬十月戊申，熒惑犯壁壘陣星。丁巳，熒惑、塡星合于危。甲子，熒惑犯塡星。

十一月癸酉，熒惑入羽林。庚辰，雷。丁酉，詔申嚴皇城司給符之制，照闌入法。

十二月辛亥，以薛極知樞密院事兼參知政事，葛洪參知政事，袁韶同知樞密院事，鄭清之端明殿學士、簽書樞密院事。

二年春正月庚辰，大理司直張衍上檢驗、推鞫四事。詔：刑獄人命所關，其令有司究行之。

丁亥，熒惑、歲星合于婁。

二月庚戌，詔：歲舉廉吏或犯姦贓，保任同坐，監司守臣其申嚴覺察。

三月辛卯，詔：郡縣繫囚多瘐死獄中，憲司其具獄官姓名以聞，黜罷之。

夏四月庚申，詔：郡縣官闕，毋令藝術人、豪民、罷吏借補權攝。

五月，詔：成都、潼川路歲旱民歉，制司、監司其亟振恤，仍察郡縣奉令勤惰以聞。辛巳，賜進士黃朴以下五百五十七人及第、出身有差。詔：戶絕者許立嗣，毋妄籍沒。

六月丁巳，詔通義郡夫人謝氏進封美人。

九月丁卯，台州大水。壬辰，有流星大如太白。

冬十月壬戌，詔：台州水災，除民田租及茶、鹽、酒酤諸雜稅，郡縣抑納者監司察之。

十一月己丑，熒惑入氐。

三年春正月甲申，詔故皇子緝贈保信、奉國軍節度使，開府儀同三司，追封永王，謚沖安。壬辰，知棗陽軍史嵩之創置屯田，以勞賞官兩轉。

二月丙申，日有背氣。戊戌，詔：汀、贛、吉、建昌蠻獠竊發，經擾郡縣復賦稅一年。庚戌，詔趙范起復，依前知鎮江府、節制防江水步幷本州在砦軍馬；趙葵起復，依前知滁州、節制本州屯戍軍馬。壬子，詔：故皇子繹賜忠正、保寧軍節度使，開府儀同三司，追封昭王，謚沖純。

閏月癸酉，逃卒穆椿夜竊入皇城，燒毀甲仗，衞士捕得之，詔磔于市。乙酉，太白、歲星合于畢。

三月丁酉，雨土。戊申，奉國軍節度使不㤥薨，贈少傅，追封樂平郡王。

夏四月己卯，漳州、連城盜起，知龍巖縣莊夢說、尉鍾自強不能效死守土，詔各削二秩罷。

五月甲寅，檢校少保李全授彰化保康軍節度使，開府儀同三司、京東鎮撫使，依舊京東忠義諸軍都統制〔五〕。戊午，李全左右金吾衞上將軍，職任仍舊。

六月乙酉，歲星入井。

秋七月丁酉，汀州寧化縣曾氏寡婦晏給軍糧禦寇有功，又全活鄉民數萬人，詔封恭人，賜冠帔，官其子承信郎。

九月辛丑，祀明堂，大赦。丙午，美人謝氏進封貴妃。

冬十月己巳，熒惑、填星合于室。

十一月丁酉，有星孛于天市垣。丁未，流星晝隕。

十二月庚申，詔錄用孔子四十九代孫燦補官。李全叛。壬戌，淮東官兵王青力戰，死之，贈右武大夫、蘄州防禦使。甲子，詔：「逆賊李全，反形日著，今乃肆爲不道，已敕江、淮制臣率兵進討，有能擒斬全以降者，加以不次之賞。」乙丑，詔免明年元會禮。以鄭清之參知政事兼簽書樞密院事，喬行簡端明殿學士、同簽書樞密院事。詔：「史彌遠敷奏精敏，氣體向安，朕未欲勞以朝謁，可十日一赴都堂治事。」丁卯，册命貴妃謝氏爲皇后。己卯，慈明殿出緡錢百五十萬犒諸軍，振贍在京細民。癸未，上壽明仁福慈睿皇太后尊號册、寶。

四年春正月戊子，皇太后年七十有五，上詣慈明殿行慶壽禮，大赦，史彌遠以下進秩有差。賜李心傳同進士出身。壬寅，趙范、趙葵等誅李全於新塘，詔各進兩秩，餘推恩有差。

二月戊午朔，詔：雄邊軍統制、總轄范勝谷汝礪等誅逆著勞，各官五轉，將士立功者，趣具等第、姓名來上。丙子，詔起復孟珙從義郎、京西路分，棗陽軍駐劄。

夏四月戊辰，趙范、趙葵並進中大夫、右文殿修撰，賜紫章服、金帶。丁丑，以鄭清之兼同知樞密院事；喬行簡簽書樞密院事；趙善湘兵部尚書、江淮制置大使、知建康府，依舊安撫使；趙范權兵部侍郎、淮東安撫副使、知揚州兼江淮制司參謀官；趙葵換福州觀察使、右驍衛大將軍〔六〕、淮東提刑、知滁州兼大使司參議官。

五月丙午，宗室司正〔七〕檢校少傅、安德軍節度使、天水郡公，加食邑五百戶；貴謙承宣使；乃裕觀察使。

六月己未，詔魏了翁、眞德秀、尤焴、尤爚並敍復元官職祠祿。

七月己丑，日生承氣。丁酉，賈涉女侍後宮，詔封文安郡夫人。庚戌，葛洪資政殿學士、知紹興府。有流星大如太白。

八月己未，大元兵破武休，入興元，攻仙人關。辛酉，洪咨夔敍復元官祠祿。辛未，文安郡夫人賈氏封才人。

九月丙戌夜，臨安火，延及太廟，統制徐儀、統領馬振遠坐救焚不力，貶削有差。上素服視朝，減膳徹樂。庚子，建昌軍火。甲辰，流星晝隕。

冬十月戊午，太常少卿度正、國史院編修官李心傳各疏言：「宗廟之制，未合於古，茲緣災異，宜舉行之。」詔兩省、侍從、臺諫集議以聞。甲子，以余天錫爲戶部侍郎兼知臨安府、浙西安撫使。癸酉，大元兵破蜀口諸郡，御前中軍統制張宣戰青野原有功，詔授沔州都統。戊寅，以李𡌴爲煥章閣直學士、四川制置使、知成都府，趙彥呐直龍圖閣、四川安撫制置副使、知興元府、利路安撫使，安癸仲戶部郎中、總領四川財賦。

十一月乙酉，詔：忠義總管田遂力戰而歿，贈武節大夫、忠州刺史，加封立廟。

十二月乙亥，以史嵩之爲大理少卿兼京湖制置副使。

五年春正月己丑，以孟珙爲京西路兵馬鈐轄，棗陽軍駐箚。庚寅，詔：「李全之叛，淮東提刑司檢法吳澄等出泰州城謁賊，各追官勒停。其不出見賊者高夢月、劉賓雲循升二資。罵賊而死者海陵簿吳嘉，特贈朝奉郎，官其一子將仕郎。」壬辰，史嵩之進大理卿、權刑部侍郎、京湖安撫制置使、知襄陽府。壬寅，新作太廟成。

二月癸丑，帝謁太廟。

三月乙酉，詔京城內外免征商三月。丁酉，日生抱氣、承氣。

夏四月癸亥，以寶章閣直學士桂如淵頃帥蜀日，北兵攻城，不能合謀死守而遁，致軍民罹殃，反以捷聞，詔褫職罷祠。丁卯，起魏了翁，以集英殿修撰知遂寧府。

五月己丑，詔：「昨鬱攸爲災，延及太室，罪在朕躬，而二三執政，引咎去職。今宗廟崇成，神御妥安，薛極、鄭清之、喬行簡並復元官。」辛卯，臣僚言：「積陰霖霪，歷夏徂秋，疑必有致咎之徵。比聞蘄州進士馮杰，本儒家，都大坑冶司抑爲鑪戶，誅求日增，杰妻以憂死，其女繼之，弟大聲因赴愬死于道路，杰知不免，毒其二子一妾，舉火自經而死。民寃至此，豈不上干陰陽之和？」詔都大坑冶魏峴罷職。癸巳，太白經天，晝見。戊戌，詔：「今後齊民有罪，監司、守臣毋輒籍沒其家，必具聞俟命。」

六月乙丑，熒惑、塡星合于婁，熒惑順行犯塡星。丙子，詔諸獄官不理他務。

秋七月甲申，詔：「近歲北兵再入利、閬，迫近順慶，承奉郎胡元琰攝郡事，能收散卒，定居民，諭叛將，以全闔郡，以功特轉官三資。」太白入井。丙戌，監楚州大軍倉富起宗軍變死難，詔贈宣教郎，官一子文林郎。張煥同時被創，害及其家，詔轉官一資。丁酉，以吳潛爲太府少卿、總領淮西財賦，陳貴誼端明殿學士、同簽書樞密院事。

八月乙卯，起眞德秀爲徽猷閣待制、知泉州。丁巳，泗州路分劉虎、副都統董琳焚斷盱泗橋遏金兵。己未，魏了翁以寶章閣待制、潼川安撫使知瀘州。乙丑，賜進士徐元杰等四百九十三人及第、出身有差。壬申，太白、歲星合于張。甲戌，新作玉牒殿，奉安累朝玉牒。

九月乙巳，雨雹，雷。

閏月己酉，有流星大如太白。庚戌，彗星出于角。戊辰，史彌遠乞歸田里，詔不允。

冬十月戊子，以星變大赦。金將以盱眙軍來降，赦盱眙，改爲招信軍。

十一月己巳，喬行簡累疏乞歸田，詔不允。

十二月丙子朔，進封才人賈氏爲貴妃。辛巳，皇太后不豫。壬午，大赦。皇太后崩。癸卯，羣臣凡七表請聽政，從之。詔：外朝大典，不敢輕改，宮中自服三年喪。時宋與大元兵合圍汴京，金主奔歸德府，尋奔蔡州，大元再遣使議攻金，史嵩之以鄒伸之報謝。

六年春正月己酉，以少傅、保寧軍節度使、嗣秀王師彌判大宗正事，趙善湘光祿大夫、江淮制置大使兼知建康府、行宮留守，加食邑四百戶。戊辰，史彌遠加食邑千戶。

二月丁丑，上大行皇太后謚曰恭聖仁烈皇后。以趙范爲工部侍郎兼中書門下省檢正公事，趙葵祕書監兼侍講，余天錫禮部侍郎兼侍讀。癸卯，熒惑犯東井。

三月丙辰，大雨雹。

夏四月壬寅，葬恭聖仁烈皇后于永茂陵。

五月庚戌，太白、熒惑合于柳。鄧州移剌以城來降。

六月丁酉，史嵩之刑部侍郎、兼京湖安撫制置使兼知襄陽府。

秋七月，敗武仙于浙江〔六〕。

八月，拔唐州。

九月壬寅朔，日有食之。辛亥，祀明堂，大赦。辛酉，經筵官請以御制敬天、法祖、事親、齊家四十八條及緝熙殿榜、殿記宣付史館。

冬十月，江海領襄軍從大元兵合圍金主於蔡州。甲申，史宅之太府少卿，史宇之將作少監，並賜同進士出身。丙戌，史彌遠進太師、左丞相兼樞密使、魯國公，加食邑一千戶；鄭清之光祿大夫、右丞相兼樞密使，加食邑一千戶。丁亥，史彌遠保寧、昭信軍節度使，充醴泉觀使，進封會稽郡王，仍奉朝請，加食邑封。以薛極爲樞密使，喬行簡參知政事兼同知樞密院事，陳貴誼參知政事兼簽書樞密院事。詔：「史彌遠有定策大功，勤勞王室，今以疾解政，宜加優禮。長子宅之權戶部侍郎兼崇政殿說書，次子宇之直華文閣、樞密院副都承旨，長孫同卿直寶章閣，次孫紹卿、良卿、會卿、晉卿並承事郎，女夫趙汝禖軍器少監，孫女夫趙崇梓官一轉。」己丑，詔崔與之、李𡌴、鄭性之赴闕。庚寅，以顯謨閣待制、知福州眞德秀兼福建安撫使。乙未，史彌遠薨，贈中書令，追封衞王，謚忠獻。詔戒貪吏。

十一月乙巳，給事中莫澤等言，差提舉千秋鴻禧觀梁成大暴狠貪婪，苟賤無恥，詔奪成大祠祿。丙午，詔改明年爲端平元年。己未，以魏了翁爲華文閣待制、知瀘州、潼川安撫使，賜金帶。癸亥，進趙葵兵部侍郎、淮東制置使兼知揚州。甲子，臺臣劾刑部尚書莫澤貪淫忮害，罷之。丙寅，權工部尚書趙范言：「宣和海上之盟，厥初甚堅，迄以取禍，其事不可不鑑。」帝嘉納之。丁卯，詔趙葵任責防禦。戊辰，禮部郎中洪咨夔進對：今日急務，進君子，退小人，如眞德秀、魏了翁當聚之于朝。帝是其言，命咨夔洎王遂同爲監察御史。己巳，趙葵入見，帝問以金事，對曰：「今國家兵力未贍，姑從和議〔九〕，俟根本既壯，雪二帝之恥，以復中原。」

十二月戊寅，史宅之繳納賜第，詔給賜本家，仍奉家廟。庚辰，以薛極爲觀文殿大學士、知紹興府兼浙東安撫使。甲申，吳潛太府卿，仍淮西總領財賦，暫兼沿江制置、知建康府。戊申，洪咨夔言：「資政殿學士、提舉洞霄宮袁韶，仇視善類，諂附彌遠，險忮傾危。」詔袁韶奪職罷祠祿。壬辰，臺臣言：「趙善湘、陳晐、鄭損納賂彌遠，怙勢肆姦，失江淮、荆襄、蜀漢人心，罪狀顯著。」詔趙善湘有討李全功，特寢免；陳晐與祠，鄭損落職與祠。

端平元年春正月庚子朔，詔求直言；侍從、卿監、郎官，在外執政、從官，舉堪爲監司、守令者各二人；三衙、統帥、知閤、御帶、環衞官，在外總管、軍帥，舉堪爲將帥者各二人。鍾震、陳公益、李性傳、張虙並兼侍讀。徐淸叟、黃朴、李大同、葉味道並兼崇政殿說書。辛丑，趙范依前沿江制置副使，權移司知黃州，史嵩之權京湖安撫制置使兼知襄陽府，陳韡華文閣待制，仍知隆興府、江西安撫使。詔：德安三關使彭哲，去年十月北兵至，棄關遁，削二秩勒停。乙巳，賜故少傅、權參知政事任希夷謚宣憲。丙午，詔趙范兼淮西制置副使，任責防禦。太白、熒惑合在斗。戊申，金主完顏守緒傳位于宗室承麟。己酉，城破，守緒自經死，承麟爲亂兵所殺，執其參知政事張天綱。丙寅，詔：「太師、中書令榮王已進王爵，宜封三代，曾祖子奭贈太師、吳國公，祖伯旿贈太師、益國公，父師意贈太師、越國公。」戊辰，以樞密院言，詔：「京西忠順統制江海、棗陽同統制郭勝，向因所部兵行刼，坐不發覺除名，廣州拘管。遇赦還軍前自効有功，並敍復元受軍職。」史嵩之露布告金亡，謹遣郭春按循故壞，詣奉先縣汎掃祖宗諸陵。還師屯信陽。命王旻守隨州，王安國守棗陽，蔣成守光化，楊恢守均，並益兵飭備，經理唐、鄧屯田。

二月辛未，監察御史洪咨夔言：「上親政之始，斥逐李知孝、梁成大，其諂事權姦，黨私罔上，倡淫黷貨，罪大罰輕。」詔李知孝削一秩，罷祠；梁成大削兩秩。壬申，以趙彥吶爲四川安撫制置使兼知興元府。丁亥，詔：端平元年正月以前諸命官貶竄物故者，許令歸葬。

三月己酉，以賈涉子似道爲籍田令。辛酉，詔遣太常寺主簿朱揚祖、閤門祗候林拓詣洛陽省謁八陵。

四月辛未，詔遣朱復之詣八陵，相度修奉。丁丑，詔：「比年宗親貧窶，或致失所，甚非國家睦族之意。大宗正司、南外西外宗正司，其申嚴州郡，以時贍給，違者有刑。」監察御史王遂言：「史嵩之本不知兵，矜功自侈，謀身詭祕，欺君誤國，留之襄陽一日，則有一日之憂。」不報。戊寅，歲星守太微垣上相星。壬午，監察御史洪咨夔言：「今殘金雖滅，鄰國方彊，益嚴守備猶恐不逮，豈可動色相賀，渙然解體，以重方來之憂？」上嘉納。甲申，日生赤暈。丙戌，以滅金獲其主完顏守緒遺骨告太廟，其玉寶、法物并俘囚張天綱、完顏好海等命有司審實以聞。庚寅，詔授孟珙帶御器械，京、襄部押官屬陳一薦、江海官兩轉，餘論功行賞。金降人夾谷奴婢改姓同名鼎，王聞顯、呼延實、來伯友、石天瑞、白華各授官有差。丁酉，臣僚言：「江淮、荆襄諸路都大提點坑冶吳淵，恃才貪虐，籍人家貲以數百萬計，掩爲己有，其弟潛違道干譽，任用非類。」詔吳淵落右文殿修撰，吳潛落祕閣修撰，並放罷。

五月庚子，薛極卒，贈少師。戊申，太平州螟。己酉，太陰入氐。乙卯，詔李知孝瑞州居住，梁成大潮州居住，莫澤南康軍居住，並再降授官，尋盡追爵秩。詔魏了翁赴闕。丙辰，以趙范爲兩淮制置使、節制軍馬兼沿江制置副使。壬戌，以崔與之爲端明殿學士、提舉西京嵩山崇福宮，陳韡權工部尙書、知隆興府、江西安撫使。丙寅，詔：「黃榦、李燔、李道傳、陳宓、樓昉、徐宣、胡夢昱皆阨於權姦，而各行其志，沒齒無怨，其賜謚、復官、優贈、存恤，仍各錄用其子，以旌忠義。戴埜，其復元資，以勵士風。」建陽縣盜發，衆數千人，焚刼邵武、麻沙、長平。

六月戊辰朔，鄭淸之等進奏選德殿柱有金書六字曰：「毋不敬，思無邪。」上曰：「此坐右銘也。」庚午，熒惑、塡星合于胃。壬申，詔蠲漳、泉、興化三州丁米錢。丙子，以李鳴復爲侍御史兼侍講。戊寅，以喬行簡知樞密院事，曾從龍參知政事，鄭性之簽書樞密院事，陳貴誼兼同知樞密院事。己卯，詔：「故巴陵縣公竑可盡復本身官爵，有司其檢視墓域，以時致祭。妻吳，昨自請爲尼，特賜慧淨法空大師，紹興府月給衣資緡錢。」詔殿司選精銳千人，命統制婁拱、統領楊辛討捕建陽縣盜。辛巳，詔故端明殿學士、開府儀同三司史彌遠贈資政殿大學士，謚忠宣〔一〇〕。熒惑犯塡星。丙戌，有流星大如太白。戊子，日暈不匝，生格氣。癸巳，史嵩之進兵部尙書。禁毀銅錢作器用幷貿易下海。

秋七月乙巳，詔嘉興縣王臨年百二歲，補迪功郎致仕。

八月癸酉，詔：「河南新復郡縣，久廢播種，民甚艱食，江、淮制司其發米麥百萬石往濟歸附軍民，仍榜諭開封、應天、河南三京。」甲戌，朱揚祖、林拓朝謁八陵回，以圖進，上問諸陵相去幾何及陵前澗水新復，揚祖悉以對，上忍涕太息。乙亥，以趙范爲京河關陝宣撫使、知開封府、東京留守，趙葵京河制置使、知應天府、南京留守，全子才關陝制置使、知河南府、西京留守。甲午，權邵武軍王埜以平建陽寇有功，官兩轉，餘推賞有差。

九月庚子，趙范依舊京西、湖北安撫制置大使，知襄陽府。辛丑，熒惑入井。壬寅，趙范言：「趙葵、全子才輕遣偏師復西京，趙楷、劉子澄參贊失計，師退無律，致後陣敗覆。」詔：趙葵削一秩，措置河南、京東營田邊備；全子才削一秩，措置唐、鄧、息營田邊備；劉子澄、趙楷並削三秩放罷。又言：「楊義一軍之敗，皆由徐敏子、范用吉怠於赴援，致不能支。」詔范用吉降武翼郎，徐敏子削三秩放罷，楊義削四秩，勒停自效。己酉，眞德秀言：權臣罔上，講筵官亦傅會其言，今承其弊，有當慮者五事，幷及泉漳寇盜、鹽法之弊。帝嘉納之。詔：進士何霆編類朱熹解注文字，有補經筵，授上文學。

冬十月己卯，眞德秀進大學衍義。辛卯，陳貴誼薨，贈少保。

十一月壬子，京、湖制司創鎭北軍，詔以襄陽府駐劄御前忠衞軍爲名。壬戌，太白經天。

十二月己卯，大元遣王檝來。戊子，王檝辭于後殿。辛卯，遣鄒伸之、李復禮、喬仕安、劉溥報謝，各進二秩。

校勘記

〔一〕麋溧　原作「麋漂」，據宋史全文卷三二、陸心源宋史翼卷二二本傳改。

〔二〕以葛洪爲端明殿學士同簽書樞密院事　「密」字原脫，據本書卷四一五本傳補。

〔三〕冬十月癸巳　「十」下原有「一」字。按此處「十一月」重出，而癸巳、甲寅兩日都應在十月，「一」字當衍，今刪。

〔四〕郡縣繫囚不實書曆　「不」原作「干」，據宋史全文卷三二改。

〔五〕依舊京東忠義諸軍都統制　「依舊」下原重出「舊」字。按周密齊東野語卷九，嘉定十一年宋朝曾以李全爲京東忠義軍都統制，此處所謂依舊者當卽指此，不應重出「舊」字，今刪。

〔六〕趙葵換福州觀察使右驍衞大將軍　「驍」下原衍「騎」字，據本書卷一六六職官志刪。本書卷四一七本傳作「左驍衞上將軍」。

〔七〕宗室司正　按本書卷四五理宗紀、卷二四六莊文太子傳都載有思正，卒于理宗景定元年。思正本名希堪，因寧宗命爲太子後賜名搢，後改思正。「司正」疑爲「思正」之誤。

〔八〕敗武仙于淅江　按本書卷四一二孟珙傳載擊敗武仙的地點，馬蹬山、石穴山、鮎魚砦都在淅川縣境。又金史卷一一八武仙傳載有「分軍新野、順陽、淅川」，「徙淅川之石穴」等語。此處「淅江」當爲「淅川」之誤。

〔九〕趙葵入見帝問以金事對曰今國家兵力未贍姑從和議　「帝問以金事」疑誤。按宋史全文卷三二作「上曰：金韃交爭，和好如何？」續通鑑卷一六七考異說：「趙葵所言暫與之和，指蒙古而言。宋史作『帝問以金事』而葵對以和，轉似與金和矣。此時宋方助蒙古攻金，何故反欲議和耶？宋史係刪削之誤。」

〔一〇〕史彌遠贈資政殿大學士謚忠宣　按上文，史彌遠已于紹定六年謚忠獻，本書卷四一四史彌遠傳同。考異卷六七說，「此別是一人」。袁桷延祐四明志卷五史彌堅傳說，史彌堅爲資政殿學士謚忠宣。鄭眞四明文獻卷上同。「史彌遠」當爲「史彌堅」之誤。

宋史卷四十二

本紀第四十二

理宗二

端平二年正月丁酉，太陰行犯太白。甲寅，詔議胡瑗、孫明復、邵雍、歐陽脩、周敦頤、司馬光、蘇軾、張載、程顥、程頤等十人從祀孔子廟庭，升孔伋十哲。丙辰，詔主管侍衞馬軍孟珙黃州駐劄，措置邊防。丁巳，孟珙入見。辛酉，以御前寧淮軍統制、借和州防禦使程芾爲大元通好使，從義郎王全副之，尋以武功郎杜顯爲添差通好副使。

二月甲子朔，日當虧不虧。癸酉，歲星守氐。壬午，太白、塡星合于胃。

三月乙未，詔：太學生陳均編宋長編綱目，進士陳文蔚著尙書解，並補迪功郎。丁酉，楊谷、楊石並升太師，尋辭免。乙巳，曾從龍兼同知樞密院事，眞德秀參知政事，兼給事中、兼侍讀陳卓〔一〕同簽書樞密院事。

夏四月甲子，詔：「前四川制置鄭損，城池失守，且盜陝西五路府庫財鉅萬，削官二秩，謫居温州，簿錄其家。」丁卯，都城火。丁亥，太白晝見。戊子，大閱。有流星大如太白。

五月乙未，雨雹。軍民交鬨，御前諸軍都統制趙勝削三秩，罷，命韓昱代之。丙申，大雨雹。甲辰，眞德秀薨，贈銀青光祿大夫，謚文忠。庚戌，以喬行簡兼參知政事。

六月壬申，太陰入氐。戊寅，以鄭淸之爲特進、左丞相兼樞密使，喬行簡金紫光祿大夫、右丞相兼樞密使。己卯，葛洪資政殿大學士，予祠祿。庚辰，流星晝隕。祈雨。壬午，以曾從龍知樞密院事兼參知政事，崔與之參知政事，鄭性之同知樞密院事，陳卓簽書樞密院事。賜進士吳叔告以下四百五十四人及第、出身有差。己丑，熒惑入太微垣。庚寅，詔鄭損吏削兩秩，竄南劍州。

秋七月丁酉，有流星大如太白。戊戌，太白經天。辛丑，流星晝隕。丙午，太白入東井。庚申，禮部尙書魏了翁上十事，不報。

閏七月戊寅，詔錄開禧蜀難死事之臣，大安知軍楊震仲孫忠孫補下州文學；利州路常平幹官劉當可母王氏義不降曦，投江而死，追贈和義郡夫人，當可與升官差除。乙酉，賜少師、特進、銀靑光祿大夫趙方謚忠肅。丙戌，故保寧軍節度使魯國公安丙謚忠定。丁亥，全子才、劉子澄坐唐州之役棄兵宵遁，子才削二秩，謫居衡州，子澄削二秩，謫居瑞州。

八月癸巳，歲星入氐。乙卯，以太師趙汝愚配享寧宗廟庭，仍圖像于昭勳崇德之閣。丁巳，太白犯太微垣右執法。

九月癸未，崇國公主薨。

冬十月辛卯，有流星大如太白。己未，塡星犯畢，歲星、太白合于心。

十一月乙丑，以曾從龍爲樞密使、督視江淮軍馬，魏了翁同簽書樞密院事、督視京湖軍馬，鄭性之兼權參知政事。戊辰，詔兩督府各給金千兩、銀五萬兩、度牒千、緡錢五百萬，爲隨軍資。臺臣李鳴復論曾從龍、魏了翁督府事，不允。戊子，安南國貢方物。

十二月庚寅，曾從龍六疏乞寢樞密使命，依舊知樞密院事、督視江淮軍馬。詔許辭樞密使。以魏了翁兼督視江淮軍馬。癸巳，四川制置司遣將斬叛軍首賊蒲世興於萬州。己亥，塡星守天街星。庚子，詔官告院製修武郎以下告身給督視府。太陰入井。壬寅，魏了翁陛辭，詔事干機速，許便宜行之。吳潛樞密都承旨、督府參謀官，趙善瀚、馬光祖督府參議官。甲辰，曾從龍薨，贈少師。余嶸同簽書樞密院事。庚戌，故參知政事李壁謚文懿。辛亥，雷。

三年春正月己未朔，以星行失度，雷發非時，罷天基節宴。詔勸農桑。賜安南國王封爵、襲衣、金帶。丁卯，塡星犯畢。壬申，大元兵連攻洪山，張順、翁大成等以兵捍禦之。

二月甲午，詔以大元兵攻江陵，統制李復明奮勇戰沒，其贈三秩，仍官其二子，死傷士卒，趣具姓名來上。壬寅，詔侍從、臺諫、給舍條具邊防事宜。甲辰，起居郎吳泳上疏論淮、蜀、京、襄捍禦十事，不報。詔魏了翁依舊端明殿學士、簽書樞密院事，其速赴闕。詔史嵩之淮西制置使兼副使。辛亥，日暈周匝。甲寅，左曹郎官趙以夫上備邊十策。

三月乙亥，吳潛赴闕。是月，襄陽北軍主將王旻、李伯淵焚城郭倉庫，相繼降北。時城中官民兵四萬七千有奇，其財粟三十萬、軍器二十四庫皆亡，金銀鹽鈔不與焉。南軍主將李虎乘火縱掠，襄陽爲空。制置使趙范坐失撫御，致南北軍交爭造亂，詔削官三秩，落龍圖閣學士，姑仍制置職任。階、岷、疊、宕十八族降。有諜者以檄招曹友聞軍降，友聞斬之以聞。

夏四月丙申，太陰入太微垣。己酉，魏了翁乞歸田里，詔不允，以資政殿學士知潭州。癸丑，詔悔開邊，責己，其京湖、興沔州軍縣鎭見繫囚情理輕者釋之。

五月戊寅，提舉萬壽觀洪咨夔依舊兼侍讀。己卯，有流星出心，大如太白。辛巳，太陰入畢。甲申，趙葵華文閣直學士、淮東安撫制置使兼知揚州。

六月丁亥，流星夕隕。己亥，洪咨夔卒，詔與執政恩例，贈二秩，謚忠文。癸卯，熒惑、塡星合于畢。丙午，熒惑犯塡星。庚戌，大雨雹。

秋七月丁巳，祈晴。詔：「權徐州國安用力戰而歿，已贈順昌軍節度使，仍官其子國興承節郎。」庚申，以趙范失襄城，罪重罰輕，詔罷職奉祠。辛酉，太陰入氐。丁卯，以鄭性之參知政事，李鳴復簽書樞密院事。戊辰，監察御史杜範、吳昌裔以言事不報，上疏乞罷官，詔改授範太常少卿，昌裔太常卿。庚午，熒惑入井。戊寅，太陰入東井。甲申，雨血。

八月丙戌，詔趙范更削兩秩，謫居建寧府，李虎削三秩，落刺史，罷御器械，各令任責捍禦自效。癸卯，詔前龍圖閣學士、光祿大夫、贈開府儀同三司傅伯成謚忠簡。

九月庚申，太白、歲星合于尾。庚午，雷。辛未，祀明堂，大赦。雷雨。乙亥，左丞相兼樞密使鄭清之罷爲觀文殿大學士、醴泉觀使兼侍讀，右丞相兼樞密使喬行簡罷爲觀文殿大學士、醴泉觀使兼侍讀。以崔與之爲右丞相兼樞密使。壬午，驍衛大將軍、利州駐劄御前諸軍統制曹友聞與大元兵大戰于大安軍陽平關，兵敗，死之，詔贈龍圖閣學士、大中大夫，謚毅節，立廟曰褒忠，官其二子承務郎。

冬十月乙酉，詔：「殿前司將胡斌，曩死邵武之寇，贈武節大夫，有司爲立後授官，因舊廟賜額。宗室師櫝死尤溪之戰，贈武節郎，官其一子進義校尉，立廟林嶺。」甲午，詔：「沿江制置使陳韡應援淮東，授淮西制置使兼沿江制置副使史嵩之應援江陵、峽州江面上流。」壬寅，大元兵破固始縣，淮西將呂文信、杜林率潰兵數萬叛，六安、霍丘皆爲羣盜所據。丙午，安南國貢方物，詔授金紫光祿大夫、靜海軍節度、觀察等使，賜襲衣、金銀帶。大元太子闊端兵離成都，大元兵破文州，守臣劉銳、通判趙汝鄘死之。

十一月戊午，詔嗣秀王師彌授少師。丙寅，以喬行簡爲特進、左丞相兼樞密使，封肅國公。大元兵圍光州，詔史嵩之援光，趙葵援合肥，陳韡遏和州，爲淮西聲援。戊辰，魏了翁依舊資政殿學士，知紹興府、浙東安撫使，吳潛、袁甫、徐淸叟赴闕。壬申，詔侍從、兩省、臺諫、卿監、宰掾、樞屬、郎官、鈐轄，各陳防邊方略。甲戌，太陰入太微垣。戊寅，復成都府。

十二月戊戌，以吳淵戶部侍郎、淮東總領財賦兼知鎭江府。壬寅，詔改明年爲嘉熙元年。癸卯，鄭淸之辭免觀文殿大學士、醴泉觀使兼侍讀，詔仍舊觀文殿大學士、提擧洞霄宮。丁未，宣繒薨，以定策功，贈太師，謚忠靖。甲寅，池州都統趙邦永以援滁州功，詔邦永轉左武大夫，其餘立功將士，具等第、姓名推賞。

嘉熙元年春正月乙卯，以魏了翁知福州兼福建安撫使。丁巳，詔京西兵馬都監、隨州駐箚程再暹官三轉，帶行閤門宣贊舍人、京西鈐轄兼知隨州，賞其洪山戰功，餘有功將士趣以名上。辛酉，以李𡌴同知樞密院事、四川宣撫使。甲子，詔：「兩淮、荆襄之民，避地江南，沿江州縣，間有招集振卹，尙慮恩惠不周，流離失所。江陰、鎭江、建寧〔三〕、太平、池、江、興國、鄂、岳、江陵境內流民，其計口給米，期十日竣事以聞。」癸酉，熒惑守鬼宿。壬午，流星大如太白。

二月癸未朔，以鄭性之知樞密院事兼參知政事，鄒應龍端明殿學士、簽書樞密院事，李宗勉同簽書樞密院事。李鳴復罷，以資政殿學士知紹興府。乙酉，葛洪薨。壬寅，雨雹。丙申，詔：「忠義選鋒張順、屈仲等，以舟師戰公安縣之巴芒有功，各官一轉，餘推恩有差。」癸卯，詔以朱熹通鑑綱目下國子監，并進經筵。己酉，太白晝見，日暈周匝。

三月癸亥，日生背氣。己巳，詔陳韡、史嵩之、趙葵各官兩轉。乙亥，魏了翁薨，贈少師，賜謚文靖。以孟珙爲忠州團練使、知江陵府、京西湖北安撫副使，別之傑寶章閣待制、知太平州。

夏四月壬午朔，以李𡌴同知樞密院事、四川宣撫使、知成都府。壬辰，弟貴謙保康軍節度使，仍奉朝請，進封天水郡開國侯，加食邑；與芮武康軍節度使、提舉萬壽觀，仍奉朝請，進封開國子。丙申，詔：「兩淮策應軍戰宣化，兩軍殺傷相當，陣亡將校李仙、王海、李雄、廖雷各贈武翼大夫，餘贈官有差。」庚子，熒惑犯權星。丙午，詔：「沔州諸鎭將帥，昨以大元兵壓境，皆棄官遁。夔路鈐轄、知恩州田興隆，獨自大安德勝堡至潼川，逆戰數合，雖兵寡不敵，而忠節可尙，特與官一轉。」

差。五月丙辰，袁韶薨。太陰犯熒惑。壬申，京城大火。丙子，熒惑犯將星。

六月壬辰，詔賞蘄州都統制萬文勝、知州徐㮚守城之功，將士在行間者，論功補官有差。癸巳，以鄒應龍爲資政殿學士、知慶元府、沿海制置使。乙未，太白、塡星合于井。甲辰，祈雨。丙午，以吳潛爲工部侍郎、知慶元府兼沿海制置使。知黃州兼淮西安撫使、本路提刑李壽朋，被命三月，不卽便途之官，遂還私舍，詔削三秩，送建昌軍居住。詔建內小學，擇宗子十歲以下資質美者二三人，置師教之。

秋七月壬子，湖北提舉董槐朝辭，奏楮幣物價重輕之弊。己未，樞密院言：「大元兵自光州、信陽抵合肥，制司參議官李曾伯、廬州守臣趙勝、都統王福戰守，俱有勞效。」詔曾伯等十一人各官一轉。辛酉，太陰犯歲星、塡星入井。庚午，歲星守建星。壬申，日生背氣。癸酉，太陰入井。

八月甲申，太師、秦國公汝愚追封福王。乙酉，塡星犯井。癸巳，以李鳴復參知政事，李宗勉簽書樞密院事。甲辰，詔：蜀雞冠隘都統王宣戰歿，其總管吳桂棄所守走，又縱部伍剽刼，削三官勒停。

九月壬子，塡星留于井。癸丑，有流星出七公西星，至濁沒。丁巳，雷。

冬十月戊戌，有流星大如桃。

十一月戊辰，詔陳韡、史嵩之、趙葵於沿江、淮、漢州軍，備舟師戰具，防遏衝要堡隘。辛未，太史言十二月朔日食將既，日與金、木、水、火四星俱纏于斗。詔損膳避朝，庶圖消弭，其令有司檢會故實以聞。

十二月戊寅朔，日有食之。

二年春正月戊申朔，詔令侍從、臺諫、卿監、郎官、帥臣、監司、前宰執侍從舉曉暢兵財各二人，三衙、諸軍統制舉將材二人。己未，詔史嵩之、趙葵應援黃州、安豐，其立功將士等第亟具名以聞；光州、信陽二城，共圖克復。辛酉，詔：史嵩之進端明殿學士，視執政恩數；趙葵刑部尚書，制置並如舊；余玠知招信軍兼淮東制置司參議官，進三秩；孟珙寧遠軍承宣使，依舊帶御器械。史嵩之端明殿學士，依舊京湖安撫制置使兼沿江制置副使、兼知鄂州，召赴闕。甲子，兩浙轉運判官王埜察訪江面還，進對，劾吳潛知平江府不法厲民數事。詔埜直華文閣、知建寧府。

二月甲申，大理少卿朱揚祖充押伴使，借章服、金魚。庚寅，詔史嵩之以參知政事督視京西、荊湖南北路、江西軍馬，置司鄂州。癸巳，大宗正丞賈似道奏言：「北使將至，地界、名稱、歲例，宜有成說。」又奏：「裕財之道，莫急於去贓吏，藝祖治贓吏，杖殺朝堂，孝宗眞决刺面，今日行之，則財自裕。」戊戌，詔：「近覽李𡌴奏，知蜀漸次收復，然創殘之餘，綏撫爲急，宜施蕩宥之澤。淮西被兵，恩澤亦如之。其降德音，諭朕軫恤之意。」大元再遣王檝來。辛丑，檝還，以朱揚祖充送伴使。癸卯，以孟珙爲京湖安撫制置副使，置司松滋縣。

三月己丑，命將作監周次說爲大元通好使。壬子，以李心傳爲祕書少監、史館修撰，修高宗、孝宗、光宗、寧宗四朝國史、實錄。癸丑，以高定子爲中書舍人、京湖江西督視參贊軍事。庚申，詔史嵩之兼督視光、蘄、黃、夔、施州軍馬。戊辰，發行都會子二百萬、并湖廣九百萬。下都督參政行府犒師。乙亥，詔四川被兵州、軍、府、縣、鎮幷轉輸勞役之所，見禁囚人情理輕者釋之。詔四川帥臣招集流民復業，給種與牛，優與振贍。

夏四月癸未，以李𡌴同簽書樞密院事，督視江淮、京湖軍馬。己酉，雨土。太陰入太微垣。

閏月丁未，太陰入井。甲子，有流星大如太白。壬申，賜禮部進士周坦以下四百二十二人及第、出身有差。

五月辛巳，太白晝見。癸未，以李鳴復知樞密院事，李宗勉參知政事，余天錫簽書樞密院事。甲申，喬行簡請「以兵事委李鳴復，財用委李宗勉，楮幣委余天錫，當會議者，臣則參酌行之」。詔允所請。詔：嚴州布衣錢時、成忠郎吳如愚以隱居著書，並選爲祕閣校勘。丙戌詔崔與之提舉洞霄宮，任便居住，李鳴復復參知政事。壬寅，歲星犯壁壘陣。

六月甲辰朔，流星晝隕。戊申，吳淵知太平州，措置采石江防。以吳潛爲淮東總領財賦、知鎮江府。丙寅，李𡌴薨，特贈資政殿大學士。

秋七月壬午，以霖雨不止，烈風大作，詔避殿、減膳、徹樂，令中外之臣極言闕失。辛卯，有流星大如太白。壬寅，熒惑犯鬼，積尸氣。

八月辛酉，太白晝見經天。癸亥，流星晝隕。

九月壬午，熒惑犯權星。子維生。甲申，封宮人謝氏爲永寧郡夫人。乙未，有流星大如太白。

冬十月庚戌，雷。丁卯，吳潛言：「宗子趙時㬊集眞、滁、豐、濠四郡流民十餘萬，團結十七砦。其強壯二萬可籍爲兵，近調五百援合肥，宜補時㬊官。又沙上蘆場田可得二十餘萬畝，賣之以贍流民，以佐砦兵。」從之。熒惑入太微垣。戊辰，太白入于氐。己巳，日生黑子。辛未，復光州。

十一月甲申，子維薨，追封祁王，謚沖昭。

十二月丙午，光州守臣董垚臣伏誅，司戶柳臣舉配雷州。乙卯，詔：四川諸州縣鹽酒榷額，自明年始更減免三年，其四路合發總所綱運者亦免。戊辰，詔：諸路和糴給時直，平概量，毋科抑，申嚴收租苛取之禁。己巳，出祠牒、會子共七百萬紙，給四川制司爲三年生券。

三年春正月癸酉，以喬行簡爲少傅、平章軍國重事，封益國公；李宗勉爲左丞相兼樞密使；史嵩之右丞相兼樞密使，督視兩淮、四川、京湖軍馬；余天錫參知政事；游侶同簽書樞密院事。

二月丙午，詔史嵩之依舊兼都督江西、湖南軍馬。丁卯，又命嵩之都督江淮、京湖、四川軍馬。己巳，竄趙邦永，坐救滁不進兵。

三月辛未朔，以吳潛爲數文閣直學士、沿海制置使兼知慶元府。甲戌，以別之傑權兵部尚書，依舊沿江制置安撫使兼都督行府參贊軍事，李曾伯兼都督行府參議官，孟珙兼都督行府參謀官。流星晝隕。辛卯，雨土。

夏四月壬寅，祈雨。癸卯，以吳淵權工部尚書、沿江制置副使、知江州。

五月辛未，熒惑犯太微垣執法星。戊寅，以吳潛爲兵部尚書、浙西制置使、知鎭江府。

辛卯，喬行簡五疏乞罷機政，詔不允。

秋七月庚午，以董槐知江州兼都督行府參議官。甲申，以吳淵兼都督行府參贊軍事。

八月戊戌朔，以浙江潮患，告天地、宗廟、社稷。以游侶參知政事，許應龍簽書樞密院事，林略同簽書樞密院事。己亥，熒惑入氐。辛丑，太陰入氐。有流星大如太白。丁亥，熒惑犯房宿。

九月辛巳，祀明堂，大赦。壬午，淮西敢勇將官陸旺、李威特與官三轉，同出戰二百人官兩轉，以賞廬州磨店北之功，其陣沒者優與撫恤。

冬十月丁未，故太師魯王謝深甫賜謚惠正。己未，出祠牒百給濟處州。秉義郎李良守鄂州長壽縣，沒於戰陣，詔贈官三轉。癸亥，熒惑、太白合于斗。乙丑，虹見。

十一月丙子，以范鍾簽書樞密院事。

十二月己未，觀文殿大學士崔與之薨，贈少師，謚清獻。辛酉，太白晝見。甲子，復夔州，錄荆鄂都統張順、孟璋等將士戰功。

四年春正月辛未，彗星出營室。庚辰，以星變下詔罪己。辛巳，有流星大如太白。甲午，彗星犯王良第二星。

二月丙申朔，日生背氣。戊戌，大赦。辛丑，流星晝隕。白虹貫日。丁未，太白晝見。癸丑，以孟珙爲四川宣撫使兼知夔州，節制歸、峽、鼎、澧州軍馬。丙辰，白氣亘天。

三月辛未，詔四川安撫制置副使彭大雅削三秩。彗星消伏。乙酉，流星晝隕。

夏四月壬寅，前潼川運判吳申進對，因論蜀事，爲上言：「鄭損棄邊郡不守，桂如淵啓潰卒爲亂，趙彥呐忌忠勇不救，彭大雅險譎變詐，殊費關防。宜進孟珙於夔門。夔事力固乏，東南能助之，則夔足以自立。」又言：「張祥有保全趙彥呐、楊恢兩制置之功，敵人憚其果毅，宜見錄用。」上嘉納之。乙巳，詔史嵩之進三秩，依前右丞相兼樞密使，卽日徹都督局。

五月庚午，太陰入太微垣，歲星、太白合于婁。甲戌，太陰入氐。乙亥，子壽國公薨。戊子，命吳潛兼侍讀，李性傳兼侍講。

六月甲午朔，江、浙、福建大旱，蝗。乙未，祈雨。己亥，太白犯畢。辛丑，追封閬州簽廳陳承己妻彭氏爲恭人，賜廟閬州，以強寇入奉國縣市，承己爲賊所創，彭罵賊死之。辛亥，追贈儒林郎王翬爲通直郎，官其一子爲文學，以丙申蜀破，翬闔門死於兵。癸丑，太白犯天關星。戊午，有流星大如太白。

秋七月乙丑，詔：「今夏六月恒陽，飛蝗爲孽，朕德未修，民瘼尤甚，中外臣僚其直言闕失毋隱。」又詔有司振災恤刑。太白入井。甲戌，太白、熒惑合于井。己丑，熒惑、太白合于鬼。

八月己酉，熒惑、塡星合于柳，太白犯權星大星。癸丑，熒惑犯塡星。

九月乙丑，詔余玠進三秩，直華文閣、淮東提刑、節制招信軍屯戍軍馬。以玠昨帥舟師溯淮入河抵汴，所向有功，全師而還。至是，論功定賞，是役將士趣以名上所司議推恩。

冬十月癸巳，詔改明年爲淳祐元年。丁巳，命余玠兼節制應天府、泗、宿、永、海、邳、徐、漣水屯戍軍馬。

十一月甲子，熒惑入太微垣。己巳，熒惑犯太微垣左執法星。癸酉，詔：武功大夫、荆鄂都統制張順，以私錢招襄、漢潰卒，創忠義、虎翼兩軍及援安慶、池州有功，特與官兩轉。丙子，與芮妻錢氏封安康郡夫人。辛巳，熒惑犯太微上相垣。

十二月甲辰，奉國軍節度使、提舉萬壽觀多謨薨。丙辰，地震。己未，詔求直言。

閏十二月丙寅，李宗勉薨，贈少師，賜謚文淸。以游侶知樞密院事兼參知政事，范鍾參知政事，徐榮叟簽書樞密院事。庚午，詔繫囚情理輕者釋之。乙亥，詔民間賦輸仍用錢會中半，其會半以十八界直納，半以十七界紐納。戊寅，以吳潛爲福建安撫使，史宅之爲浙東安撫使。

淳祐元年春正月庚寅朔，詔舉文武才。庚子，雷。甲辰，詔：「朕惟孔子之道，自孟軻後不得其傳，至我朝周惇頤、張載、程顥、程頤，眞見實踐，深探聖域，千載絶學，始有指歸。中興以來，又得朱熹精思明辨，表裏混融，使大學、論、孟、中庸之書，本末洞徹，孔子之道，益以大明于世。朕每觀五臣論著，啓沃良多，今視學有日，其令學官列諸從祀，以示崇奬之意。」

尋以王安石謂「天命不足畏，祖宗不足法，人言不足恤」，爲萬世罪人，豈宜從祀孔子廟庭，黜之。丙午，封周惇頤爲汝南伯，張載郿伯，程顥河南伯，程頤伊陽伯。丁未，太陰入氐。戊申，幸太學謁孔子，遂御崇化堂，命祭酒曹觱講禮記大學篇，監學官各進一秩，諸生推恩錫帛有差。製道統十三贊，就賜國子監宣示諸生。

二月戊寅，日生暈。壬午，喬行簡薨，謚文惠。

夏四月丁丑，詔以與芮爲開府儀同三司、萬壽觀使、嗣榮王，貴謙開府儀同三司、嗣沂王。辛巳，以賈似道爲太府少卿、湖廣總領財賦。

五月庚寅，以少師、保寧軍節度使、判大宗正事、嗣秀王師彌爲太子少保，奉國軍節度使、充萬壽觀使師貢爲少師。己亥，詔沿江淮西制置使別之傑任責邊防。戊申，賜禮部進士徐儼夫以下三百六十七人及第、出身有差。

六月庚申，太白晝見。螟。癸酉，有流星大如太白。己卯，流星晝隕。丙戌，熒惑入氐。

秋七月壬辰，祈雨。

八月辛巳，楊石薨，贈太師。

冬十月庚辰，太白入氐。

十一月戊戌，太白晝見。己亥，淮東提刑余玠以舟師解安豐之圍。己巳，太白經天晝見。

十二月丁卯，余天錫薨，贈太師，賜謚忠惠。丁丑，侍御史金淵言：彭大雅貪黷殘忍，蜀人銜怨，罪重罰輕，乞更竄責。詔除名，贛州居住。

二年春正月甲申朔，詔作新吏治。戊戌，右丞相史嵩之等進玉牒及中興四朝國史、孝宗經武要略、寧宗玉牒日曆會要實錄。

二月甲戌，以游侶知紹興府、浙東安撫使，請祠祿，詔提舉洞霄宮。范鍾知樞密院事兼參知政事，徐榮叟參知政事，趙葵賜進士出身、同知樞密院事，別之傑簽書樞密院事。

三月戊子，詔和州、無爲軍、安慶府，並聽沿江制置司節制。詔今後州縣官有罪，諸帥司毋輒加杖責。

夏四月甲寅，白氣亘天。壬申，雨雹。

五月己亥，淮東制置副使余玠進對。戊申，臺臣言知建寧府吳潛有三罪，詔奪職，罷新任。己酉，以趙葵爲湖南安撫使、知潭州。

六月壬子朔，徐榮叟乞歸田里，從之。丁巳，詔以余玠爲四川宣諭使，事干機速，許同制臣共議措置，先行後奏，仍給金字符、黃榜各十，以備招撫。丙寅，以別之傑同知樞密院事兼權參知政事，高定子簽書樞密院事，杜範同簽書樞密院事。是月盛夏積雨，浙右大水。丁丑，歲星犯井。

秋七月辛巳朔，常、潤、建康大水，兩淮尤甚。

八月丁卯，詔：淮東先鋒馬軍鄧淳、李海等揚州撻扒店之戰，宣勞居多，各官兩轉，餘推恩有差。

九月庚辰朔，日有食之。己丑，雷。辛卯，祀明堂，大赦。癸巳，詔：「淮東忠勇軍統領王温等二十四人戰天長縣東，衆寡不敵，皆沒於陣。贈温武翼大夫、吉州刺史，其子興國補保義郎，更官其一子承信郎，厚賜其家。餘人恤典有差。」

冬十月甲寅，史嵩之進封永國公。乙丑，大元兵大入通州。

十一月辛卯，詔諭兩淮節制李曾伯，毋以通州被兵之故，不安厥職，其督勵諸將，勉圖後功。己亥，日南至，雷電交作，詔避殿減膳，求直言。癸卯，詔決中外繫囚。

十二月己未，詔：「通州守臣杜霆，兵至棄城弗守，載其私帑渡江以遁，遂致民被屠戮，雖已奪三秩，厥罰猶輕。其追毁出身以來文字，竄南雄州。」壬戌，太白晝見。癸亥，大元兵連攻敍州，帳前都統楊大全等水陸並進，自卯至午戰十數合，歿于行伍。詔贈武節大夫、眉州防禦使，官其二子承節郎。丙寅，以孟珙爲檢校少保，依舊寧武軍節度使、京湖安撫制置大使、夔路策應大使，余玠權賫政殿學士、湖南安撫大使兼知潭州〔三〕，趙葵資政殿大學士、福建安撫使、知福州。

三年春正月戊寅朔，以高定子兼參知政事。庚辰，熒惑入氐。乙未，以李曾伯爲華文閣待制，依舊淮東西制置使、知揚州；杜杲敷文閣學士，依舊沿江制置使、知建康府；董槐祕閣修撰，依舊沿江制置副使、知江州、主管江西安撫司事。辛丑，詔安南國王陳日煚元賜功臣號，特增「守義」二字〔四〕。

二月乙丑，以呂文德爲福州觀察使、侍衞馬軍副都指揮使，總統兩淮出戰軍馬，捍禦邊陲。庚午，以郢州推官黃從龍死節，詔贈通直郎，一子補下州文學。

三月丁丑朔，日有食之。

夏四月癸丑，左武衞中郎將、濠州措置捍禦王烈，閤門宣贊、淮西路鈐王杰，閤門祗候、江東路鈐李季實，往馬帥王鑑軍前議事，遇大元兵戰死，贈官，仍各官其二子。乙卯，嘉定守臣程立之固守，詔官一轉。丙辰，安豐軍統領陳友直以王家堈戰功，與官兩轉。壬申，布衣王與之進所著周禮訂議，補下州文學。

五月庚子，詔施州創築郡城及關隘六十餘所，本州將士及忠州戍卒執役三年者，各補轉一官。

六月甲戌，有流星大如太白出于氐。

秋七月丁亥，詔海州屯駐借補保義郎申政，宻州之役先登陷陣，後以戰沒，特贈保義郎，官其子進勇副尉。太白入井。壬辰，四川制司言：大元兵破大安軍，忠義副總管楊世威堅守魚孔隘，孤壘不降，有特立之操，可任責邊防。詔以世威就知大安軍。甲午，日生格氣。己亥，太白經天晝見。

八月乙卯，流星晝隕。癸亥，詔福州延祥、荻蘆兩砦，併置武濟水軍，摘本州廂禁習水者充，千五百人爲額。

閏月丁丑，四川總領余玠言，知巴州向佺、鈐轄譚淵，白土坪等戰有功。詔佺等十八人各官三轉，餘轉官有差；其中創人各給緡錢百，陣沒者趣上姓名，贈恤其家。太白犯權星。壬寅，太白塡星合于翼。

九月壬申，詔蠲高郵民耕荒田租。

冬十月丙戌，太白入于氐。

十二月己丑，史嵩之五請祠，不允。

校勘記

〔一〕僉給事中僉侍讀陳卓　按宋史全文卷三二作「守吏部尚書僉給事中僉侍讀陳卓」。

〔二〕建寧　這句列舉沿江州縣，但是建寧幷不沿江，疑是「建康」之誤。

〔三〕余玠權資政殿學士湖南安撫大使僉知潭州　此處史有脫文。按宋史全文卷三三說：「余玠權兵部侍郎、四川安撫制置使僉知重慶府」，「別之傑爲資政殿大學士、湖南安撫大使僉知潭州」。本書卷四一六本傳，卷二一四宰輔表淳祐二年十二月丙寅條、卷四一九別之傑傳，與宋史全文同，據此，「權」下疑脫「兵部侍郎四川安撫制置使僉知重慶府別之傑爲」之文。

〔四〕特增守義二字　「增」，原作「贈」，據本書卷四八八交阯傳改。

宋史卷四十三

本紀第四十三

理宗三

四年春正月壬寅朔，詔邊將毋擅興暴掠，虐殺無辜，以慰中原遺黎之望。帝製訓廉、謹刑二銘，戒飭中外。以李鳴復參知政事；杜範同知樞密院事；劉伯正簽書樞密院事；余玠華文閣待制，依舊四川安撫制置使、知重慶府兼四川總領財賦；李曾伯寶章閣直學士，依舊淮東安撫制置使、知揚州兼淮西制置使。戊午，樞密院言：「四川帥臣余玠，大小三十六戰，多有勞效，宜第功行賞。」詔玠趣上立功將士姓名等第，卽與推恩。庚申，以余玠兼四川屯田使。

二月癸酉，出封樁庫緡錢各十萬，命兩淮、京湖、四川制司收瘞頻年交兵遺骸，立爲義塚。

夏四月丁丑，有流星大如太白，出于尾。癸未，塡星守太微垣。乙未，祈雨。

五月庚戌，余玠言：「利閬城大獲山、蓬州城營山、渠州城大良平、嘉定城舊治、瀘州城神臂山，諸城工役，次第就緒。神臂山城成，知瀘州曹致大厥功可嘉，乞推賞以勵其餘。」詔致大帶行遙郡刺史。丁巳，武功大夫、雄威軍都統制楊价世守南邊，連年調戍播州，捍禦勤瘁，詔价轉右武大夫、文州刺史。戊午，大元兵圍壽春府，呂文德節制水陸諸軍解圍有功，詔赴樞密院稟議，發緡錢百萬，詣兩淮制司犒師。庚申，守闕進勇副尉桂虎、進義副尉楚富、吐渾將虞候鄭蔡，捍禦壽春，俱有勞效，詔各官資兩轉，給緡錢千。乙丑，前簽書樞密院事鄒應龍薨，贈少保、監察御史。胡清獻劾淮西提刑徐敏子三罪，詔削兩秩，送江州居住。

六月庚午朔，呂文德依舊侍衞馬軍副都指揮使兼淮西招撫使、知濠州。乙亥，賜禮部進士留夢炎以下四百二十四人及第、出身有差。壬午，詔：安豐軍策應解壽春圍將士補轉官資有差。詔：壽春一軍先涉大海，擣山東膠、密諸州有功，今大元兵圍城，能守城不隳，其立功將士皆補轉有差。乙未，有流星大如太白出于畢。丙申，吳潛提舉隆興府玉隆萬壽宮，任便居住。

秋七月己亥朔，祈雨。乙卯，招收沿淮失業壯丁爲武勝軍，以五千人爲額。辛酉，盜發永州東安縣，飛虎軍正將吳龍、統制鄭存等討捕有功，詔補轉官資有差。甲子，詔：「故直龍圖閣項安世正學直節，先朝名儒，可特贈集英殿修撰。」

八月壬辰，太白晝見。

九月癸卯，右丞相史嵩之以父病謁告，許之，詔范鍾、劉伯正暫領相事。甲辰，史彌忠卒，贈少師，封鄭國公，賜謚文靖。詔史嵩之起復右丞相兼樞密使。癸丑，熒惑、填星合于軫。甲寅，京湖制司言，諸將李福等破申州、蔡州西平縣城壁及馬家等砦，詔將士各補官推賞有差。己未，將作監徐元杰上疏論史嵩之起復，宜許其舉執政自代。帝不允，遂求去，帝曰：「經筵賴卿規益，何事引去耶？」癸亥，太白犯斗宿距星。乙丑，雷。丁卯，雷。臺臣言嚴州及紹興、蕭山等縣，征商煩苛，詔亟罷之。

冬十月甲戌，詔慶元府守臣敦諭史嵩之赴闕，嵩之控辭，不允。壬辰，杜範、游侶提舉萬壽觀兼侍讀〔一〕。

十一月辛丑，詔趣游侶、杜範赴闕。戊申，雷。庚戌，詔陳韡、李性傳赴闕。

十二月庚午，以范鍾爲左丞相兼樞密使，杜範爲右丞相兼樞密使，游侶知樞密院事，劉伯正參知政事兼簽書樞密院事。詔戒飭百官。許右丞相史嵩之終喪。甲戌，以趙葵同知樞密院事。乙亥，鄭清之授少保，依舊觀文殿大學士、醴泉觀使兼侍讀，仍奉朝請，進封衞國公。

五年春正月丁酉朔，詔更新庶政，綏撫中原遺民。丙午，杜範辭免右丞相，不允。己酉，雷。乙卯，以李性傳簽書樞密院事兼權參知政事。

二月丙寅朔，雨土。甲戌，復五河，詔：呂文德進三秩，羊洪進二秩，餘有戰功者推賞，其陣沒人，具姓名贈恤。丁丑，范鍾等上玉牒、日曆及孝宗光宗御集、經武要略、寧宗實錄。壬辰，太白晝見經天。

三月庚子，詔嚴贓吏法，仍命有司舉行彭大雅、程以升、吳淇、徐敏子納賄之罪。準淳熙故事，戒吏貪虐、預借、抑配、重催、取贏。以緡錢百萬犒淮東師。

夏四月甲申，塡星犯上相星。丙戌，杜範薨，贈少傅，謚淸獻。戊子，余玠言權巴州何震之守城死於兵，詔進贈官三秩，一子與下州文學。京湖制司言：「鈐轄王雲等襲鄧州鎭平縣靈山，戰順陽鐵撅峪，皆有勞效，野戰數十合，雲等六人被重創死，路鈐于江一軍力戰。」詔：「王雲贈三秩，仍官其二子爲承信郎，王寬、王立、田秀、董亮、董玉各加贈恤，于江等各轉一官資。」詔李曾伯、余玠、董槐、孟珙、王鑑職事修舉，曾伯、玠升閣職，槐、珙、鑑轉官，並因其任。

五月丁酉，呂文福、夏貴上戰功，詔貴官兩轉，文福帶行閤職。丁未，詔：「沿江、湖南、江西、湖廣、兩浙制帥漕司及許浦水軍司，共造輕捷戰船千艘，置遊擊軍壯士三萬人，分備捍禦。」戊申，日生赤黃背氣。辛亥，詔董槐赴闕。丁巳，淮東制置使李曾伯辭免煥章閣學士，從之。

六月甲申，祈雨。丙戌，工部侍郎徐元杰暴卒，贈四秩。置詔獄。

秋七月癸巳朔，日有食之。旱。辛丑，鎮江、常州亢旱，詔監司、守臣及沿江諸郡安集流民。甲辰，祈雨。乙卯，詔給徐元杰、劉漢弼官田五百畝、緡錢五千，恤其家。丁巳，京湖制司言總制亢國用師衆戰裕州拐河〔三〕，戰黑山，戰大神山，皆有勞効。詔國用官兩轉，李山等四十七人官一轉。呂文德言與大元兵戰五河隘口，又戰于濠州，大元兵還。詔文德：屯駐諸軍戰守將士，推恩有差。

八月庚辰，范鍾再乞歸田，不允。

九月甲辰，京湖制置司言：「劉整等率精銳以雲梯四面登鎮平縣城，入城巷戰，焚城中倉庫、糗糧、器甲，路將武勝等四人死之；略廣陽，焚列屯、砦栅、廬舍凡二十餘所；還抵靈山，又力戰有功。」詔整官兩轉，同行蔡貴等二百二十人各官一轉。辛亥，祀明堂，奉太祖、太宗、寧宗並侑，大赦。

冬十一月乙未，鄭清之乞歸田，不允。丙申，詔：師彌典司屬籍，職事修舉，授太傅，加食邑，依前判大宗正事、嗣秀王。壬子，詔：大元兵入蜀，權成都府馮有碩、權漢州王驤、權成都縣楊兌、權資州劉永、權潼川府魏霳死于官守，其各贈官三轉，仍官其一子。癸丑，詔：將領闞貴、統制白傅才率衆復洋州，還遇大元兵交戰，將士百五十三人皆陣沒，已祔饗閔忠廟，贍恤其家。闞貴、白傅才各贈承節郎，官其一子進勇副尉。

十二月甲戌，詔壽春守臣劉雄飛等以大元兵圍城捍禦有功，雄飛及呂文福、林子宻等十一人各官三轉，劉用等補轉官資有差。己卯，以游侣爲右丞相兼樞密使；鄭淸之爲少師、奉國軍節度使，依前醴泉觀使兼侍讀，仍奉朝請，賜玉帶及賜第行在。兄與懽換授安德軍節度使、開府儀同三司、萬壽觀使，仍奉朝請；弟嗣沂王貴謙、嗣榮王與芮並加授少保。以趙葵知樞密院事兼參知政事，李性傳同知樞密院事，陳韡兼參知政事。壬午，太史奏來歲正旦日當食，詔以是月二十一日避殿減膳，命百司講行闕政，凡可以消弭災變者，直言毋隱。

六年春正月辛卯朔，日有食之。置國用所，命趙與懃爲提領官。

二月戊辰，范鍾再乞歸田里，詔官三轉，觀文殿大學士、醴泉觀使兼侍讀。己巳，范鍾再辭，詔提舉洞霄宮，任便居住。庚午，以劉雄飛知壽春府，節制屯田軍馬。

三月癸巳，日暈周帀，珥氣。

夏四月辛酉，太白晝見。壬戌，太陰犯太白。甲戌，以丘岳兼兩淮屯田副使，賈似道兼蘄、黃屯田副使。丁丑，日暈周匝。戊寅，詔：「朱熹門人胡安之、呂燾、蔡模並迪功郎，本州州學教授。給札錄其著述，并條具所欲言者以聞。」

閏四月辛卯，李曾伯以臺諫論，詔落職予祠，尋罷祠祿。戊戌，呂文德言：「今春北兵攻兩淮，統制汪懷忠等逆戰趙家園，拔還俘獲人民；路鈐夏貴，知州王成、倪政等，帥舟師援安豐軍，所至數戰，將士陣亡者衆。」詔：「倪政贈官三轉，官一子承信郎；許通、夏珪、孫才、江德仙各贈官兩轉，官其一子下班祗應，給緡錢恤其家；餘立功將士恩賞有差。」辛丑，月暈五重。癸卯，余玠言：北兵分四道入蜀，將士捍禦有功者，輒以便宜推賞，具立功等第補轉官資以聞。詔從之。

五月庚申，詔賈似道措置淮西山砦城築。壬戌，太白犯權星。己卯，詔諸鎭募兵、造舟、置馬，帥臣其務奬激將士，以嚴邊防。

六月甲午，保信軍節度使希烝薨。丙午，祈雨。壬子，以陳韡參知政事兼同知樞密院事。乙卯，臺臣言李鳴復、劉伯正進則害善類，退則蠹州里。詔鳴復落職罷宮觀，伯正削一秩。

秋七月壬戌，泉州歲饑，其民謝應瑞非因有司勸分，自出私錢四十餘萬糴米以振鄉井，所全活甚衆，詔補進義校尉。丁卯，太陰犯斗。己巳，呂文德言：「北兵圍壽春城，州師至黃家穴，總管孫琦、呂文信、夏貴等戰龍堽，有功。」詔文德官一轉，餘依等第轉補；其陣沒董先等二十二人，傷者四百三十七人，贈恤恩賞有差。癸酉，有流星出自室，大如太白。

八月辛卯，太陰犯房。己酉，賜文士劉克莊進士出身，以爲秘書少監兼國史院編修官、實錄院檢討官。壬子，太白晝見。癸丑，以劉克莊兼崇政殿說書。樞密院言：「前知普州何叔丁、簽書判官楊仁舉，淳祐元年冬北兵攻城，兩家二十餘人死于難，叔丁孫嗣祖、仁舉幼子胄翁被俘逃歸。」詔叔丁等贈官恤後有差。

九月甲子，有流星出于斗，大如太白。戊辰，以賈似道爲敷文閣直學士、京湖制置使、知江陵府兼夔路策應使。太白晝見。癸酉，孟珙薨，贈少師。

冬十月己丑，少保、嗣榮王與芮之子賜名孟啓，授貴州刺史。乙未，塡星、歲星、熒惑合于亢。己酉，太白入氐。

十一月癸亥，歲星入氐。甲戌，右丞相游佀五請歸田里，詔不允。辛巳，詔：「北兵入蜀，前四川制置使陳隆之闔家數百口罹害，死不易節，其特賜徽猷閣待制，官其二子，賜謚立廟。死事史季儉、楊戡子各賜官兩轉，官一子。」

十二月乙未，詔史嵩之依所乞守金紫光祿大夫、觀文殿大學士、永國公致仕〔三〕。臺諫論史嵩之無父無君，醜聲穢行，律以無將之法，罪有餘誅，乞寢宮祠，削官遠竄。

七年春正月乙卯朔，詔：「間者黜逐非才，收召衆正，史嵩之已令致事，示不復用。咨爾二三大臣，其一乃心，務舉實政，以輯寧我邦家。若辭浮于實，玩愒歲月，朕何賴焉。」建資善堂，授孟啓宣州觀察使，就內小學。

二月庚寅，詔：「淮安主簿周子鎔，久俘于北，數遣蠟書諜報邊事，今遂生還，可改朝奉郎，優與升擢。」己亥，貴妃賈氏薨。戊申，日暈周匝。壬子，詔改潛邸爲龍翔宮。

三月庚午，祈雨。

夏四月丁亥，塡星犯亢。庚子，以王伯大簽書樞密院事，吳潛同簽書樞密院事。辛丑，以鄭淸之爲太傅、右丞相兼樞密使，封越國公；游侶罷爲觀文殿大學士、醴泉觀使兼侍讀；趙葵爲樞密使兼參知政事，督視江淮、京西、湖北軍馬；陳韡知樞密院事、湖南安撫大使、知潭州。甲辰，趙葵兼知建康府、行宮留守、江東安撫使，應軍行調度並聽便宜行事；趙希塈禮部尚書、督視行府參贊軍事。庚戌，出緡錢千萬、銀十五萬兩、祠牒千、絹萬，并戶部銀五千萬兩，付督視行府趙葵調用。

五月甲寅，寧淮軍統制張忠戍浮山，手搏北將，俱溺水死，贈武略大夫，官一子承信郎，緡錢五千給其家。祈雨。壬申，以吳潛兼權參知政事。乙亥，御集英殿策士，詔求直言弭旱。

六月癸巳，賜禮部進士張淵微以下五百二十七人及第、出身有差。丙申，以旱避殿減膳。詔中外臣僚士民直陳過失，毋有所諱。戊申，詔：「旱勢未釋，兩淮、襄、蜀及江、閩內地，曾經兵州縣，遺骼暴露，感傷和氣，所屬有司收瘞之。」

秋七月己未，太陰犯心。乙丑，吳潛罷。丁卯，以別之傑參知政事，鄭寀同簽書樞密院事。己卯，吳潛依舊端明殿學士、知福州、福建安撫使。

八月甲申，鄭寀罷。辛卯，雨。辛丑，前彭州守臣宇文景訥死事，詔贈官、進三秩，官一子下州文學。壬寅，詔監司、守臣議荒政以振乏絕，租稅合蠲減者具實來上。甲辰，高定子薨，贈少保。丙午，蔡抗進其父沈尙書解。

九月丙辰，有流星出于室。癸酉，雷。

冬十月辛巳，太白晝見。己酉，臺臣言添差、抽差、攝局、須入、奏辟、改任、薦舉、借補、曠職、匿過十弊〔四〕。

十一月丁巳，詔：「茶陵知縣事黃端卿爲郴寇所害，進官三秩，官一子將仕郎，立廟衡州。」

十二月辛巳，李鳴復卒。壬辰，詔：「太學生程九萬自北脫身來歸，且條上邊事，賜迪功郎。」

八年春二月丁亥，趙葵言呂文德洎諸將解泗州之圍有功，詔補轉推賞有差。戊子，太陰生黃白暈。癸巳，雨雹。乙未，福州福安縣民羅母年過百歲，特封孺人，復其家，敕有司歲時存問，以厚風化。辛丑，趙葵表：「招、泗斷橋，將士用命，兵退。陳奕、譚涓玉、王成等戰渦河、龜山有勞，聞其步兵多山東人，遂調史用政等襲膠州，復襲高密縣，以牽制侵淮之師。」詔趣上立功將士等第、姓名推賞。乙丑，雨雹。甲戌，詔：「先鋒軍統制田智潤泗州潮河壩之戰，父子俱死於兵，贈智潤修武郎，子承節郎，更官其一子承信郎，給緡錢五千恤其家。」

夏四月庚辰，詔淮東制置司於泗州立廟，祠夏皐及張忠、田智潤父子，賜額以旌忠節。丁亥，贈朝奉郎程克己妻王氏同沒王事，進贈安人。

五月癸亥，趙葵進三秩。

六月乙酉，日生赤黃暈周匝。戊戌，以徐鹿卿爲樞密使兼參知政事兼侍講〔五〕。甲辰，有流星出河鼓，大如太白。

秋七月戊申，太白入井。辛亥，以王伯大參知政事，應繇同知樞密院事，謝方叔簽書樞密院事，史宅之同簽書樞密院事，趙與懃資政殿學士，依舊知臨安府、浙西安撫使。癸酉，王伯大罷爲資政殿學士、知建寧府。

九月辛酉，祀明堂，大赦。雷。

冬十月甲戌朔，别之傑三疏乞歸田里，詔以資政殿大學士知紹興府。乙亥，應繇、謝方叔並兼參知政事。己卯，余玠言：「都統制張實等以戰功，承制便宜與官三轉，給刺史象符、金銀器二百兩、銀三百兩、緡錢一萬，餘將士依等第轉官，給金銀符、錢帛有差。」詔命詞、給告身付之。

九年春正月乙巳，孟啓授慶遠軍節度使，進封益國公。庚申，詔周世宗八世孫柴彥穎補承務郎，襲封崇義公。辛酉，詔：「兩淮、京湖沿江曠土，軍民從便耕種，秋成日官不分收，制帥嚴勸諭覺察。」癸亥，詔給官田五百畝，命臨安府創慈幼局，收養道路遺棄初生嬰兒，仍置藥局療貧民疾病。乙丑，雨雹。丁卯，許應龍薨。己巳，范鍾薨，贈少保，謚文肅。辛未，詔以官田三百畝給表忠觀，旌錢氏功德，仍禁樵採。

閏二月甲辰，以鄭清之爲太師、左丞相兼樞密使，進封魏國公；趙葵爲右丞相兼樞密使；應繇、謝方叔並參知政事；史宅之同知樞密院事。乙卯，鄭清之五辭免太師，許之。

三月癸未，以賈似道爲寶文閣學士、京湖安撫制置大使。乙酉，程元鳳江、淮等路都大提點坑冶鑄錢公事兼知饒州。丁亥，詔以四月朔日食，自二十一日避殿減膳徹樂。

夏四月壬寅朔，日有食之。庚戌，趙葵四辭免右丞相兼樞密使，詔不允。

五月己丑，趙葵乞歸田里，又不允。甲午，鄭寀薨。

六月壬戌晝，南方有星，急流至濁沒，大如太白。丙寅，詔邊郡各立廟一，賜額曰「褒忠」，凡沒于王事忠節顯著者，並祠焉，守臣春秋致祀。

秋七月壬辰，詔知吉州李義山更削三秩，監贓錢銀納安邊所。癸酉，太白犯進賢星。

八月己酉，以吳潛爲資政殿學士、知紹興府、浙東安撫使。辛亥，詔趣趙葵治事，命吳淵宣諭赴闕。

九月丙子，詔趙與𥲅提領戶部財用，置新倉，積貯百二十萬，名淳祐倉，許辟官四人。乙未，册命婉容閻氏爲貴妃。

冬十月辛丑，太白入氐。丁卯，諫臣周坦言：知建寧府楊棟任成都制幕時，盡載激賞庫珍寶先遁，陷丁黼于死，致全蜀生靈塗炭。詔褫棟閣職，罷新任。

十一月辛未，太白入氐。壬申，有流星出自織女星。丙子，趙與𥲅資政殿學士、提領國用、浙西安撫使。癸未，應䌛乞歸田里，詔以資政殿學士知平江府。

十二月己亥，以董槐兼侍讀。乙巳，以吳潛同知樞密院事兼參知政事，徐淸叟簽書樞密院事。戊申，太白晝見。戊午，史宅之薨，贈少師。

十年春正月甲午，應繇三乞歸田里，與祠祿。

二月乙卯，雨土。

三月癸未，趙葵辭，以爲觀文殿大學士、醴泉觀使兼侍讀，奉朝請。庚寅，以賈似道爲端明殿學士、兩淮制置大使、淮東安撫使、知揚州；余玠龍圖閣學士，職任依舊；李曾伯徽猷閣學士、京湖安撫制置使、知江陵府。丙申，有流星夕隕。

夏四月己酉，幸龍翔宮。

五月丙寅朔，以福州觀察使、提舉佑神觀善�爲保康軍節度使、提舉萬壽觀、嗣濮王；吳淵資政殿學士，依舊職任，與執政恩數。癸未，賈似道言王登浚築江陵城濠有勞，詔登初官選人，減舉主三員。

八月甲寅，台州大水。

九月甲子朔，賈似道兼淮西安撫使。己巳，賜禮部進士方夢魁以下五百一十三人及第、出身有差。甲戌，進士第一名方夢魁改賜名逢辰。戊寅，以嚴州水，復民田租。

冬十月丁酉，詔郡邑間有水患，其被災細民，隨處發義倉振之。辛酉，詔諸主兵官，今後行罰，毋杖脊以傷人命。

十一月壬申，趙葵授特進，依舊觀文殿大學士、判潭州、湖南安撫大使。壬午，雷。癸未，以雷震非時，自二十四日避殿減膳。詔：「公卿大夫百執事各揚乃職，裨朕不逮。」參知政事謝方叔吳潛、簽書樞密院事徐清叟並乞解機政，詔不允。

十二月壬辰朔，鄭清之乞歸田里，詔不允。戊戌，太白、歲星合于危。丁巳，虹見。

十一年春正月丁卯，詔孟啓改賜名玫，依前慶遠軍節度使，進封建安郡王。己丑，詔沿海沿江州郡，申嚴水軍之制。監察御史程元鳳言，資善堂宜選用重厚篤實之士，上嘉納之。

二月乙未，左丞相鄭清之等上玉牒、日曆、會要及光宗寧宗寶訓、寧宗經武要略。丁酉，詔清之等各進秩有差。庚子，游侶乞致仕，詔依舊觀文殿大學士，進二秩。甲寅，太白犯昴。乙卯，太白晝見。

三月丁卯，少保、保寧軍節度使、嗣濮王不擅薨，贈少師，追封新興郡王。乙亥，雨土。戊寅，以謝方叔知樞密院、參知政事，吳潛參知政事，徐清叟同知樞密院事。辛巳，城寶應，詔移一軍戍守，李庭芝進一秩，將士推恩有差。俞興升成都安撫副使、知嘉定府，任責威、茂、黎、雅邊防。

夏四月戊戌，潭州民林符三世孝行，一門義居，福州陳氏，笄年守志，壽逾九袠，詔皆旌表其門。丁未，進淳祐條法事類凡四百三十篇，鄭清之等各進二秩。

六月甲午，四川余玠奏進北馬五百，詔立功將士趣上姓名推恩。丙申，高達帶行遙郡刺史、權知襄陽府、管內安撫，節制屯戍軍馬。乙巳，詔求遺書幷山林之士有著述者，許上進。

秋七月癸亥，太白晝見。丙寅，太陰入氐。壬申，太白入井。丁丑，有流星出于畢，大如太白。庚辰，前簽書樞密院事陳卓薨，贈少師。

八月己丑朔，流星夕隕。癸巳，太陰入氐。丁酉，熒惑入井。丁未，命呂文福廬州駐劄御前諸軍都統制。庚戌，詔以故直龍圖閣樓昉所著中興小傳百篇、宋十朝綱目幷撮要二書，付史館謄寫，昉追贈龍圖閣待制。辛亥，詔：「比覽林光世易範，明易推星配象演義，有司其以禮津遣赴闕。」

九月辛未，祀明堂，大赦。

閏十月癸亥，太白入氐。癸酉，吳潛五疏乞罷機政，不允。

十一月丙申，京湖制司表都統高達等復襄、樊，詔立功將士三萬二千七百有二人各官一轉，以緡錢三百五十萬犒師。甲辰，鄭清之乞解機政，詔依前太傅、保寧軍節度使充醴泉觀使，封齊國公，仍奉朝請。己酉，詔：承信郎陳思獻書籍，賜官一轉。庚戌，太師鄭清之薨，贈尚書令，追封魏郡王，謚忠定。甲寅，以謝方叔爲左丞相，吳潛爲右丞相。乙卯，以徐清叟參知政事兼同知樞密院事，董槐端明殿學士、簽書樞密院事。

十二月戊辰，詔以八事訓飭在廷，曰肅紀綱、用正人、救楮幣、固邊陲、清吏道、淑士氣、定軍制、結人心。己卯，游侶薨，贈少師，謚清獻。

十二年春正月癸巳，武功大夫王堅以復興元功，轉遙郡團練使。辛丑，太學錄楊懋卿以孝行卓異，詔表其門，以其事宣付史館。癸丑，詔宰執議立方田，開溝澮，自近圻始。創置遊擊軍，水步各半。

二月乙卯朔，日有食之。己未，詔陳顯伯資善堂翊善，蔡抗資善堂贊讀，翁甫資善堂直講。壬午，詔襄、郢新復州縣，賦稅復三年。大元兵數萬攻隨、郢、安、復，京西馬步軍副總管馬榮率將士戰嚴竇山。癸未，再戰銅冶坪。

三月丁亥，又戰子陵大脊山。詔：榮兵不滿千，能禦大難，賞官兩轉，進州鈐，帶行閤門祗候，賜金帶。諸將王成、楊進各官兩轉升遷，餘推恩有差。丁未，守三汊口諸將焚北屯積蓄，斷其浮梁。

夏四月庚申，有流星出自角、亢，大如太白。戊辰，詔襄、郢新復州郡，耕屯爲急，以緡錢百萬，命京閫措置，給種與牛。壬申，熒惑犯權星。乙亥，蔡抗兼侍立修注官。丙子，置池州遊擊水軍。

五月甲申朔，祈雨。壬辰，詔申儆江防，每歲以葺戰艦、練舟師勤惰爲殿最賞罰。乙巳，盜起信州玉山縣。罷諸郡經界。戊申，太陰犯畢。

六月癸亥，發米三萬石振衢、信飢。玉山寇平。丙寅，嚴、衢、婺、台、處、上饒、建寧、南劍、邵武大水，遣使分行振恤存問，除今年田租。

秋七月庚寅，太白、熒惑合于軫。

八月己未，詔來年省試仍舊用二月一日，殿試用四月十五日以前，庶免滯留遠方士子。己巳，詔以緡錢四十萬振恤在京軍民。丁丑，詔行會天曆。辛巳，詔改明年爲寶祐元年。

九月丁亥，少師、保康軍節度使、嗣沂王貴謙薨，贈太傅，追封申王。戊戌，太白、塡星合于箕。丙午，太白犯斗。

冬十月癸丑，以徐淸叟參知政事，董槐同知樞密院事。嗣濮王善瑒薨，贈少師、追封咸寧郡王。戊午，濮安懿王長孫善奐授福州觀察使、提舉佑神觀，嗣濮王。壬申，詔襄、樊已復，其務措置屯田，修渠堰。

十一月庚寅，吳潛罷。丙申夜，臨安火；丁酉夜，火乃熄。戊戌，詔避殿減膳。壬寅，詔求直言。

十二月乙卯，以吳潛爲觀文殿大學士、提舉江州太平興國宮。己未，詔追錄彭大雅創城渝州功，復承議郎，官其子。癸亥，詔海神爲大祀，春秋遣從臣奉命往祠，奉常其條具典禮來上。壬申，太陰入氐。丁丑，立春，雷。

寶祐元年春正月庚寅朔，詔以藝祖嫡系十一世孫嗣榮王與芮之子建安郡王孜爲皇子，改賜名禥，授崇慶軍節度使，進封永嘉郡王。製資善堂記賜皇子。戊戌，日生戴氣。癸卯，大元兵渡漢江，屯萬州，入西柳關。高達調將士扼河關，上山大戰，至鱉坑、石碑港而還。詔高達、程大元、李和各官兩轉，餘恩賞有差。

二月己酉朔，日有食之。戊辰，陳垓貪贓不法，竄潮州。辛未，罷尚書省，創置呈白房。

三月戊子，與芮授少師，加食邑七百戶；希瓐檢校少傅，加食邑五百戶；與懽授少保，加食邑七百戶；乃裕保康軍節度使，加食邑五百戶。丙申，別之傑薨，贈少師。

夏四月丁巳，有流星大如太白。

五月甲午，詔余玠赴闕。乙未，詔侍從、臺諫、給舍、制司各舉帥才二人。丁酉，熒惑、歲星合在昴。己亥，賜禮部進士姚勉以下及第、出身有差。

六月戊申朔，江、湖、閩、廣旱。庚戌，四川制司言余玠疾革，詔玠資政殿學士，與執政恩數。辛亥，以賈似道爲資政殿大學士，李曾伯端明殿學士，職任依舊。庚申，以余晦爲司農卿、四川宣諭使。祈雨。

秋七月壬午，王伯大薨。丙戌，蔡抗兼資善堂翊善，施退翁兼資善堂直講。庚寅，溫、台、處三郡大水，詔發豐儲倉米并各州義廩振之。癸巳，詔余玠以興元歸附之兵，分隸本路諸州都統，務撫存之，仍各給良田，制司濟以錢粟。甲午，余玠卒，贈官五轉。庚子，以董槐兼參知政事。癸卯，詔撫諭四川官吏軍民。

八月丁未朔，以馬光祖爲司農卿、淮西總領財賦。甲寅，起居郎蕭泰來出知隆興府。先是，起居舍人牟子才與泰來並除，子才四疏辭，極陳泰來姦險汙穢，恥與爲伍，泰來不得已請祠，遂予郡。丙辰，以余晦權刑部侍郎、四川安撫制置使、知重慶府兼四川總領財賦。

九月壬午，程元鳳升兼侍讀，牟子才升兼侍講。壬辰，城夔門。太陰入畢。

冬十月丙午朔，詔出緡錢二百萬，振恤京城軍民。乙丑，行皇宋元寶錢。

十一月丙子朔，詔獎諭襄陽守臣高達。己丑，賈似道獻所獲良馬，賜詔褒嘉，其將士增秩賞賚有差。

十二月乙卯，册瑞國公主。庚申，劉伯正薨，贈五秩。

校勘記

〔一〕杜範游侶提舉萬壽觀兼侍讀　「侍讀」，原作「侍講」，據本書卷二一四宰輔表、卷四一七游侶傳改。

〔二〕總制亢國用師衆戰裕州拐河　「師」疑「帥」字之誤。

〔三〕詔史嵩之依所乞守金紫光祿大夫觀文殿大學士永國公致仕　按本書卷二一四宰輔表只記此時史嵩之「守本官致仕」，本書卷四一四本傳、宋季三朝政要卷二都說嵩之除觀文殿大學士在寶祐四年，本書卷四四也在寶祐四年載「詔史嵩之觀文殿大學士」。後村先生大全集卷六一史嵩之守金紫光祿大夫永國公致仕制也沒有「觀文殿大學士」六字。此六字當是衍文。

〔四〕臺臣言添差抽差攝局須入奏辟改任薦舉借補曠職匿過十弊　「抽差」二字原脫，據本書卷一五八選舉志補。

〔五〕以徐鹿卿爲樞密使兼參知政事兼侍講　按本書卷二一四宰輔表、卷四二四本傳都不載徐參政事，勞格讀書雜識卷一一說：「徐淸正公年譜：六月戊戌，自權禮部侍郎除兼侍講。『樞密使』以下八字係衍文，蓋因上文『趙葵進三秩』而誤衍耳。」

宋史卷四十四

本紀第四十四

理宗四

二年春正月乙亥朔，大元城利州、閬州。詔湘潭縣民陳克良孝行，表其門。

二月甲辰朔，詔太常釐正秦檜謚，因諭輔臣曰：「謚『繆狠』可也。」熒惑犯權星。乙巳，詔：利州統制呂達戰沒，贈官四轉，官一子承信郎，一子下班祗應。己酉，余晦兼四川屯田使。庚申，詔：饒州布衣饒魯，不事科舉，一意經學，補迪功郎、饒州教授。辛酉，日暈周匝。戊辰，故直華文閣李燔，先儒朱熹門人，賜謚文定。

三月壬午，王元善使大元，留七年來歸。戊子，雪。詔蠲江、淮今年二稅。己丑，詔錄襄城功，高達帶行環衞官、遙郡團練使，職任依舊；王登行軍器監丞、制司參議官；程大元、李和以下將士六千六百一十三人補轉官資有差。甲午，城東海，賈似道以圖來上。

夏四月辛亥，詔：邊兵貧困可閔，閑田甚多，擇其近便者分給耕種，制司守臣治之。乙丑，以徐清叟知樞密院兼參知政事，董槐參知政事。

六月壬寅朔，罷臨安府臨平鎮稅場。甲辰，四川制司言：合州、廣安軍北兵入境，王堅、曹世雄等戰禦有功。詔堅官兩轉，餘各補轉官資。甲寅，侍御史吳燧等論故蜀帥余玠聚斂罔利七罪，玠死，其子如孫盡竊帑庾之積以歸。詔簿錄玠家財。以李曾伯爲資政殿學士，依舊節制四川。丙辰，利州王佐堅守孤壘，降將南永忠以兵薄城下，佐罵之，永忠流涕而退。初，隆慶教授鄭炳孫不從南永忠降，先縊殺其妻女，亦朝服自縊。詔獎諭：佐進官一秩；炳孫贈朝奉郎、直秘閣，仍訪其子官以文資。王伯大乞致仕，詔進一秩，允所請。丁巳，以賈似道同知樞密院事，職任依舊。庚午，詔余晦赴闕。

閏六月壬申，董槐疏：蜀事孔棘，願假臣宣撫之名，置司夔門，以通荆、蜀。上優詔答曰：「士大夫以事功自勉者鮮，卿請帥蜀，足見忠壯；然經理西事，當在廟堂，宜竭謀猷，以副委任。」詔蒲擇之暫權四川制置司事。甲戌，錄嘉定戰功。先是，大元兵圍城五旬，帥守俞興、元用等夜開關力戰而圍解。詔俞興等十六人各官五轉，將士補轉有差。以包恢提點浙西刑獄，招捕荻浦鹽寇。乙亥，台州海寇積年，民罹其害，路分董橚洎進士周自中等擒獲，詔橚官一轉，餘推賞有差。壬午，以李曾伯爲四川宣撫使兼京湖制置大使，進司夔路，詔賜曾伯同進士出身。罷江灣浮鹽局。戊戌，大元使離揚州北歸。

秋七月己酉，詔：「前蜀帥余玠，鎮撫無狀，兵苦於征戍，民困於徵求，茲俾其家輸所取蜀財，犒師振民；並邊諸郡田租，其復三年。」詔：思、播兩州，連年扞禦，其守臣田應庚、楊文各官一轉，餘推恩。詔賈似道開閫，以樞密行府爲名。庚戌，有流星大如太白。甲寅，故光祿大夫賈涉謚忠肅。壬戌，復安西堡。己巳，荻浦海寇平，包恢進直龍圖閣，劉達授橫行帶遙郡。李性傳赴闕，以王堅爲興元都統兼知合州。

八月乙亥，詔以前知閬州兼利西安撫王惟忠付大理獄，尋命臺臣監鞫。辛巳，徐清叟乞罷機務，詔不允。癸巳，謝方叔等上玉牒、日曆、會要及七朝經武要略、中興四朝志傳，詔方叔、徐清叟、董槐等各進秩。戊戌，籍王惟忠家財。

九月辛亥，祀明堂，大赦。辛酉，詔詣西太一宮，爲國祈祥，起居郎牟子才再疏諫而止。丙寅，詔戒外戚毋干請。詔：山陰、蕭山、諸暨、會稽四縣水，其除今年田租。丁卯，太白晝見。

冬十月庚午朔，謝方叔等進寶祐編吏部七司續降條令。癸酉，皇子禥進封忠王。甲午，斬王惟忠于都市。丁酉，追削余玠資政殿學士，奪余晦刑部侍郎告身〔一〕。戊戌，段元鑑上隆慶堡戰功。

十一月壬寅，日南至。忠王冠。丁未，大元城光化舊治。

十二月庚午，排保甲，行自實法。癸未，雷。四川苦竹隘捷至。甲午，隆慶部兵周榮被獲歸北，密約段元鑑入隘解圍，事覺就禽，不屈而死，馬徽、白端戰歿。詔四川宣撫司爲之立廟。安西堡受攻五月，將士力戰解圍，居民以資糧助軍實。詔四川宣撫司具名推恩，在城人普賞一資〔三〕，復租賦五年。余玠男如孫徵所認錢三千萬將足，詔如孫削三秩，勒停。

三年春正月己未，迅雷。巴州捷至。庚申，城均州龍山。起居郎牟子才上疏言：「元夜張燈侈靡，倡優下賤，奇技獻笑，媟汙清禁，上累聖德。今因震霆示威，臣願聖明覺悟，天意可回。」帝納其言。壬戌，詔宗正寺所擬宗子名，以用、宜、季、次、紹五字，續大、由、友、嗣、甫之下。

二月乙亥，詔右千牛衞上將軍乃猷授蘄州防禦使，奉沂靖惠王祠事。兼給事中王埜言：「國家與大元本無深仇，而兵連禍結，皆原於入洛之師輕啟兵端。二三狂妄如趙楷、全子才、劉子澄輩，輕而無謀，遂致隻輪不返。全子才誕妄慘毒，今乃援劉子澄例，自陳改正，乞寢二人之命，罷其祠祿，以爲喪師誤國之戒。」從之。己卯，復廣陵堡城，賈似道以圖來上。壬午，詔發緡錢二百萬，給四川調度。乙酉，詔以告身、祠牒、新會、香、鹽，命臨安府守臣馬光祖收換兩界舊緻會子。

三月己酉，詔：沿邊耕屯，課入登羨，管屯田官推賞，荆襄、兩淮及山砦如之。庚戌，邵武寇平。癸丑，詔自實法宜寬期限，監司守臣其嚴戢吏姦，毋煩擾民。以吳淵爲觀文殿學士、京湖制置使、知江陵府。己未，雨土。

夏四月乙酉，以江萬里知福州、福建安撫使。

五月，久雨。丁未，以監司、州郡辟書冗濫，詔申嚴禁止。己酉，李性傳薨。辛酉，太陰入畢。嘉定大雨雹，與敍南同日地震；浙西大水。

六月辛未，大風。甲戌，太陰入氐。丙戌，李全子松壽葺舊海城，窺海道，賈似道調兵敗之，敕書獎諭，趣上立功等第、姓名推賞。戊子，洪天錫劾内官盧允叔〔三〕、董宋臣，疏不報，竟去，詔遷太常少卿。辛卯，王埜以御史胡大昌言罷給事中，依舊端明殿學士、提舉洞霄宮。

秋七月辛丑，太陰入氐。癸丑，以呂文德知鄂州，節制鼎、澧、辰、沅、靖五州。丙辰，謝方叔、徐淸叟以御史朱應元言罷。辛酉，有流星大如太白。詔三省樞府機政，令董槐、程元鳳輪日判事取旨。壬戌，以謝方叔爲觀文殿大學士、提舉臨安府洞霄宮。

八月乙丑朔，以董槐爲右丞相兼樞密使，程元鳳簽書樞密院事、權參知政事，蔡抗爲端明殿學士、同簽書樞密院事，徐清叟資政殿學士〔四〕、提舉玉隆萬壽宮，任便居住。丁卯，歲星、熒惑在柳。己巳，太陰在氐。馬光祖兼節制和州、無爲、安慶三郡屯田使。丙子，鄭性之薨。庚寅，福建安撫江萬里，以臺臣李衢言罷新命，提舉武夷山沖佑觀。辛卯，應繇薨。

九月甲午朔，雷。丙午，以徐清叟爲資政殿學士、提舉洞霄宮。丙辰，陳顯伯兼資善堂翊善，皮龍榮兼資善堂贊讀。壬戌，權中書舍人陳大方言：「劉子澄端平入洛之師，賈勇贊決，北兵方入唐州界，子澄已率先遁逃，一敗塗地，二十年來，爲國家患者，皆原於此，宜投之四裔。」詔罷子澄祠祿。

冬十月甲戌，太白晝見。丁丑，有流星出自畢。

十一月丁巳，熒惑犯太微垣、上相星。

十二月乙丑，嗣濮王善奐薨。丙子，少傅、節度使與懽薨，贈少師，追封奉化郡王。

四年春正月乙未，詔謝方叔奪職罷祠，謝脩削三秩勒停。乙巳，太陰犯歲星。己酉，太陰犯熒惑。辛亥，以吳淵爲京湖制置使兼夔路策應使，軍馬急切，便宜行事。庚申，蜀閫奏捷。辛酉，詔史嵩之觀文殿大學士，依前金紫光祿大夫、永國公致仕。

二月戊辰，雨雹。丙子，詔襲封衍聖公孫孔洙添差通判吉州，不釐務。

三月壬寅，以少師、嗣榮王與芮爲太傅。乙卯，日暈周匝。丙辰，帝製字民訓，賜改秩親民官。

夏四月庚午，月暈周匝。癸未，以程元鳳參知政事；蔡抗同知樞密院事；賈似道參知政事，職任依舊；李曾伯資政殿大學士、福建安撫使；吳淵進二秩，職任依舊；吳潛沿海制置使、判慶元府；馬光祖煥章閣直學士，職任依舊。

五月甲午，孫夢觀兼資善堂贊讀，章鑑兼資善堂直講。先聖五十代孫孔元龍賜迪功郎，授初品官。甲辰，羅氏鬼國遣報思、播言：大元兵屯大理國，取道西南，將大入邊。詔以銀萬兩，使思、播結約羅鬼爲援。徐淸叟奪資政殿大學士罷祠祿，王埜奪端明殿學士罷祠，仍褫執政恩數。丁未，太白晝見。詔申嚴老鼠隘防戍。襄、樊閫臣奏捷。甲寅，賜禮部進士文天祥以下六百一人及第、出身有差。

六月甲戌，朱禩孫太府寺簿、知瀘州兼潼川路安撫，任責瀘、敍、長寧邊防。浙江堤成。癸未，董槐罷。臺臣丁大全旣累疏擊之，辭極詆毀，且以臺牒役隅兵夜半迫槐出關，物論殊駭；三學生屢上書以爲言，詔以槐爲觀文殿大學士、提舉臨安府洞霄宮。詔程元鳳、蔡抗可輪日判事，軍國重務取旨。丁亥，太白入井。

秋七月甲寅，知敍州史俊調舟師與大元兵戰，凡十三合，詔俊官三轉，仍帶閤門行宣贊舍人。乙卯，以程元鳳爲右丞相兼樞密使，蔡抗參知政事，張磻端明殿學士、簽書樞密院事。

八月甲子，程元鳳上疏言正心、待臣、進賢、愛民、備邊〔五〕、守法、謹微、審令八事。

九月壬辰，西南蕃呂告蠻目寧名天兄弟慕義與烏蘇蠻合力爲國禦難，詔各補承信郎。丙申，知邕州程芾以貪暴詔削二秩，罷之。甲寅，監察御史朱熠言：「境土蹙而賦斂日繁，官吏增而調度日廣，景德、慶曆時以三百二十餘郡之財賦，供一萬餘員之奉祿；今日以一百餘郡之事力，贍二萬四千餘員之冗官，邊郡則有科降支移，內地則欠經常納解。欲寬民力，必汰冗員。」帝納焉。

冬十月壬戌，太陰犯斗。

十一月戊子朔，荆、襄閫臣以功狀來上，詔推賞將士。戊戌，京湖繼上戰功。詔：「蜀罹兵革，吾民重困，所當勞來撫摩，使之樂業。比聞官吏乃肆誅求，殊失培植邦本之意。自今四川制司戒飭屬郡，違者罪無赦，御史臺其嚴覺察。」乙巳，以監察御史吳衍、翁應弼劾太學武學生劉黻等八人不率，詔拘管江西、湖南州軍，宗學生與偭等七人並削籍，拘管外宗正司。癸丑，以張磻同知樞密院事，丁大全端明殿學士、簽書樞密院事，馬天驥端明殿學士、同簽書樞密院事。詔戒羣臣洗心飭行，毋縱于貨賄，其或不悛，舉行淳熙成法。又開國以來勳臣之裔，有能世濟其美而不世其祿者，所在州郡以聞。參知政事蔡抗輒擅去國，勉留不返，詔授職予祠，尋以林存言，寢其命。

十二月戊午朔，熒惑犯塡星。庚申，大元城棗陽。乙丑，以張磻兼參知政事。甲戌，獎諭荆閫吳淵，其有功將士，趣上姓名、等第推賞。

五年春正月丁亥朔，以趙葵爲少保、寧遠軍節度使、京湖宣撫使、判江陵府兼夔路策應大使，進封衞國公；賈似道進知樞密院事、職任依舊；吳淵參知政事；李曾伯荆湖南路安撫使兼知潭州；吳潛、趙與𥲅各官一轉。乙巳，雷。丙午，禁姦民作白衣會，監司、郡縣官等失覺察者坐罪。辛亥，吳淵薨，贈少師，謚莊敏。

二月戊午，四川嘉定上戰功。以賈似道爲兩淮安撫使。辛酉，命趙葵兼湖廣總領財賦，余晦淮西總領財賦。壬戌，築思州三隘。丁丑，布衣余一飛、高杞陳襄陽備禦策，詔命趙葵行之。

夏四月丁卯，詔襄陽安撫高達以白河戰功，轉行右武大夫帶遙郡防禦使；王登以沮河督戰官一轉，升直秘閣，並職任依舊。己卯，大元兵攻苦竹隘，詔京湖調兵應援。

閏四月己丑，程元鳳等進玉牒、日曆、會要、經武要略及中興四朝志傳。甲午，詔徐敏子嚴防邕、宜。己酉，以呂文德知靖州，職任依舊。祈雨。

五月庚申，雨。丁卯，城荆山，置懷遠軍荆山縣。詔賈似道官兩轉。戊寅，詔京湖、沿江、海道，嚴備舟師防遏。辛巳，復劍門壘，賞蒲擇之官兩轉，朱禩孫、蒲黼、楊大淵、韓勇各官四轉。壬午，夏貴正任吉州刺史、帶御器械、鎮江駐劄都統制、知懷遠軍。

六月丙戌，太白、歲星合于翼。辛卯，太陰入氐。丁酉，祈雨。馬天驥以臺臣言罷，詔依舊端明殿學士、提舉臨安洞霄宮。

秋七月丙辰，祈雨。戊午，雨。己未，太白晝見。丁卯，有流星大如桃。丙子，太陰入井。

八月丙戌，光化軍奏捷。台州火。癸巳，詔謝方叔仍舊職，蔡抗以資政殿學士並領祠在京。甲午，給事中邵澤等言謝方叔罪狀，詔寢祠命。丙申，京城火。庚子，以張磻參知政事，丁大全同知樞密院事兼權參知政事。己酉，史嵩之薨，贈少師，謚莊肅。

九月壬子朔，詔今後臺臣遷他職，輒出關，以違制論，仍著爲令。辛酉，祀明堂，大赦。

冬十月庚寅，張磻薨，贈少師。癸巳，雷。甲午，虹見。丁酉，以林存簽書樞密院事。庚子，詔皇子忠王禥授鎮南、遂安軍節度使，皇女進封昇國公主。

十一月丙辰，李曾伯兼節制廣南，任責邊防。乙丑，獎諭安南國，賜金器幣、香茗。乙亥，詔京湖帥臣，黄平、清浪、平溪分置屯戍。庚辰，詔三邊郡縣官毋擅離職守，諸制帥臣其嚴糾察。

十二月壬午，李曾伯依舊資政殿學士、湖南安撫使兼廣南制置使，移司靜江府。丁未，熒惑入氐。

六年春正月辛亥朔，以丁大全參知政事兼同知樞密院事，林存兼權參知政事。癸亥，詔出封樁庫銀萬兩付蜀閫。辛未，詔授成穆皇后弟太師郭師禹孫善庸承務郎，仍免銓注差。癸酉，罷李曾伯廣西經略，以廣南制置大使兼知靜江府，其經略司官屬，改充制司官屬。甲戌，詔樞密院編修官呂逢年詣蜀閫，趣辦關隘、屯栅、糧餉，相度黃平、思、播諸處險要緩急事宜，具工役以聞。戊寅，雷。

二月辛巳朔，以馬光祖爲端明殿學士、京湖制置使、知江陵府，兼夔路策應、湖廣總領財賦幷屯田事。壬辰，雨土。

三月辛亥朔，祈雨。丙辰，馬光祖請以呂文德、王鑑、王登、汪立信等充制司參議官及辟制司準備差使等官，詔光祖開閫之初，姑從所請。戊辰，以馬光祖兼荊湖北路安撫使。庚午，熒惑退入氐。甲戌，詔湖北提點刑獄文復之移司江陵，兼京湖制司參議官。

夏四月庚辰朔，詔：自冬徂春，天久不雨，民失東作，自四月一日始，避殿減膳，仰答譴告。癸未，程元鳳等以久旱乞解機務，詔不允。甲申，大雨。丙申，羣臣三表請御正殿，從之。丁酉，詔田應己思州駐箚御前忠勝軍副都統制，往播州共築關隘防禦。己亥，臺臣朱熠劾沿江制置副使呂好問，黃州之役貪酷誤事，詔褫職。乙巳，程元鳳罷，以觀文殿學士判福州，尋提舉洞霄宮。丙午，趙葵三辭免福建安撫使，詔授醴泉觀使兼侍讀。丁未，以丁大全爲右丞相兼樞密使，林存同知樞密院事兼權參知政事，朱熠端明殿學士、簽書樞密院事。

五月庚戌朔，詔：「襄、樊解圍，高達、程大元應援，李和城守，皆有勞績，將士用命，深可嘉尚，其亟議行賞激。」癸丑，詔懷遠、漣水相繼奏功，夏貴官兩轉，兼河南招撫使〔六〕，毛興轉右武大夫，並依舊任。丁巳，李曾伯言：「廣西多荒田，民懼增賦不耕，乞許耕者復三年租，後兩年減其租之半，守令勸墾闢多者賞之。」奏可。丙寅，命嗣榮王與芮判大宗正事。丁卯，嗣秀王師彌薨。

六月癸巳，臺臣戴慶炣劾淮東總領趙與訔，奪職鐫秩。

秋七月庚戌，城凌霄山，詔朱禩孫進一秩，易士英帶行閤門宣贊，餘轉官有差。癸丑，熒惑犯房宿。戊午，趙葵四辭免醴泉觀使兼侍讀，乞外祠，從之。戊辰，蜀郡劉整上捷，詔推恩賞。癸酉，知平江府余晦，以臺臣戴慶炣言，曩敗績于蜀，誤國欺君，詔奪寶章閣待制，罷任，追冒支官錢。甲戌，詔前福建漕臣高斯得已奪職鐫官，其贓百餘萬嚴限徵償，以懲貪吏。乙亥，呂文德入播州，詔京湖給銀萬兩。

八月癸未，太陰行犯熒惑。戊戌，詔上流鎖江防禦。癸卯，詔申嚴倭船入界之禁。

九月壬子，詔蜀、廣、海道申嚴防遏。甲寅，詔安南情狀叵測，申飭邊防。戊辰，安豐上戰功。有流星透霞。

冬十月丙子朔，詔：「蜀中將帥雖未克復成都，而暴露日久，戰功亦多，宜與序升，其亟條具以聞。」丁丑，以俞興爲四川制置副使、知嘉定府兼成都安撫副使。乙酉，詔知隆慶府楊禮守安西堡有功，官兩轉。戊子，大元兵攻通、泰州。庚寅，廣南劉雄飛奏橫山之功，詔雄飛官三轉，部兵將校官兩轉。辛卯，詔常州、江陰、鎮江發米振贍淮民。

十一月己酉，林存罷，以資政殿學士知建寧府。癸丑，潁州上戰功，詔亟推賞，以示激厲。詔追復余玠官職。甲寅，築黃平，賜名鎮遠州，呂逢年進一秩。詔撫諭沿邊將士。丙辰，給事中張鎮言：徐敏子曩帥廣右，嗜殺黷貨，流毒桂府。詔仍舊羈管隆興府。丁巳，葉夢鼎依舊職知隆興府。壬戌，以朱熠同知樞密院事兼權參知政事，饒虎臣端明殿學士、同簽書樞密院事，賈似道樞密使、兩淮宣撫使。甲子，太陰犯權星。丁卯，東海失守，賈似道抗章引咎，詔令以功自贖，特與放罪。甲戌，淮東帥臣奏大元兵退。填星、熒惑在危。

十二月戊寅，詔改來年爲開慶元年。庚辰，大元兵渡馬湖入蜀，詔馬光祖時暫移司峽州，六郡鎮撫向士壁移司紹慶府，以便策應。癸未，房州上戰功。丙戌，詔置橫山屯。丁亥，向士壁不俟朝命進師歸州，捐貲百萬以供軍費；馬光祖不待奏請招兵萬人，捐奉銀萬兩以募壯士，遂有房州之功。詔士壁、光祖各進一秩。辛丑，詔李曾伯城築關隘，訓練民兵峒丁，申嚴防遏。填星、太白、熒惑合于室。

開慶元年春正月乙巳朔，詔飭中外奉公法，圖實政。馬光祖與執政恩數。李曾伯進觀文殿學士。己酉，大元兵攻忠、涪，漸薄夔境，詔蒲擇之、馬光祖，戰守調遣，便宜行事。辛亥，詔：「戍蜀將士，頻年戰禦，暴露可閔。今申命蒲擇之從優犒師，春防畢日即與更戍，其輒逃歸者從軍令。」癸丑，詔：呂文德城黃平，深入蠻地，撫輯有方，與官三轉。庚申，詔：「知賓州呂振龍，知象州奚必勝，兵至聞風先遁，兵退乃返，並追毀出身文字，竄遠郡。橫州守臣劉清卿設隘堅守，與官一轉。」壬戌，監察御史章士元言謝方叔帥蜀誤國，詔方叔更與鐫秩，其子脩竄廣南。癸亥，左司諫沈炎言余晦壞蜀，幕屬李卓、王克己濟惡斂怨，詔晦、卓、克己各奪兩官。丙寅，印應飛依舊職知鄂州兼湖北轉運使。丁卯，賈似道以樞密使爲京西湖南北四川宣撫大使、都大提舉兩淮兵甲、湖廣總領、知江陵府。蜀帥蒲擇之以重兵攻成都，不克。大元兵破利州、隆慶、順慶諸郡，閬、蓬、廣安守將相繼納降；又造浮梁于涪州之藺市。戊辰，以李庭芝權知揚州。

二月乙亥朔，詔：「京西提刑王登提兵援蜀，功未及成，齎志以歿，贈官五轉，致仕恩外，仍官一子。」庚辰，以趙與𥲅爲觀文殿學士、兩淮安撫制置使兼知揚州。乙酉，出內庫緡錢三千萬助邊用。丙戌，以馬光祖爲資政殿學士、沿江制置使、江東安撫、知建康府、行宮留守。己丑，詔蠲建康、太平、寧國、池州、廣德等處沙田租。壬辰，詔蠲漣水軍制司所收屯田租。乙未，發平糶倉米三萬，減直振在京民。辛丑，涪州報大元兵退。

三月庚戌，詔印應雷、黃夢桂赴都堂稟議。命有司縣重賞募將士，毀蘭市浮梁。癸丑，詔：蜀死節臣、雲頂山諸處將士，咸褒錄其後。丁巳，以呂文德爲保康軍節度使、四川制置副使兼知重慶府。庚申，馬光祖奏大元兵自烏江還北。辛酉，雨土。

夏四月甲戌朔，以段元鑑、楊禮堅守城壁，歿于王事，詔各贈奉國軍節度使，封「二字」侯，立廟賜額，致仕恩外，更官一子成忠郎。丁丑，以向士璧爲湖北安撫副使、知峽州，兼歸、峽、施、珍、南平軍、紹慶府鎭撫使。甲申，詔：守合州王堅嬰城固守，百戰彌厲，節義爲蜀列城之冠，詔賞典加厚。乙酉，知施州謝昌元自備緡錢百萬，米麥千石，築郡城有功，詔官一轉。乙未，詔賜夏貴溧陽田三十頃。丙申，以呂文德兼四川總領財賦。

五月甲辰朔，城金州、開州。辛亥，雨雹。乙卯，達州上呂文德等戰功，詔遷補有功將士。丁巳，詔：湖北諸郡，去年旱潦飢疫，令江陵、常、澧、岳、壽諸州，發義倉米振糶，仍嚴戢吏弊，務令惠及細民。乙丑，行開慶通寶錢。辛未，賜禮部進士周震炎〔七〕以下四百四十二人及第、出身有差。婺州大水，發義倉米振之。

六月甲戌，呂文德兵入重慶。詔諭四川軍民共奮忠勇，效死勿去，有功行賞，靡間遐邇，有能效順來歸，悉當有過加卹。仍獎呂文德斷橋通道之功，命兼領馬軍行司。辛巳，以朱熠參知政事，饒虎臣同知樞密院事。丙戌，南平來報戰功。戊戌，詔申嚴海道防禦。己亥，詔獎諭賈似道。壬寅，以李庭芝直寶謨閣、湖北安撫副使兼知峽州。太白晝見。

秋七月辛亥，太白入井。癸亥，蔡抗薨，贈少保，謚文肅。以知播州楊文、知思州田應庚守禦勤勞，詔各官一轉。

八月甲申，以濠州統制張斌柘塘之戰，歿于王事，贈官三轉，仍與一子下班祗應。乙酉，降人來言：大元憲宗皇帝崩于軍中。戊子，詔吳潛開閫海道，勤勞三年，屢疏求退，依舊觀文殿大學士、判寧國府、特進、崇國公。辛卯，命呂文德兼湖北安撫使。庚子，太白犯權星、熒惑。

九月壬子，賈似道表言大元兵自黃州沙武口渡江，中外震動。己未，嗣濮王善騰薨。庚申，以吳潛兼侍讀、奉朝請，戴慶炣端明殿學士、簽書樞密院事。下詔責己，勉諭諸閫進兵。壬戌，詔出內府緡錢千萬、銀五萬兩、帛五萬匹給宣司，緡錢五百萬、銀三萬兩、帛三萬匹給沿江副司犒師。詔：已命御史陳寅趣淮東調兵五萬，應援上流。癸亥，趙葵特進、觀文殿大學士，封衞國公，判慶元府，沿海制置使。命侍御史沈炎往沿江制置副司趣兵援鄂渚。再出內庫緡錢五百萬、銀二萬兩、帛二萬匹給兩淮制司，緡錢二百萬、銀萬兩、帛萬匹給沿江制司，以備軍賞。戊辰，太白犯熒惑。己巳，詔賈似道兼節制江西、二廣人馬，通融應援上流。庚午，合州解圍，詔王堅寧遠軍節度使，依前左領軍衞上將軍、興元府駐劄御前諸軍都統制兼知合州，節制軍馬，進封清水縣開國伯。

冬十月辛未朔，丁大全罷，以觀文殿大學士判鎮江府。壬申，以吳潛爲左丞相兼樞密使，進封相國公；賈似道爲右丞相兼樞密使，進封茂國公，宣撫大使等如舊。癸酉，命趙葵爲江東宣撫使，馬光祖移司江州應援鄂州，史巖之沿江制置副使移司壽昌軍應援鄂州。丙子，改封吳潛爲慶國公。丁丑，詔給還浙西提舉常平司歲收上亭戶沙地租二百萬，永勿復徵。庚辰，詔：合州圍解，宣閫制臣及二三大將之功，宜加優賞。呂文德授檢校少師，李遇龍進三秩，權刑部侍郎，各賜金幣；將佐以下，進秩、賜金有差。詔自今月十一日始，避殿減膳徹樂。又詔：「比者蜀道稍寧，然干戈之餘，瘡痍未復，流離蕩析，生聚何資。咨爾句宣之寄，牧守之臣，輕徭薄賦，一意撫摩，恤軍勞民，庶底興復。其被兵百姓，遷入城郭，無以自存者，三省下各郡以財粟振之。」壬午，御史陳寅言：知江州袁玠貪贓不悛，殘賊州邑。詔削玠五秩，竄南雄州。癸未，丁大全落職，罷新任。乙酉，雷。丙戌，以趙葵爲沿江、江東宣撫使，置司建康，任責捍禦。癸巳，向士璧權兵部侍郎、湖南安撫使兼知潭州，任責廣西邊防。

十一月壬寅，以朱熠權知樞密院事，饒虎臣、戴慶炣並權參知政事。癸卯，呂文福帶遙郡防禦使、河南招撫使、知淮安軍。詔追毀袁玠出身以來文字，除名不敍，移萬安軍。戊申，詔求直言。辛亥，舟師戰滸黃洲。乙卯，詔趙葵授少保、觀文殿大學士、江東西宣撫使，進封益國公，其饒、信、袁、臨、撫、吉、隆興官軍民兵，並聽節制調遣，諸訪、罷行、黜陟皆得便宜行事。以緡錢五百萬、銀五萬兩給其用。丙辰，詔選精銳招信、泗州千人，揚州拱衞軍千人，安豐、濠州各千五百人，赴京聽調遣。庚申，夏貴入見，帝撫勞甚至。

閏十一月甲戌，詔出內帑緡錢五千萬犒內外諸軍。丁丑，以向士璧爲湖南制置副使，餘職仍舊，賜金帶。己卯，熒惑入氐。癸未，諸將陶林、文通進兵有功，詔林帶行遙郡刺史，文通轉武功大夫，賜銀有差。甲申，以印應雷爲軍器監、淮西總領財賦兼江東轉運判官，呂文德檢校少傅、京西湖北安撫使兼制置使、知鄂州兼侍衞馬軍都指揮使。己丑，皮龍榮兼資善堂翊善。庚寅，陶林奏沼山寺戰功。癸巳，向士璧連以功狀來上。乙未，詔降周震炎第四甲出身。丙申，賈似道表：大戰數合皆有功。

十二月己亥朔，賈似道言鄂州圍解，詔論功行賞。丁未，熒惑犯房宿、鈎鈐星。辛亥，詔改來年爲景定元年。壬子，改封吳潛爲許國公，賈似道爲肅國公。

校勘記

〔一〕奪余晦刑部侍郎告身　「余晦」，原作「其子晦」。按余玠蘄州人，有子名如孫，改名師忠，歷大理寺丞，見本書卷四一六本傳；余晦浙東人，曾任四川制置使，見宋季三朝政要卷二。此處「其子」二字當誤，據宋史全文卷三五改。

〔二〕在城人普賞一資　「一資」，宋史全文卷三五作「一次」。

〔三〕盧允叔　本書卷四二四洪天錫傳、宋季三朝政要卷二都作「盧允升」。

〔四〕資政殿學士　本書卷二一四宰輔表、宋史全文卷三五都作「資政殿大學士」，下文四年五月甲辰條也說「徐清叟奪資政殿大學士」，此處和九月丙午條的「資政殿學士」都脫「大」字。

〔五〕備邊　原作「備選」，據本書卷四一八程元鳳傳、宋史全文卷三五改。

〔六〕兼河南招撫使　「招」，原作「安」，據宋史全文卷三五、新元史卷一七七夏貴傳改。

〔七〕周震炎　原作「周應炎」，據下文閏十一月乙未條、宋季三朝政要卷三、宋史全文卷三六改。

宋史卷四十五

本紀第四十五

理宗五

景定元年春正月丙子，詔獎賈似道功。庚辰，歲星、熒惑合在尾。壬辰，詔：「知涪州趙

珹，聚糧不運餉兵士，遂爲北有，已削一秩，罰輕，再削兩秩。」乙未，潼川城仙侶山。賈似道

言：「高達守鄂州城，凡三月，大元師北還。」

二月丙午，詔賈似道以緡錢三千萬犒師，并示賞功之典。己酉，以高達爲寧江軍承宣

使、右金吾衞上將軍，賜緡錢五十萬；呂文德賜緡錢百萬，浙西良田百頃；鄂州戰守將士，

賜緡錢三千萬；王鑑、孫虎臣、蘇劉義等各官十轉。高達遷湖北安撫副使、知江陵府兼夔

路策應使，陳奕、阮思聰並正任防禦使。江西、湖南帥司言：大元兵破瑞州、臨江軍城，

興國壽昌、洪撫全永衡諸郡民皆被兵，存者奔竄它所。甲寅，詔：「臨江守臣陳元桂死節，官

五轉，贈寶章閣待制；與一子京官，一子選人恩澤；給緡錢十萬治葬，立廟死所，謚曰正節。瑞州守臣陳昌世治郡雖有善政，兵至民擁之以逃，以棄城失守，削三秩勒停。」乙卯，詔孫虎臣和州防禦使，張世傑以下十三人各官五轉；立功將士並補兩官資，賜銀絹。庚申，雨雹。辛酉，大元遣偏師自大理由廣南抵衡州，向士璧會合劉雄飛逆戰于道，俘民獲還者甚衆。詔雄飛升保康軍承宣使，餘轉官、賜銀錢。賈似道賜金器千兩、幣千匹，命國子監主簿劉錫趣召赴闕。向士璧遷兵部侍郎，職任依舊。呂文德、高達、陳奕等各賜金、幣有差。丙寅，大元軍過分寧、武寧二縣，河湖砦都監權巡檢張興宗死之，詔贈武翼郎，官一子承信郎，以緡錢三萬給其家。湖南諸將溫和轉左武大夫、帶行遙郡刺史，李虎官三轉、帶行閤門宣贊，鄧進帶行復州團練使，各賜銀絹，旌其守禦之功。

三月戊辰朔，日有食之。庚午，命夏貴兼黃、壽策應使，總舟師。癸酉，以横山之戰將士效節，多死行陣，總管張世雄、沈彥雄、陳喜、秦安、李孝信、鄭俊、李安國各贈十官資，賜緡錢萬恤其家。甲戌，賞夏貴鴻宿州、白鹿磯戰功，遷福州觀察使，職任仍舊。將士推賞。乙亥，詔：全、岳、永、衡、柳、象、瑞、興國、南康、隆興、江州、臨江、潭州諸縣經兵，農民失業，應開慶元年以前二稅盡除之。癸未，賈似道奏蘋草坪大戰，進至黃州。乙酉，詔范文虎轉左武大夫、環衞官、黃州武定諸軍都統制，張世傑環衞官、職任依舊。鄂州統制張勝，死于漢陽戰陣，贈官五轉，官其子煥進武校尉。丙戌，賈似道言，自鄂趨黃，與北朝回軍相遇，諸將用命捍禦。詔孫虎臣、范文虎、張世傑以下各賜金帛。

夏四月戊戌朔，侍御史沈炎疏吳潛過失，以「忠王之立，人心所屬，潛獨不然。章汝鈞對館職策，乞爲濟邸立後，潛樂聞其論，授汝鈞正字，奸謀叵測。請速詔賈似道正位鼎軸」。詔朱熠、戴慶炣輪日判事，大政則共議以聞。己亥，賈似道表言夏貴等戰新生洲，進至白鹿磯，皆身自督戰有功。詔赴闕。庚子，以王堅爲侍衞步軍司都指揮使。戊申，以劉整知瀘州兼潼川安撫副使。己酉，揚州大火。吳潛以觀文殿大學士提舉臨安府洞霄宮。癸丑，進賈似道少師，依前右丞相兼樞密使，進封衞國公；朱熠知樞密院事兼參知政事；戴慶炣同知樞密院事兼參知政事；皮龍榮端明殿學士簽書樞密院事〔一〕。己未，以夏貴爲保康軍承宣使、左金吾衞上將軍、知淮安州兼淮東安撫副使、京東招撫使，賜金器幣、溧陽田三十頃。壬戌，進馬光祖資政殿大學士，職任依舊。癸亥，以呂文德兼夔路策應使。丙寅，命馬光祖兼淮西總領財賦。

五月戊辰朔，詔趙葵依舊少保、兩淮宣撫使、判揚州，進封魯國公；徐清叟觀文殿大學士、知建寧府。饒虎臣罷。壬申，李曾伯、史岩之並落職解官：曾伯坐嶺南閉城自守，不能備禦；岩之坐鄂州圍解，大元兵已渡江北還，然後出兵，又命程芾任事，以致敗績。甲戌，詔贈呂文信寧遠軍承宣使，立廟賜額，子師憲帶行閤職，更與兩子承信郎；輔周和州防禦使，錄其白鹿磯死事。乙亥，詔李虎馭軍無律，貸命追奪，竄鬱林州。丁丑，賜賈似道玉帶。庚辰，戴慶炣卒，贈資政殿大學士。壬午，熒惑犯斗。癸未，以皮龍榮兼權參知政事；沈炎端明殿學士、同簽書樞密院事；馬堃鄂州都統制，駐箚江陵府。甲申，祈雨。戊子，詔饒虎臣以資政殿學士提舉臨安府洞霄宮，任便居住。楊棟，召赴闕。壬辰，以姚希得爲敷文閣待制、知慶元府兼沿海制置使。乙未，詔李庭芝起復祕閣修撰、主管兩淮安撫制置司公事兼知揚州。

六月丁酉朔，夏貴奏淮安戰功。庚子，竄丁大全于南康軍。壬寅，詔立皇子忠王禥爲皇太子，賜字長源。戊申，王埜卒。壬子，賜李遇龍金帶。陳奕帶御器械，依舊鎭江駐箚御前諸軍都統制，賜田三十頃。詔升巢縣爲鎭巢軍。甲寅，楊棟、葉夢鼎並太子詹事。乙卯，陳韡進一秩，福建安撫使知福州；徐淸叟觀文殿學士、知泉州。

秋七月丁卯朔，皇太子入東宮，行册禮，大赦。壬申，貴妃閻氏薨，賜謚惠昭。東南有星如太白。丁亥，命皇太子昕朝侍立。戊子，上謂宰執曰：「北朝使來，事體當議。」賈似道奏：「和出彼謀，豈容一切輕徇？倘以交鄰國之道來，當令入見。」己丑，侍御史何夢然劾丁大全、吳潛欺君無君之罪。庚寅，賈似道兼太子少師，朱熠、皮龍榮、沈炎並兼賓客。辛卯，詔丁大全削三秩，謫居南安軍；吳潛奪觀文殿大學士，罷祠，削二秩，謫居建昌軍。癸巳，詔舉孝廉。

八月壬寅，以程元鳳爲淮、浙發運使、判平江府。己酉，太陰犯塡星。詔：皇太子受册畢，賈似道、朱熠、皮龍榮、沈炎各進一秩，東宮官吏諸軍兵等官一轉，餘皆推恩。壬子，輿簒薨，贈少師，謚忠憲。太白犯房。壬戌，李曾伯、史岩之各削二秩，甲子，饒虎臣削二秩，奪資政殿學士，罷祠。

九月癸酉，守瀘州劉整以功來上。丁丑，知潭州節制屯戍軍馬洪天錫言，援例創辟幹官一員，報行軍機密文字，奏可。辛巳，祀明堂，大赦。丙戌，熒惑犯壘。戊子，李松壽犯淮安。

冬十月乙未朔，詔申嚴邊防。甲辰，詔：「黨丁大全、吳潛者，臺諫其嚴覺察舉劾以聞，當置于罪，以爲同惡相濟者之戒。」時似道專政，臺諫何夢然、孫附鳳、桂錫孫、劉應龍承順風指，凡爲似道所惡者無賢否皆斥，帝弗悟其奸，爲下是詔。戊申，李松壽修南城，詔趣淮閫調兵毀之。壬子，破李松壽兵于漣水城下，夷南城舊址。乙卯，有星自東北急流向太陰。壬戌，竄吳潛于潮州。

十一月丙寅，詔內侍何時修削二秩，永罷不敍。洪燾知臨安府兼浙西安撫使。壬午、以中軍統制、知簡州馬千權興州都統兼知合州。戊子，熒惑與填星順行，太陰犯房。

十二月甲午朔，詔：華亭奉宸莊，其隸外廷助軍餉。包恢敍復元官職，知常州。辛丑，建陽縣嘉禾生，一本十五穗，詔改建陽爲嘉禾縣。甲寅，呂文德上夔路戰功。乙卯，少師、廬陵郡王思正薨，謚簡惠。印應雷直徽猷閣、知江州、主管江西安撫司公事，節制蘄、黃、興國三郡。庚申，以監察御史桂錫孫言，追寢全子才敍復之命。

二年春正月癸亥朔，詔：「監司率半歲具劾去贓吏之數來上，視多寡爲殿最，行賞罰。守臣助監司所不及，以一歲爲殿最，定賞罰。本路、州無所劾，而臺諫論列，則監司守臣皆以殿定罰。有治狀廉聲者，摭實以聞。」乙丑，城安慶。詔馬光祖進二秩。丁丑，命皇太子謁拜孔子于太學。己卯，福建安撫使陳韡累疏請老，詔進一秩，守觀文殿學士致仕。以董槐判福州、福建安撫使。乙酉，詔封張栻爲華陽伯，呂祖謙開封伯，從祀孔子廟庭。

二月丙申，孫虎臣戰邳州，全師而歸。癸卯，詔諸路監司申嚴僞會賞罰之令。甲寅，進封周國公主。

三月壬戌朔，日有食之。乙亥，故寧遠軍承宣使張祥、都統制閤忠進，以援蜀之功，祥贈節度使，忠進贈復州團練，除恩澤外，各更官一子承信郎，賜緡錢二萬。戊寅，賈似道等上玉牒、日曆、會要、經武要略及孝宗、光宗、寧宗實錄，詔似道、皮龍榮、朱熠、沈炎各進二秩。

夏四月癸巳朔，余思忠追毁出身文字，除名勒停，竄新州。乙未，以皮龍榮參知政事，沈炎同知樞密院事兼權參知政事，何夢然簽書樞密院事，俞興保康軍承宣使、四川安撫制置使。丙申，呂文德超授太尉、京湖安撫制置屯田使、夔路策應使兼知鄂州，李庭芝右文殿修撰、樞密都承旨、兩淮安撫制置副使、知揚州。己亥，詔申嚴江防。壬寅，呂文德兼湖廣總領財賦。乙巳，馬天驥資政殿學士、知福州、福建安撫使，呂文福帶御器械、淮西安撫副使兼知廬州，官一轉。戊申，馬光祖進觀文殿學士，職任依舊。乙卯，竄吳潛于循州。丙辰，竄丁大全于貴州，追削二秩。丁巳，楊鎮授左領軍衞將軍、駙馬都尉，高達知廬州、淮西安撫副使。

五月癸亥，賈似道請祠祿，詔不允。庚午，謝方叔敍復觀文殿大學士致仕。戊寅，以劉雄飛知夔州、夔路安撫使。乙酉，王堅遷左金吾衞上將軍、湖北安撫使兼知江陵府。

六月乙未，詔霖雨爲沴，避殿減膳徹樂。乙巳，詔近畿水災，安吉爲甚，亟講行荒政。辛亥，以范文虎爲左領軍衞大將軍，主管侍衞步軍司兼馬軍司。

秋七月甲子，蜀帥俞興奏守瀘州劉整率所部兵北降，由興構隙致變也。至是，興移檄討整。辛未，制置使蒲擇之坐密通蠟書叛賊羅顯，詔竄萬安軍。太陰犯斗。乙亥，以厲文翁爲資政殿學士、沿海制置使、知慶元府。戊寅，王惟忠家訟冤，詔奪謝方叔合得恩數。丁大全責授新州團練使，貴州安置〔三〕。臺臣吳燧奪職罷祠，陳大方、胡大昌皆鐫官。壬午，陳韡卒，贈少師，謚忠肅。丙戌，吳潛責授化州團練使，循州安置。

八月壬辰，命韓宣兼常德、辰、沅、澧、靖五郡鎭撫使，呂文德兼四川宣撫使，范文虎以白鹿磯之功賞七官，以五官轉行遙郡防禦使，餘官給憑。丁酉，詔奪向士璧從官恩數，窮竟侵盜掩匿之罪。時以兵退，遣官會計邊費，似道忌功，欲以汙蠛一時閫臣，士璧及趙葵、史岩之、杜庶皆責徵償。信州謝枋得，以趙葵檄給錢粟募民兵守禦，至是，自償萬緡。壬寅，築周國公主館于安濟橋。乙巳，以江萬里爲端明殿學士、同簽書樞密院事，依執政恩數。

九月辛酉，詔湖、秀二郡水災，守令其亟勸分，監司申嚴荒政。乙亥，李庭芝言李松壽已遁。大元使郝經久留眞州，帝趣與錫賚。經之留，謀出賈似道，帝惑其言不悟。蓋似道在鄂時，値我世祖皇帝歸正大位撤兵，似道自詭有再造之功，諱言歲幣及講和之事，故不使經入見。

冬十月癸巳，呂文德言已復瀘州外堡，擬卽對江壘石爲城，以示持久之計，從之。戊戌，雷電。甲申，詔申獎賈似道鄂州之功。丙午，以何夢然同知樞密院事兼參知政事。癸丑，程元鳳授特進、觀文殿大學士、醴泉觀使兼侍讀。甲寅，皇太子擇配，帝詔其母族全昭孫之女擇日入見。寶祐中，昭孫沒于王事，全氏見上，上曰：「爾父死可念。」對曰：「臣妾父固可念，淮、湖百姓尤可念。」上曰：「即此語可母天下。」迨開慶丁大全用事，以京尹顧嵒女爲議，大全敗，故有是命。丙辰，沈炎資政殿學士，提舉臨安府洞霄宮，任便居住。

十一月己未朔，劉雄飛和州防禦使、樞密副都承旨、四川安撫制置副使兼知重慶府、四川總領、夔路轉運使。庚申，周國公主館成，詔董宋臣、李忠輔各官一轉。甲戌，資政殿學士致仕汝騰卒，贈官四轉，謚忠淸。安南國貢象二。丁丑，馬光祖提領戶部財用兼知臨安府、浙西安撫使。下嫁周國公主于楊鎭。己卯，以鎭爲宜州觀察使，賜玉帶，尋升慶遠軍承宣使。詔：「駙馬都尉楊鎭家合有賞典，楊蕃孫官兩轉，楊鐸、楊鑑官一轉，並直祕閣，餘轉官進封有差。」癸未，封全氏永嘉郡夫人。

十二月庚寅，改竄蒲擇之于南康軍。辛卯，宰臣奏：「太子語臣等言：『近奉聖訓，夫婦之道，王化之基，男女正位，天地大義。平日所講修身齊家之道，當眞履實踐，勿爲口耳之學。』請宣付史館，永爲世程法。」從之。甲午，以皮龍榮兼權知樞密院事，何夢然參知政事兼太子賓客，馬光祖同知樞密院事兼太子賓客、知臨安府。己亥，太陰犯五車。壬寅，江萬里依舊端明殿學士、提舉臨安府洞霄宮，任便居住。癸卯，册永嘉郡夫人全氏爲皇太子妃。

三年春正月戊子朔，詔申飭百官盡言。詔量移丁大全、吳潛黨人，並永不錄用。壬戌，詔：「陳塏等耆年奉祠，宜示崇獎：陳塏端明殿學士，林彬之寶章閣待制，史季溫直華文閣，丁仁直寶謨閣，仍並予祠祿。」甲子，福建路安撫使馬天驥進資政殿大學士，職任依舊。乙丑，詔諭西蜀郡縣等官，已授遇闕，毋遙受虛批月日，違期不赴。丁卯，以善諸嗣濮王。戊辰，周國公主進封周、漢國公主。庚午，賜賈似道第宅于集芳園，給緡錢百萬，就建家廟。甲戌，詔權知梁山軍李鑑守城有功，帶行閤門宣贊舍人，就知梁山軍。復瀘州，改爲江安軍，呂文德進開府儀同三司。

二月丁亥朔，臨安、安吉、嘉興屬邑水，民溺死者衆，詔守臣給槥瘞之。詔獎諭制置司，其立功參贊將士，進秩、升職、犒給有差。乃裕授檢校少保。以皮龍榮爲資政殿大學士、知潭州、湖南安撫使。乙巳，太陰入氐。戊申，詔省試中選士人覆試于御史臺，爲定制。庚戌，李璮以漣、海三城叛大元來歸，獻山東郡縣。詔改漣水爲安東州，授璮保信寧武軍節度使、督視京東河北等路軍馬、齊郡王，復其父李全官爵。璮即松壽。

三月乙丑，以孫附鳳爲端明殿學士、簽書樞密院事兼太子賓客。辛未，詔升海州東海縣爲東海軍。丁丑，汪立信升直華文閣、知江州、主管江西安撫司公事，節制蘄、黃、興國三郡軍馬。庚辰，呂文福依舊職差知濠州兼淮西招撫使。

夏四月庚寅，太白晝見。庚子，熒惑與歲星合在危。甲辰，有流星大如杯。

五月壬戌，熒惑犯壁壘陣。丙寅，雨雹。己巳，詔：「廣西靜江屯田，小試有效，其邕、欽、宜、融、柳、象、潯諸州守臣任責措置，經略、安撫以課殿最，仍條具來上。」辛未，馬光祖以病請祠，詔知福州兼福建安撫使。丁丑，賜禮部進士方山京以下六百三十七人及第、出身。庚辰，夏貴上蘄縣戰功。

六月戊子，詔：李璮受圍，給銀五萬兩，下益都府犒師，遣青陽夢炎率師援之。庚寅，以孫附鳳兼權參知政事，楊棟端明殿學士、同簽書樞密院事兼太子賓客。壬辰，吳潛沒于循州，詔許歸葬。己亥，董槐乞致仕，詔授特進。戊申，詔：青陽夢炎援李璮，不俟解圍，輒提援兵南歸，諭制置司劾之。己酉，有流星大如熒惑。庚戌，安南國王日煚上表乞世襲，詔授檢校太師、安南國王，加食邑，男威晃授靜海軍節度觀察處置使、檢校太尉兼御史大夫、上柱國、安南國王、効忠順化功臣，仍賜金帶、器幣、鞍馬。癸丑，詔應謫臣僚終於貶所者，許令歸葬。

秋七月丙辰，詔州縣官廩祿不時給者，御史臺覺察，或以他物折支，計贓論罪。壬戌，董槐薨，贈少師，謚文清。庚午，周、漢國公主薨，賜謚端孝。壬申，江州都統聶世興調遣入蜀，託疾憚行，詔奪二秩，押往京湖制司自效。戊寅，侍御史范純父言：「前四川制置使俞興，妬功啓戎，罷任鐫秩，罰輕，乞更褫奪，以紓衆怒。」奏可。辛巳，詔重修吏部七司條法。癸未，詔申嚴諸路郡縣苛取苗米之禁。甲申，夜有白氣亘天。

八月甲午，海州石湫堰成，詔知州張漢英帶行遙郡刺史、馬步軍副總管、帶行環衞官。丁酉，築蘄州城。知州王益落階官，正任高州刺史；制置使汪立信上新城圖，詔獎諭。戊戌，李璮兵敗爲大元所誅，事聞，詔沿邊諸郡嚴邊防。汪立信升直敷文閣、主管沿江制置司公事、知江州、主管江西安撫司公事。癸卯，太陰犯昴。乙巳，沿江制置使姚希得進寶章閣學士，職任依舊。

九月壬申，召陳奕赴樞密院稟議。丙子，有流星大如太白。丁丑，温州布衣李元老，讀書安貧，不事科舉，今已百四歲，詔補迪功郎致仕，本郡給奉。

閏九月甲申朔，太白晝見。丙戌，流星透霞，大如太白。戊戌，詔刑部長貳、大理卿、少卿，歲終無評事可舉，即舉在京三獄官。庚子，有流星大如太白。丙午，詔應知縣罪罷，雖經赦，毋注緊、望闕，著爲令。戊申，詔：「紹興府火，給貸居民錢，今及二載，民貧可憫，悉除勿徵。」

冬十月乙卯，詔蠲四川制總、州縣鹽酒榷額。己未，太陰犯歲星。甲子，以楊棟簽書樞密院事、兼權參知政事兼太子賓客，葉夢鼎端明殿學士、同簽書樞密院事兼太子賓客。丁卯，呂文德言遣將校禦敵，多逗遛不進，且奏功失實，具姓名上聞。詔：呂文煥、王達、趙眞削兩秩，馬堃、王甫削一秩，餘貶降有差。太陰犯五車星。庚午，太白入氐。甲戌，歸化州岑從毅納土輸賦，獻丁壯爲王臣。詔改歸化爲來安州，從毅進秩修武郎、知州事，令世襲。丙子，詔安豐六安縣升軍使。

十一月壬辰，丁大全竄貴州，招游手，立將校，置弓矢舟楫，縱僕隸淫虐軍民，詔奪大全貴州團練使，移置新州。癸巳，馬光祖乞祠祿，詔提舉臨安府洞霄宮，任便居住。丙申，徐淸叟薨，贈少師，謚忠簡。丁酉，資陽砦主萬戶小哥及其子衆家奴叛來降，詔小哥賜姓王，名永堅，補武翼大夫、夔路副總管，重慶府駐劄。戊戌，以夏貴知廬州、淮西安撫副使。丁未，皇孫容州觀察使封資國公焯薨，贈保靜軍節度使、廣國公。熒惑、塡星合在婁。

十二月辛巳，呂文德累疏辭兼四川宣撫，詔仍兼四川策應使。

四年春正月壬午朔，詔侍從、臺諫、給舍、卿監、郎官以上及制總、監司各舉所知，不拘員限，不如所舉，行連坐法。戊子，林希逸言蒲陽布衣林亦之、陳藻有道之士，林公遇幼承父澤，奉親不仕。詔林亦之、陳藻贈迪功郎，林公遇元官上進贈一官。詔董宋臣同提舉奉安符寶所，仍奉祠祿。己亥，嚴州火。丙午，詔革詞訴改送之弊。

二月癸丑，詔：吳潛、丁大全黨人遷謫已久，遠者量移，近者還本貫，並不復用。丁大全溺死藤州，詔許歸葬。詔俞興往歲失陷瀘城，更削一秩。丁巳，置官田所，以劉良貴爲提領，陳訔爲檢閱。戊午，日暈周匝。乙亥，呂文德浚築鄂州、常、澧城池訖事〔三〕，詔獎之，守臣韓宣轉遙郡承宣使，蘇劉義吉州刺史。

三月丁亥，以呂文德爲寧武、保康軍節度使，職任依舊；劉雄飛樞密都承旨、四川安撫制置使兼知重慶府、四川總領財賦、夔路轉運使。加授姚希得刑部尚書，李庭芝兵部侍郎，朱禩孫太府卿，汪立信太府少卿，並依舊任。壬辰，太陽赤黃暈。丁酉，以王堅知和州兼管內安撫使，呂思望知濠州兼淮西招撫使。庚子，以何夢然兼權知樞密院事。丁未，詔知寧國府趙汝楳推行經界，不擾而辦，職事修舉，升直華文閣，依舊任。戊申，忠州防禦使貴傑授福州觀察使。

夏四月乙卯，太陰犯權星。丙寅，官田所言，知嘉興縣段浚、知宜興縣葉哲佐買公田不遵元制，詔罷之。戊辰，太陽赤黃暈，不匝。

五月庚寅，太陰入氐。丁酉，婺州布衣何基，建寧府布衣徐幾，皆得理學之傳。詔各補迪功郎，何基婺州敎授兼麗澤書院山長，徐幾建寧府敎授兼建安書院山長。戊戌，四川制司言：二月甲寅，大元兵攻嘉定城，馬塈出戰禦之。詔馬塈援夔遷延削一秩，令以所轉四官理作敍復。流星出自角宿距星。

六月壬子，祈雨。乙卯，京城火。丙辰，詔饒虎臣敍復元官，依舊提舉太平興國宮。庚申，詔：平江、江陰、安吉、嘉興、常州、鎭江六郡已買公田三百五十餘萬畝，今秋成在邇，其荆湖、江西諸道，仍舊和糴。丙寅，詔公田竣事，劉良貴官兩轉，陳訔、廖邦傑洎六郡官進秩有差。丁卯，流星出自河鼓。庚午，宰執進玉牒、日曆、會要、經武要略及徽宗長編、寧宗實錄，詔賈似道以下官兩轉。

秋七月壬辰，敕令所進寧宗以來寬恤詔令。戊戌，以董宋臣爲入內內侍省押班。

八月甲寅，董宋臣以病乞收回恩命，請祠，詔賜告五月。乙卯，流星出自天倉星。

九月甲申，詔趙汝楳爲太府少卿、淮東總領財賦。辛卯，祀明堂，大赦。甲午，以何夢然知樞密院事兼參知政事，楊棟同知樞密院事兼權參知政事，葉夢鼎簽書樞密院事。

冬十月己未，詔發緡錢百四十萬，命浙西六郡置公田莊。甲子，命張珏興元府駐箚御前諸軍都統制兼知合州。

十一月己亥，福州火。

十二月丁未朔，詔皇太子宮講官詹事以下，日輪一員，辰入酉出，專講讀，備咨問，以稱輔導之實。己未，詔：在京置窠栅、私繫囚并非法獄具，臺憲其嚴禁戢，違者有刑。辛未，太白、歲星順行。

五年春正月丁丑朔，詔崇經術，考德行。癸巳，出奉宸庫珠、香、象、犀等貨下務場貨易，助收幣楮。庚子，太子右諭德湯漢三乞休致，授祕閣修撰、知福州、福建安撫使。

二月壬戌，流星出自畢。甲子，太陰犯房。丁卯，太陰犯斗。辛未，雨土。

三月辛巳，王堅卒，賜謚忠壯。馬光祖依舊觀文殿學士、沿江制置使、知建康府、江東安撫使、行宮留守。己丑，日暈周匝。

夏四月丙午，詔：管景模妻孥陷沒，效忠愈堅，平時所得奉入，率以撫恤將士，遂至空乏，特賜緡錢三十萬。尋賜金帶。丁未，以夏貴爲樞密都承旨、四川安撫制置使，兼知重慶府、四川總領、夔路轉運使。辛亥，詔郡邑行鄉飲酒禮。癸丑，太陰入太微垣。乙卯，信陽軍將領余元友等提兵防護春耕有功，補轉兩官資。戊午，太白晝見。乙丑，何夢然、馬天驥以臺臣劾罷。己巳，江萬里以資政殿學士知建寧府，李曾伯以觀文殿學士知慶元府、沿海制置使。庚午，太白、歲星合于婁。

五月庚辰，何夢然以資政殿大學士知建寧府。辛卯，以楊棟參知政事，葉夢鼎同知樞密院事兼權參知政事，姚希得端明殿學士、同簽書樞密院事，馬天驥提舉洞霄宮。甲午，流星出自河鼓，大如太白。乙未，安南國奉表謝恩，進方物，詔却之，仍賜金帛以獎恭順。己亥，太白經天晝見。

六月甲辰朔，知衢州謝堅，因寇焚掠常山縣，弃城遁，詔削三秩，褫職不敍。臺臣言衢州詹沔之變，乃謝堅任都吏徐信苛取激之，堅罪重罰輕。詔斬信，籍其家，堅再削兩秩勒停。丁未，詔饒虎臣敍復資政殿學士，依前通奉大夫，差遣如故。甲寅，加授李庭芝寶章閣直學士，依舊任，朱禩孫右文殿修撰、知靜江府、廣西經略使，汪立信祕閣修撰、樞密副都承旨、沿江制置副使兼知江州、江西安撫使。詔呂文德職事修舉，與官一轉。太陰犯心。戊午，祈雨。太白犯天關星。乙丑，命董宋臣兼主管御前馬院、御前酒庫。戊辰，熒惑、歲星並行。己巳，太白、太陰並行入井。庚午，太陽赤黃暈。

秋七月甲戌，彗星出柳。丁丑，詔避殿減膳，應中外臣僚許直言朝政闕失。己卯，流星出自右攝提星，彗星退于鬼。辛巳，彗星退于井。甲戌，京城大火。癸巳，謝奕昌卒，贈少保，追封臨海郡王，謚莊憲。甲午，填星守畢。乙未，馬天驥以臺臣劾其貪贓，奪職罷祠，其子時楙削一秩，罷新任。丙申，知嘉定府洪濤言：「新繁縣御容殿前枯木再榮；殿有畫太祖像；又順化人煬嗣光等奉太宗、眞宗、仁宗、英宗、神宗像來歸，令櫝藏府中天慶觀。」詔本府選差武臣迎奉赴行在所，嗣光補武階兩資。祈雨。臺臣言太子賓客楊棟指彗爲蚩尤旗，欺天罔君，詔棟罷職予祠。戊戌，彗星退于參。

八月壬寅朔，熒惑與塡星合。丙午，以楊棟知建寧府。戊午，彗星消伏。甲子，彗星復見于參。辛未，彗星化爲霞氣。

九月己丑，日生格氣。癸巳，內侍李忠輔以臺臣劾其貪肆欺罔，削兩秩放罷。乙未，建寧府教授謝枋得校文宣城及建康漕闈，發策十餘問，言權奸誤國，趙氏必亡。左司諫舒有開劾其怨望騰謗，大不敬，竄興國軍。

冬十月丙午，太陰犯斗。辛亥，詔十七界會浸輕，並以十八界會易之，限一月止。乙丑，詔行關子銅錢法，每百作七十七文足，以一準十八界會之三。帝有疾不視朝。丙寅，大赦。丁卯，帝崩。遺詔皇太子禥即皇帝位。咸淳元年三月甲申，葬于會稽之永穆陵。二年十二月丙戌，謚曰建道備德大功復興烈文仁武聖明安孝皇帝，廟號理宗。

贊曰：「理宗享國久長，與仁宗同。然仁宗之世，賢相相繼，理宗四十年之間，若李宗勉、崔與之、吳潛之賢，皆弗究于用；而史彌遠、丁大全、賈似道竊弄威福，與相始終。治效之不及慶曆、嘉祐，宜也。

蔡州之役，幸依大朝以定夾攻之策，及函守緒遺骨，俘宰臣天綱，歸獻廟社，亦可以刷會稽之恥，復齊襄之讐矣；顧乃貪地棄盟，入洛之師，事釁隨起，兵連禍結，境土日蹙。郝經來使，似道諱言其納幣請和，蒙蔽抑塞，拘留不報，自速滅亡，吁，可惜哉！由其中年嗜慾既多，怠於政事，權移奸臣，經筵性命之講，徒資虛談，固無益也。

雖然，宋嘉定以來，正邪貿亂，國是靡定，自帝繼統，首黜王安石孔廟從祀，升濂、洛九儒，表章朱熹四書，丕變士習，視前朝奸黨之碑、僞學之禁，豈不大有徑庭也哉！身當季運，弗獲大效，後世有以理學復古帝王之治者，考論匡直輔翼之功，實自帝始焉。廟號曰「理」，其殆庶乎！

校勘記

〔一〕皮龍榮端明殿學士簽書樞密院事　「事」，原作「使」，據本書卷二一四宰輔表、宋史全文卷三六改。

〔二〕丁大全責授新州團練使貴州安置　按此處上下文和本書卷四七四本傳，大全先責貴州，後移新州；宋史全文卷三六同，惟所責授的官職是貴州團練副使。

〔三〕呂文德浚築鄂州常澧城池　按宋史全文卷三六：「呂文德浚築鄂、岳、常德、澧州城池」，宋季三朝政要卷三：「詔褒呂文德浚築四州城池」。此處「州」字疑是「岳」字之誤。

宋史卷四十六

本紀第四十六

度宗

度宗端文明武景孝皇帝，諱禥，太祖十一世孫。父嗣榮王與芮，理宗母弟也。嘉熙四年四月九日生于紹興府榮邸。初，榮文恭王夫人全氏夢神言：「帝命汝孫，然非汝家所有。」嗣榮王夫人錢氏夢日光照東室，是夕，齊國夫人黃氏亦夢神人采衣擁一龍納懷中，已而有娠。及生，室有赤光。資識內慧，七歲始言，言必合度，理宗奇之。及在位歲久，無子，乃屬意託神器焉。

淳祐六年十月己丑，賜名孟啓，以皇姪授貴州刺史，入內小學。七年正月乙卯，授宜州觀察使，就王邸訓習。九年正月乙巳，授慶遠軍節度使，封益國公。十一年正月壬戌，改賜名孜，進封建安郡王。寶祐元年正月庚辰，詔立爲皇子〔一〕，改賜今名。癸未，授崇慶軍節度使、開府儀同三司，進封永嘉郡王。二年七月，以宗正少卿蔡抗兼翊善。時資善堂初建，理宗製堂記，書以賜王。十月癸酉，進封忠王。十一月壬寅，加元服，賜字邦壽。五年十月庚子，授鎭南、遂安軍節度使。

景定元年六月壬寅，立爲皇太子，賜字長源，命楊棟、葉夢鼎爲太子詹事。七月丁卯，太子入東宮；癸未，行册禮。時理宗家教甚嚴，鷄初鳴問安，再鳴回宮，三鳴往會議所參決庶事。退入講堂，講官講經，次講史，終日手不釋卷。將晡，復至榻前起居，率爲常。理宗問今日講何經，答之是，則賜坐賜茶；否則爲之反覆剖析；又不通，則繼以怒，明日須更覆講。二年正月丁丑，謁孔子于太學，請以張栻、呂祖謙列從祀。十二月癸卯，册永嘉郡夫人全氏爲皇太子妃。

五年十月丁卯，理宗崩，受遺詔，太子卽皇帝位。戊辰，尊皇后謝氏曰皇太后，生日爲壽崇節。庚午，宰執、文武百官詣祥曦殿表請聽政，不允。辛未，大赦。

十一月壬申，宰執以下日表請視朝，不允。丁丑，凡七表始從。丙戌，帝初聽政，御後殿，命馬廷鸞、留夢炎兼侍讀，李伯玉、陳宗禮、范東叟兼侍講，何基、徐幾兼崇政殿說書。詔求直言。又詔先朝舊臣趙葵、謝方叔、程元鳳、馬光祖、李曾伯各上言以匡不逮。召江萬里、王爚、洪天錫、湯漢等赴闕。詔躬行三年喪。復濟王竑元贈少師、節度使，追封鎭王，謚昭肅，有司討論墳制增修之。加封嗣榮王與芮武康、寧江軍節度使，依前太師、判宗正事。詔撫勞邊防將士。監察御史劾宦官李忠輔、何舜卿等贓罪，並竄遠方。戊戌，詔儒臣日侍經筵，輔臣觀講。乙未，命洪天錫以侍御史兼侍讀。

十二月辛丑，詔改明年爲咸淳元年，行銅錢關子，率貫以七百七十文足。壬寅，戒贓吏絕貢羨餘。甲辰，詔以生日爲乾會節。初開經筵，講殿以熙明爲名。禮部尚書馬廷鸞進讀大學衍義序，陳心法之要。

是歲，兩浙、江東西、湖南北、廣東西、福建、成都、京西、潼川、夔、利路戶五百六十九萬六千九百八十九，口一千三百二萬六千五百三十二。大理寺奏大辟三十三人。

咸淳元年春正月辛未朔，日有食之。丞相賈似道請爲總護山陵使，不允，尋下詔獎諭。癸酉，直學士院留夢炎疏留似道。甲戌，諫議大夫朱貔孫等亦請改命，不報。詔臨安免征商三月。丙子，京湖制置使呂文德辭免，不允。

二月庚申，置籍中書，記諫官、御史言事，歲終以考成績。

三月癸酉，似道乞解機政，不允。壬午，京湖制司創招鎮邊軍。甲申，葬理宗于永穆陵。

夏四月壬寅，賞四川都統昝萬壽雲頂山、金堂峽之功，及其將士。丁未，壽崇節，免徵臨安官私房僦地錢。戊申，乾會節，如上免徵，再免在京征商三月。自是祥慶、災異、寒暑皆免。戊午，賈似道特授太師。己未，幸景靈宮，發米八萬石贍京城民。夔路都統王勝，以李市、沙平之戰獲功，轉官兩資；將士效力者，上其名推賞。

五月己巳，追命史彌遠爲公忠翊運定策元勳。

閏月乙巳，久雨，京城減直糶米三萬石。自是米價高卽發廩平糶，以爲常。丁未，發錢二十萬贍在京小民，錢二十萬賜殿、步、馬司軍人，錢二萬三千賜宿衞。自是行慶、恤災、或遇霆雨雪寒，咸賜如上數。以江萬里參知政事，王爚同知樞密院事、權參知政事，馬廷鸞端明殿學士、簽書樞密院事。丁巳，以錢三十萬命臨安府通變平物價。丁卯，故成都馬步軍總管張順歿于王事，詔特贈官五轉，其子與八官恩澤。

六月乙酉，名理宗御製之閣曰顯文，置學士、直學士、待制、直閣等官。戊子，沿海制置使葉夢鼎三辭免，不允。己丑，名理宗原廟殿曰章熙。

秋七月丁酉，太白晝見。初命迪功郎鄧道爲韶州相江書院山長，主祀先儒周惇頤。壬寅，參知政事江萬里乞歸田里，不允。戊申，夔路安撫徐宗武城開、達石城，乞推恩，從之。壬戌，督州縣嚴錢法，禁民間用牌帖。癸亥，以諒陰，命宰執類試，阮登炳以下，依廷試例出身。禁在京置窠栅，私繫囚。

八月庚辰，命陳奕沿江按閱軍防，賜錢二十萬給用。丁亥，詔：「有司收民田租，或掊克無藝，監司其嚴禁戢，違者有刑。」甲午，大元元帥阿朮帥大軍至廬州及安慶，諸路統制范勝、統領張林、正將高興、副將孟興逆戰，沒于陣，詔勝等各官其一子進勇副尉。

九月己酉，以洪天錫爲工部侍郎兼侍讀。壬子，命宰執訪司馬光、蘇軾、朱熹後人，賢者能者，各上其名錄用。癸丑，呂文德言京湖制、帥、策應三司官屬，乞推恩，詔各進一秩。庚申，吏部侍郎李常上七事，曰崇廉恥、嚴鄉舉、擇守令、黜貪汚、讞疑獄、任儒師、修役法。

冬十月壬申，減四川州縣鹽酒課，始自景定四年正月一日，再免徵三年。乙亥，減田契稅錢什四。庚辰，江安州、潼川安撫司以攻懷、簡小富砦戰圖來上，詔優答以賞。

十一月乙未，兄少保、保寧軍節度使致仕乃裕薨，贈少傅，追封臨川郡王。

二年春正月癸丑，江萬里四請歸田、乞祠祿，不允，以爲湖南安撫使兼知潭州。

二月乙巳，侍講范東叟奏正心之要有三：曰進德，曰立政，曰事天。上嘉納焉。戊寅，詔免湖南漕司積年運上峽米耗折逋直。辛卯，詔左、右史循舊制立侍御坐前。

三月庚子，賞夔路總管張喜等防護開、達軍功，將士進官有差。乙巳，詔郡守兩年爲任，方別授官。戊申，賜敕書獎諭呂文德。

夏四月乙丑，洪天錫三請祠，不允，以顯文閣待制、知潭州兼湖南安撫使。甲申，侍御史程元岳上言：「帝王致壽之道在修德，後世怵邪說以求之，往轍可鑒。修德之目有三，曰清心，曰寡欲，曰崇儉，皆致壽之原。」上嘉納之。丁亥，授信州布衣徐直方史館編校。

五月癸丑，詔諸節制將帥討軍實，節浮費，毋占役兵士，致妨訓練。

六月丁丑，給羅鬼國化州印。壬午，以衢州饑，命守、令勸分諸藩邸發廩助之。

秋七月壬辰，祈雨。詔以來年正月一日郊。壬寅，禮部侍郎李伯玉言：「人材貴乎善養，不貴速成，請罷童子科，息奔競，以保幼稚良心。」詔自咸淳三年爲始罷之。

八月甲申，安南國遣使賀登位，獻方物。

九月丙辰，浙西安撫使李芾以臺臣黃萬石等言，削兩秩免。

冬十一月辛丑，兩淮制置使李庭芝立城，屯駐武銳一軍，以工役費用及圖來上。詔獎勞之。乙卯，少師致仕趙葵薨，贈太傅，賜謚忠靖。丁巳，利東安撫使、知合州張珏調統制史炤、監軍王世昌等復廣安大梁城，詔推爵賞有差。

十二月丁丑，申嚴戢貪之令。甲申，以請先帝謚祭告天地、宗廟、社稷。丙戌，奉册、寶請于南郊，上謚曰建道備德大功復興烈文仁武聖明安孝皇帝，廟號理宗。大理寺奏歲終大辟三十五人。

三年春正月己丑朔，郊，大赦。丁酉，奉皇太后寶，上尊號曰壽和。辛丑，壽和太后册、寶禮成，謝堂等二十七人各進一秩，高平郡夫人謝氏等二十二人各進封特封有差。癸卯，册命妃全氏爲皇后。戊申，帝詣太學謁孔子，行舍菜禮，以顔淵、曾參、孔伋、孟軻配享，顓孫師升十哲，邵雍、司馬光升列從祀，雍封新安伯。禮部尚書陳宗禮、國子祭酒陳宜中〔三〕進讀中庸。己酉，執經官宗禮、講經官宜中各進一秩，宜中賜紫章服。太學、武學、宗學、國子學、宗正寺官若醫官、監書庫、門、庖等，各進一秩，諸齋長諭及起居學生，推恩有差。乙卯，壽和太后親屬謝奕脩、郭自中、黄興在等二十八人各升補一秩。

二月己未，克復廣安軍，詔改爲寧西軍。庚申，馬光祖再乞致仕，不允。乙丑，詔賈似道太師、平章軍國重事，一月三赴經筵，三日一朝，治事都堂。丙子，樞密院言：知夔州、夔路安撫徐宗武創立臥龍山堡囿，詔宗武帶行遙郡團練使，以旌其勞。

三月癸卯，知房州李鑑及將校杜汝隆、夏喜以戰龍光砦有功，優與旌賞。

夏四月庚申，壽和太后兩次册、寶，族兄弟謝奕實等十五人、族姪謝在達等四十七人、族姪孫謝鏞等十四人，各錫銀十兩、帛十疋。詔：太中大夫全清夫儒科發身，懇陳換班，靖退可尙，特授淸遠軍承宣使、提舉佑神觀，仍奉朝請。乙酉，張珏護合州春耕、戰款龍溪，以狀言功，詔趣上立功將士姓名。

五月丁亥朔，日有食之。戊申，詔曰：「比嘗命有司按月給百官奉，惟官愈卑，去民愈親，仍聞過期弗予，是吏奉吾命不虔也，諸路監司其嚴糾劾。」

六月壬戌，加授呂文德少傅，馬光祖參知政事，李庭芝兵部尙書，並職任仍舊。皇后受册推恩，弟全淸夫以下十五人官一轉，全必棣以下十七人補承信郎。癸酉，美人楊氏進封淑妃。戊寅，詔榮王族姻與萊等三十四人各轉官有差。

秋七月丁亥，張珏授正任團練使、帶行左領軍衞大將軍，賜金帶。壬辰，樞密院言：「右武大夫權鄂州都統汪政鄂城戰禦，又焚光化城外積聚，及攻眞陽城，皆有功，該轉十二官。」詔轉橫行遙郡。甲午，四川都統昝萬壽調統制趙寶、楊立等率舟師護糧達渠城，以功推賞。己酉，權黎州張午招諭大靑羌主歸義，乞用兩林西蕃瑜林例，賜予加優，從之。

八月辛酉，遣步帥陳奕率馬軍舟師巡邏江防。壬戌，邊報警急，詔諭呂文德等申嚴防遏。乙丑，太師、武康寧江軍節度使、判大宗正事嗣榮王與芮進封福王，主榮王祀事。壬申，久雨，命在京三獄、赤縣、直司、簽廳擇官審决獄訟，毋滯。

九月乙未，詔郡縣折收民田租，毋厚直取羸，違者論罪。癸卯，知邕州總統譚淵、李旺、周勝等繇特磨行大理界，率兵攻建水州，禽其知州阿孱以下三百餘人，獲馬二百餘，焚穀米、器甲、廬舍。師還論功，各轉官三資，軍校補轉有差。

冬十月庚申，復開州，賜四川策應司錢百萬勞軍。甲戌，大雷電。

十一月丙申，故左丞相吳潛追復光祿大夫。壬寅，賞知房州李鑑調遣路將夏喜、統領馮興等均州武陽堌戰功。

十二月丙辰，呂文煥依舊帶行御器械，改知襄陽府兼京西安撫副使。丁卯，臺臣言敘復元官觀文殿學士、提舉洞霄宮皮龍榮貪私傾險，嘗朋附丁大全，乞寢新命。詔予祠祿。

四年春正月癸未，賜呂師夔紫章服、金帶。己丑，呂文德言知襄陽府兼京西安撫副使呂文煥、荊鄂都統制唐永堅蠟書報白河口、萬山、鹿門山北帥興築城堡，檄知郢州翟貴、兩淮都統張世傑申嚴備禦。癸巳，故守合州王堅，賜廟額曰報忠。癸卯，沔州駐劄潼川安撫副使昝萬壽，特升右武大夫、帶行左驍衞大將軍，賜金帶。己酉，印應雷改知慶元府兼沿海制置使。庚戌，詔曰：「邇年近臣無謂引去以爲高，勉留再三，弗近益遠，往往相尙，不知其非義也。亦由一二大臣嘗勇去以爲衆望，相踵至今。孟子於齊王不遇，故去，是未嘗有君臣之情也，然猶三宿出晝，庶幾改之。儒者家法，無亦取此乎。朕於諸賢，允謂無負，其弗高尙，使人疑於負朕。」

閏月庚午，賜夏貴金帶。

夏四月壬午，湯漢三辭免刑部侍郎、福建安撫使。庚寅，乾會節，帝御紫宸殿，羣臣稱賀。上曰：「謝方叔託名進香，擅進金器諸物，且以先帝手澤，每繫之跋，率多包藏，至以先帝行事爲己功，殊失大臣體，宜鐫一秩。」於是盧鉞等相繼論列方叔昨蜀、廣敗事，誤國殄民，今又違制擅進，削一秩罰輕。詔削四秩，奪觀文殿大學士、惠國公，罷宰臣恩數，仍追寶奎錄并繫跋眞本來上。丙申，右正言黃鏞言：「今守邊急務，非兵農合一不可。一曰屯田，二曰民兵。川蜀屯田爲先，民兵次之，淮、襄民兵爲先，屯田次之，此足食足兵良策也。」不報。丁酉，詔故修武郎姚濟死節，立廟，賜額曰忠壯。

五月辛酉，樞密都承旨高達再辭侍衞都虞候，乞歸田里，命孫虎臣代之。壬申，賜陳文龍以下六百六十四人進士及第、出身。丙子，賈似道乞骸骨，不允。

六月辛巳，葉夢鼎再乞歸田里，不允。詔罷浙西諸州公田莊官，募民自耕輸租，租減什三，毋私相易田，違制以盜賣官田論。

秋七月戊午，有星出氐宿，西北急流入騎官星沒。己未，淑妃楊氏親屬楊幼節以下百三十四人推恩進秩。

八月壬寅，奉安寧宗實錄、理宗實錄御集日曆會要玉牒經武要略、咸淳日曆玉牒，賈似道、葉夢鼎、馬廷鸞各轉兩官，諸局官若吏推恩有差。

九月癸未，太白晝見。大元兵築白河城，始圍襄、樊。

冬十月戊寅朔，日有食之。子憲生。參知政事常挺六乞歸田里，詔予郡。己亥，已減四川州縣鹽酒課，詔自咸淳四年始，再免徵三年。

十一月癸丑，樞密院言：「南平、紹慶六郡鎭撫使韓宣城渝、嘉、開、達、常、武諸州有勞，繇峽州至江陵水陸措置，盡瘁以死，宜視沒於王事加恩。」詔宣守本官致仕，任一子承節郎，仍贈正任承宣使。丁巳，詔：知江陵府陳奕，裨將周全、王德等戰西山、南谷口、田家山有功，各以等第推賞。戊午，子鍠生。丙寅，福建安撫使湯漢再辭免，乞祠祿，詔別授職。辛未，以文武官在選，困於部吏，隆寒旅瑣可閔，詔吏部長貳、郎官日趣銓注，小有未備，特與放行，違者有刑。自是隆寒盛暑，申嚴誡飭。常挺卒，贈少保。壬申，行義役法。

十二月辛卯，以夏貴爲沿江制置副使兼知黃州。癸巳，史館狀理宗實錄接續起修。張九成孫象先力學飭行，不墜家聲，其免一解示表厲。命建康府建南軒書院，祠先儒張栻。戊戌，汪立信知潭州兼湖南安撫使，職任依舊。乙巳，詔賞京湖總管張喜、趙萬等石門坂堰戰功。

五年春正月丁未，以李庭芝爲兩淮安撫制置大使兼知揚州。壬子，京湖策應司參謀呼延德領諸將張喜等，遇北兵戰于鱉河。癸亥，葉夢鼎累章請老，留之，固辭，依前少保、判福州、福建安撫使，封信國公。以馬廷鸞參知政事兼同知樞密院事。甲戌，以江萬里參知政事。

二月戊子，江萬里辭免參知政事，不允。

三月丙午，北帥阿朮自白河以兵圍樊城。甲寅，葉夢鼎辭免判福州、福建安撫使，詔不允。乙卯，皇后歸寧，族姻推恩，保信軍節度使全清夫以下五十六人各進一秩，咸安郡夫人全氏以下三十二人各特封有差。大元兵城鹿門。己未，詔浙西六郡公田設官督租有差。辛酉，京湖都統張世傑率馬步舟師援襄、樊，戰于赤灘圃。戊辰，以江萬里爲左丞相，馬廷鸞爲右丞相兼樞密使。己巳，以馬光祖知樞密院事兼參知政事，吳革沿江制置使。

夏四月丙子，賞張世傑戰功。辛巳，江萬里、馬廷鸞辭免，詔不允。壬午，知渠州張資上蓬州界白土、神山、蒲渡等處今年春戰功。丙戌，以安西都統張朝寶、利東路安撫張珏領兵護錢粟餉寧西軍，還至水磑頭，戰有功，詔推賞。己丑，劉雄飛依舊樞密都承旨、知沅州兼常德、澧、辰、沅、靖五郡鎮撫使。癸巳，李庭芝特進一秩。高郵縣夏世賢七世義居，詔署其門。

五月己酉，馬光祖依舊觀文殿學士、提舉洞霄宮。乙卯，程元鳳薨，贈少師。庚申，有星自斗宿距星東北急流向牛宿，至濁沒。壬戌，詔：信陽諸將婁安邦、朱興戰千石畈，呂文煥、呼延德戰福山，楊青、李忠戰石湫，俱有勞效，推賞有差。壬申，京湖制司言：故夔路安撫徐宗武沒于王事，乞優加贈恤。詔致仕恩外，特官其一子承節郎。

六月庚辰，以呂文福爲復州團練使、知濠州兼淮西安撫副使。甲申，皇子昰生。辛卯，家鉉翁辭免新命，詔別授職。庚子，李庭芝辭免兼淮東提舉，不允。

秋七月己酉，觀文殿學士馬光祖乞守本官致仕，詔允所請。庚申，祈雨。壬戌，東南有星自河鼓距星西北急流，至濁沒。

八月戊寅，詔郡縣收民田租，毋巧計取贏，毋厚直折納，轉運司申嚴按劾。詔襄、樊將士戰禦宣力，以錢二百萬犒師，趣上其立功姓名補轉官資。

九月丙午，祈晴。辛酉，祀明堂，大赦。丙寅，明堂禮成，加上壽和聖福皇太后尊號册、寶，太師、判大宗正事、福王、主榮王祀事與芮加食邑一千戶。

冬十月甲申，子憲授檢校太尉、武安軍節度使，封益國公。己丑，呂文德進封崇國公，加食邑七百戶。以湯漢爲顯文閣直學士、提舉玉隆萬壽宮兼象山書院山長。

十一月戊辰，少傅文德乞致仕，詔特授少師，進封衞國公，依所請致仕。

十二月癸酉，文德卒，贈太傅，賜謚武忠。己卯，以范文虎爲殿前副都指揮使。壽和聖福皇太后尊號册、寶禮成，姪謝堂、姪孫光孫等二十八人各轉一官，餘姻推恩有差。甲申，以錢二百萬命京湖帥臣給犒襄、郢等處水陸戍士。戊子，詔安南國王父陳日煚、國王陳威晃並加食邑一千戶。大元兵築南新城。

六年春正月壬寅，以李庭芝爲京湖安撫制置使兼夔路策應使，印應雷兩淮安撫制置使。己酉，以錢二百萬賜夔路策應司備禦賞給。庚戌，以高達爲湖北安撫使、知鄂州，孫虎臣起復淮東安撫副使、知淮安州。辛酉，行成天曆。丁卯，上製字民、牧民二訓，以戒百官。戊辰，以江萬里爲福建安撫使。

二月辛未，檢校少保、安德軍節度使與萊加食邑五百戶。丁亥，陳宜中經筵進講春秋終篇，賜象簡、金御仙花帶、鞍馬。丁酉，以呂文福爲淮西安撫副使兼知廬州。己亥，朱禩孫權兵部尚書，仍四川安撫制置、總領夔路轉運、知重慶府。

三月庚子朔，日有食之。癸丑，詔曰：「吏以廉稱，自古有之，今絕不聞，豈不自章顯而壅於上聞歟？其令侍從、卿監、郎官，各舉廉吏，將顯擢焉。」癸亥，詔：「贛、吉、南安境數被寇，雖有砦卒，寇出沒無時，莫能相救。宜卽要衝立四砦，砦屯兵百，使地勢聯絡，禦寇爲便，從三郡擇將官領之。」

夏四月戊寅，以文天祥兼崇政殿說書。

五月辛丑，以吳革爲沿江制置宣撫使。

六月庚午，詔太極圖說、西銘、易傳序、春秋傳序，天下士子宜肄其文。戊寅，賈似道託疾辭退，疏十數上，上留益堅，禮異之，曰師相而不名。馬廷鸞洎省、部、臺諫、學、館、諸司，連章請留似道。庚辰，子憲薨。庚寅，詔以襄、郢水陸屯戍將士隆暑露處，出錢二百萬，命京湖制司給賜。

秋七月，復開州，己亥，更鑄印給之。

八月甲申，瑞安府樂淸縣嘉禾生，詔薦士增四名。壬辰，詔：郡縣行推排法，虛加寡弱戶田租，害民爲甚，其令各路監司詢訪，亟除其弊。詔精擇監司、守令，監司察郡守，郡守察縣令，置籍考覈，歲終第其治狀來上。癸巳，以夏貴能舉職事，進一秩。詔似道十日一朝。

九月庚戌，以黃萬石爲沿海制置使。壬子，台州大水。

冬十月丁丑，遣范文虎總統殿司、兩淮諸軍，往襄、樊會合備禦，賜錢百五十萬犒師。己卯，詔台州發義倉米四千石幷發豐儲倉米三萬石，振遭水家。甲申，以陳宗禮、趙順孫兼權參知政事，依舊同提舉編修敕令、經武要略。

閏十月己酉，安吉州水，免公田租四萬四千八十石。戊午，詔：殿、步、馬諸軍貧乏陣沒孤遺者多，方此隆寒，其賜錢二十萬、米萬石振之。

十一月丁丑，嘉興、華亭兩縣水，免公田租五萬一千石，民田租四千八百一十石。庚辰，詔：襄、郢屯戍將士隆寒可閔，其賜錢二百萬犒師。己丑，都統張世傑領兵江防。乙未，詔陳宗禮進一秩，爲資政殿學士，依所請守兼參知政事致仕。

十二月戊戌，陳宗禮卒，贈七秩。己亥，詔：唐全、張興祖等齎蠟書入襄陽，往復甚艱，各補轉三官，賜錢二千緡。大元兵築萬山城。

七年春正月乙丑，子昰授左衞上將軍，進封建國公。詔湯漢、洪天錫赴闕。詔戒貪吏。辛未，紹興府諸暨縣湖田水，免租二千八百石有奇。

三月戊寅，發屯田租穀十萬石，振和州、無爲、鎭巢、安慶諸州饑。辛巳，日暈，赤黄周匝。乙酉，平江府饑，發官倉米六萬石；吉州饑，發和糴米十萬石，皆減直振糶。丙戌，詔減內外百司吏額。戊子，發米一萬石，往建德府濟糶。詔臨江軍宣聖四十七代孫延之子孫，與放國子監試。

夏四月辛亥，免廣東提舉司鹽籮銀叁萬兩。甲寅，禮部侍郎陳宜中再乞補外，以顯文閣待制出知福州兼福建路安撫使。

五月乙酉，賜禮部進士張鎭孫以下五百二人及第、出身。壬辰，發米二萬石，詣衢州振糶。

六月癸巳，以錢百萬、銀五千兩命知嘉定府昝萬壽修城浚壕，繕甲兵，備禦遏。以韓震帶行御器械、知江安州兼潼川東路安撫副使，馬塈帶行御器械、知咸淳府，節制涪、萬州。臺臣劾朱善孫督綱運受贓四萬五千，詔特貸死，配三千里，禁錮不赦。乙未，詔以蜀閫調度浩繁，賜錢二百萬給用。丙申，諸暨縣大雨、暴風、雷電，發米振遭水家。瑞州民及流徙者飢乏食，發義倉米一萬八千石，減直振糶。己亥，詔以陸九淵孫溥補上州文學。己酉，鎭江府轉輸米十萬石於五河新城積貯。癸丑，以隆暑給錢二百萬賜襄、郢屯戍將士。丙辰，撫州黃震言：「本州振荒勸分，前穀城縣尉饒立積米二百萬，靳不發廩，雖嘗監貸，宜正遏糴之罪。」詔饒立削兩秩，武岡軍居住。洪天錫三辭召命，詔守臣勉諭赴闕。戊午，紹興府饑，振粜萬石。己未，兩淮五河築城具完，賜名安淮軍。大元會兵圍襄陽。

秋七月辛未，樞密院言吳信、周旺齎蠟書入襄城，往復效勞，詔各補官三轉。丁丑，湖南轉運司訪求先儒張栻後人義倫以聞，詔補將仕郎。壬午，四川制置使朱禩孫言：「夏五以來，江水凡三泛溢，自嘉而渝，漂蕩城壁，樓櫓圮壞；又嘉定地震者再，被災害爲甚，乞賜黜罷，上答天譴。」詔不允。癸未，詔：城五河，淮東制置印應雷具有勞績，進一秩，宣勞官屬將士皆推恩。

八月壬辰朔，日有食之。甲午，以錢三百萬，遣京湖制置李庭芝詣郢州調遣犒師。丁未，命沿江制置副使夏貴會合策應，以錢二百萬隨軍給用。

九月乙亥，顯文閣直學士湯漢、顯文閣直學士洪天錫各五辭召命，詔並升華文閣學士，仍予祠祿。己丑，子㬎生。

冬十月丙申，少傅、嗣秀王與澤薨，詔贈少師，追封臨海郡王。癸丑，從政郎朱鑒孫進羣經要略。己未，詔殿、步、馬諸軍貧乏陣沒孤遺者，方此隆寒，其賜錢二十萬、米萬石振之。

十一月癸亥，詔民有以孝弟聞于鄉者，守、令其具名上聞，將旌異勞賜焉。己巳，詔湯漢官一轉，端明殿學士，依所請致仕。

十二月甲午，詔：諸路監司循按刑獄，傔從擾民，御史臺申嚴覺察。丙午，以錢三十萬命四川制司下渠洋開州、寧西鎮撫使張朝寶創司犒師。己亥，淮東統領兼知鎮江府趙溍乞祠祿，不允。謝方叔特敍復元官職，惠國公致仕。辛亥，初置士籍。戊午，詔舉廉能材堪縣令者，侍從、臺諫、給舍各舉十人，卿監、郎官各舉五人，制帥、監司各舉六人，知州、軍、監各舉二人。

八年春正月庚申，詔：「朕惟崇儉必自宮禁始，自今宮禁敢以珠翠銷金爲首飾服用，必罰無貸。臣庶之家，咸宜體悉。工匠犯者，亦如景祐制，必從重典。」又詔：「有虞之世，三載考績，三考黜陟幽明。漢之爲吏者長子孫，則其遺意也。比年吏習媮薄，人懷一切，計日待遷，事未克究，又望而之他。吏胥狎玩，竊弄官政，吾民奚賴焉。繼自今內之郎曹，外之牧守以上，更不數易，其有治狀昭著，自宜獎異。」辛未，子㬎生。己丑，湯漢卒，賜謚文淸。

二月癸巳，謝方叔卒，贈少師。前知台州趙子寅歿，無所歸，特贈直祕閣，給沒官宅一區、田三百畝，養其孤遺，以旌廉吏。丙午，以錢二百萬給犒襄、郢水陸戰戍將士。

三月丙子，同知樞密院事兼權參知政事趙順孫授中大夫。

夏四月戊子，知合州、利路安撫張珏創築宜勝山城。

五月己巳，王爚除觀文殿學士，提舉萬壽觀兼侍讀。大元兵久圍襄、樊，援兵阨關險不克進，詔荆、襄將帥移駐新郢，遣部轄張順、張貴將死士三千人自上流夜半輕舟轉戰。比明達襄城，收軍閱視，失張順。

六月丙申，皮龍榮徙衡州。丁酉，以章鑑爲端明殿學士、同簽書樞密院事、同提舉經武要略。以錢千萬命京湖制司糴米百萬石，轉輸襄陽府積貯。乙巳，以家鉉翁兼權知紹興府、浙東安撫提舉司事，以唐震爲浙西提點刑獄。王爚乞寢新命，不允，勉諭赴闕。辛亥，臺臣言江西推排田結局已久，舊設都官、團長等虛名尚在，占恡常役，爲害無窮；又言廣東運司銀場病民。詔俱罷之。癸丑，以錢五百萬緡命四川制司詣湖北糴運上峽入夔米五十萬石。

秋七月辛未，知靜江府、廣西經略安撫使兼計度轉運使胡穎乞祠祿，詔勳一轉，依所乞宮觀。

八月丙戌朔，日有食之。辛丑，詔家鉉翁赴闕。丁未，紹興府六邑水，發米振遭水家。壬子，王爚辭免明堂大禮陪祠。乙卯，詔：福建安撫陳宜中克舉厥職，升寶謨閣待制。

九月丁卯，詔洪天錫轉端明殿學士，允所請致仕。辛未，明堂禮成，祀景靈宮，還遇大雨，改乘逍遙輦入和寧門，肆赦。庚辰，詔以朱禩孫兼四川屯田使。乙酉，洪天錫卒，贈五官，謚文毅。

冬十月己亥，紹興府言八月一日會稽、餘姚、上虞、諸暨、蕭山五縣大水，詔減田租有差。丁未，以章鑑兼權參知政事。右丞相馬廷鸞十疏乞骸骨，詔不允。庚戌，以秋雨水溢，詔減錢塘、仁和兩縣民田租什二，會稽湖田租什三，諸暨湖田租盡除之。辛亥，陳宜中兼給事中。

十一月乙卯，右丞相馬廷鸞累疏乞骸骨，授觀文殿學士、知饒州。詔以隆寒，殿、步、馬司諸軍貧窶幷陣沒孤遺者，振以錢粟。丙辰，陳奕以殿前都指揮使攝侍衞步軍司、馬軍司。己未，馬廷鸞辭免知饒州，乞祠祿，詔允所請，以觀文殿大學士、鄱陽郡公提舉洞霄宮。壬戌，命阮思聰赴樞密院稟議。己巳，詔明堂禮成，安南國王陳日煚、陳威晃各加食邑一千戶，賜鞭、鞍、馬等物。

十二月甲寅，以葉夢鼎爲少傅、右丞相兼樞密使。

九年春正月乙丑，樊城破，范天順、牛富死之。癸未，詔定安豐統制金文彪、朱文廣、王文顯、盛全淢河、古河、泉河、珉河等處戰功行賞。

二月甲申，詔：鄂州左水軍統制張順，沒身戰陣，贈寧遠軍承宣使，官其二子承信郎，立廟京湖，賜額曰忠顯。甲午，朱禩孫撫綏備禦，義不辭難，敕書獎諭。丁未，以夏貴檢校少保。庚戌，呂文煥以襄陽府歸大元。癸丑，以朱潤寺戰功推賞來歸人馬宣、沿江都統王喜等將士千五百七十餘人。

三月庚申，賈似道言邊遽日聞，請身督師以勵將帥。詔不允。四川制司言：「近出師成都，劉整故吏羅鑑自北復還，上整書稾一帙，有取江南二策：其一曰先取全蜀，蜀平，江南可定；其二曰清口、桃源，河、淮要衝，宜先城其地，屯山東軍以圖進取。」帝覽奏，亟詔淮東制司往清口，擇利城築以備之。葉夢鼎辭免右丞相，詔不允。庚午，遣金吾衞上將軍阮思聰由平江、鎭江及黃州行視城池，凡合繕修增易者亟條奏。丙子，來歸人方德秀補成忠郎，栗勇、楊林、胡巨川補保義郎，劉全補承信郎。戊寅，賈似道始奏李庭芝表言襄帥呂文煥以城降大元。己卯，加昝萬壽寧遠軍承宣使，職任仍舊。庚辰，夏貴辭免檢校少保，不允。壬午，詔建機速房，以革樞密院漏泄兵事、稽違邊報之弊。賈似道累疏請身督師，詔勉留。

夏四月，詔褒襄城死節，右領衞將軍范天順贈靜江軍〔三〕承宣使，右武大夫、馬司統制牛富贈金州觀察使，各官其二子承信郎，賜土田、金幣恤其家。甲申，汪立信權兵部尚書、京湖安撫制置使、知江陵府、夔路策應使、湖廣總領，不許辭免，以錢二百萬給立信開閫犒師。葉夢鼎乞致仕，遣官勉諭赴都堂治事。辛卯，以趙溍爲淮西總領兼沿江制置、建康留守。詔黃萬石赴闕。壬辰，詔：「襄陽六年之守，一旦而失，軍民離散，痛切朕心。今年乾會節，其免集英殿宴，以錢六十萬給沿江制置趙溍江防捍禦。」癸巳，知招信軍陳巖乞祠祿。詔曰：「迺者邊吏弗戒，致有襄難，將士頻歲暴露，邊民蕩析離居，蠹傷朕心。爾閫臣專征方面，宜身率諸將，宣揚國威，以賞戮用命不用命。爾守臣有土有民，宜申儆國人，保固封守。爾諸將尙迪果毅，一乃心力，各以其兵，敵王所愾。今朕多誥，爾其悉聽明訓，毋懈毋愞，習于故常，功多有厚賞，爾不克用勸，罰固不得私也。又如中外小大臣僚，有材識超卓、明控御之宜、懷攻守之略者，密具以聞，一如端拱二年制書，朕當虛心以聽。」李庭芝乞解罷，詔赴闕。壬寅，詔復置樞密院都統制、副都統制各一員。丁未，以高達爲寧江軍節度使、湖北安撫使、知峽州。詔忠州潛藩已升咸淳府，刺史王達改授高州刺史。李庭芝辭召赴闕，詔與祠。己酉，詔：「南歸人復有戰功者予優賞，楊春、薛聚成、陳君謨、周海、周興各補成忠郎，蕭成、侯喜、丁甫、劉鑄、鄭歸各補承信郎。」以夏貴兼侍衞馬軍都指揮使。庚戌，詔汪立信賞罰調用悉聽便宜行事。辛亥，呂師夔言：「比賈似道得李庭芝書，報臣叔父文煥以襄城降，臣聞之隕越無地；不能頃刻自安。請以經略安撫、轉運、靜江府印委次官護之，席藁俟命，容臣歸省偏親，誓當趨事赴功，毁家紓難，以贖門戶之愆，以報君父之造。」詔不允。

五月乙卯，以黃萬石權戶部尙書兼知臨安府、浙西安撫使。四川制司朱禩孫言：「所部諸縣除正辟文臣外，諸郡屬邑，許令本司不拘外縣一體選辟文臣，以幸蜀之士民。」奏可。丙辰，知廬州呂文福言：「從兄文煥以襄陽降，爲其玷辱，何顏以任邊寄，乞放罷歸田里。」詔不允。呂師夔五疏乞罷任，詔赴闕。丁卯，申禁奸民妄立經會，私創庵舍，以避征徭，保伍容芘不覺察坐之。辛未，劉雄飛乞致仕。戊寅，孝感縣丞闕應庚上書言邊防二十事，詔授武當軍節度推官兼司法，京湖制司量材任使。庚辰，馬軍司統制王仙昔在襄、樊緣戰陷陣，今復來歸，特與官五轉，充殿前司正額統制，賜錢一萬。布衣林椿年等上書言邊防十數事，詔諸人上書凡言請以丞相似道督視者不允，餘付機速房。

六月，刑部尙書兼給事中陳宜中言，樊城之潰，牛富死節尤著，以職卑贈恤下范天順一階，未愜輿情。詔加贈富寧遠軍〔四〕承宣使，仍賜土田、金幣恤其家。前四川宣撫司參議官張夢發詣賈似道上書陳危急三策，曰鎭漢江口岸，曰城荆門軍當陽界之玉泉山，曰峽州宜都而下聯置堡砦，以保聚流民，且守且耕，幷圖上城築形勢。賈似道不以上聞，下京湖制司審度可否，事竟不行。成都安撫使昝萬壽去冬調將士攻毁成都大城，今春戰硐門，五月遣統制楊國寶領兵至雅州，統領趙忠領兵至眉州，兩路捍禦有勞，詔具將士宣力等第、姓名以聞。呂文福言文煥爲人扶擁，以襄陽降非由己心。詔與李庭芝元陳異同，其審覈以聞。庭芝表：「向在京湖，來歸人吳旺等備言文煥父子降狀，先納筦鑰，旋獻襄城，且陳策攻郢州，請自爲先鋒，言人人同，制司案辭可徵，非敢加誣人罪。」詔文福勉力捍禦，毋墜家聲。京湖制司言：「去年冬間，探司總管劉儀、盛聰，總制趙鐸，領精鋭至均州文龍崖立砦。呂文煥旣降，均城受敵，知郡劉懋偕劉儀等扞禦宣勞。」詔懋升右武大夫、帶行左衞大將軍，仍舊職，儀添差荊湖北路兵馬鈐轄，聽添差鄂州兵馬鈐轄，各官三轉，將士官兩轉。左藏東庫蹇材望上書言邊事大可憂者七，急當爲者五。不報。丙戌，劉雄飛卒，特贈一官。戊子，京湖制司請給器械，詔內軍器庫選犀利者賜之，仍贈錢百萬備修繕。四川制置朱禩孫言月奉銀計萬兩，願以犒師，向後月免請。詔常祿勿辭。己丑，給事中陳宜中言，乞正范文虎不力援襄之罰，詔文虎降一官，依舊知安慶府。安南國進方物，特賜金五百兩、帛百疋。癸卯，汪立信言：「臣奉命分閫，延見吏民，皆痛哭流涕而言襄、樊之禍，皆由范文虎及俞興父子。文虎以三衙長聞難怯戰，僅從薄罰，猶子天順守節不屈，猶或可以少贖其愆。興奴僕庸材，器量褊淺，務復私讎，激成劉整之禍，流毒至今，其子大忠挾多資爲父行賄，且自希榮進，今雖寸斬，未足以快天下之忿，乞置重典，則人心興起，事功可圖。」詔俞大忠追毁出身文字，除名，循州拘管。又言守闕進義副尉〔五〕童明，襄陽破拔身來歸，且嘗立功開州，乞補轉四官。詔特與官兩轉。

閏月辛亥，命殿前指揮使陳奕總統舟師備鄂州、黃州江防。癸丑，來歸人郭珍補成忠郎，張進、張春、張德林、向德成、王全、婁德、王興各補承信郎。丙辰，朝散郎師顥行進注皇朝文鑑。前臨安府司法梁炎午陳攻守之要五事，不報。命大理寺丞鍾蜚英點視沿江堡隘兵舡。戊辰，知敍州郭漢傑言，馬湖蠻王汝作、鹿巫蠻王沐丘，帥蠻兵五百餘助官軍民義阻險馬湖，捍禦有功。詔賞汝作、沐丘金帛及其部兵有差，敍州總管曹順一軍，凡在戰陣者，趣具立功等第來上。

秋七月丁亥，權紹興府節制紫城軍義文榮鼎及將校趙居敬、丁福、孟青、蒲祥、白貴、史用、羅宜、王繁等九人，成都之役沒于兵，各追贈官秩，仍官其子。癸巳，知達州趙章、知開州鮮汝忠、知渠州張資等復洋州。戊戌，張珏等復馬騣山。

八月癸丑，權知均州徐鼎、總管盛聰，戰房州胡師峪、板倉。乙卯，知房州李鑑調權竹山縣王國材、統制熊權、總轄馬宗明，戰落馬坪、白羊山，詔有司各以勞效論賞。

九月辛巳，以章鑑簽書樞密院事兼參知政事，陳宜中同簽書樞密院事。成都安撫使昝萬壽城嘉定烏尤山。乙未，以洪燾爲浙東安撫使。丙申，以黃萬石爲湖南安撫使。

冬十月己酉，來歸人汪福、許文政各官五轉。癸丑，鎭巢軍、和州、太平州諸將查文、李文用、孟浩等十一人，以射湖岡、萬歲嶺、後港及焦湖北岸戰功，咸賜爵賞。癸亥，雷。四川制司言何炎向失洋州，調知達州趙章等率諸部軍義復之；七月又復洋州、吳勝堡兩城，權檄統轄謝益知洋州，總制趙桂楫知巴州，俾任責吳勝堡戰守之事。至是以功來上，且以二州攝事守臣請命于朝，詔與正授。丁丑，兩淮制置使印應雷告老，進一秩致仕。李庭芝兩淮安撫制置使，賜錢二百萬激犒備禦。

十一月壬午，子爲授左衞上將軍，封嘉國公。戊子，知泰州龔準〔六〕遣其將王大顯等捍禦水砦有功，又獲俘民以還，詔水步兩軍將校凡用命者賞激有差。甲午，以夏貴爲淮西制置使兼知廬州，陳奕沿江制置使兼知黃州，呂文福知閤門事。詔從李庭芝請分淮東、西制置爲兩司，就命庭芝交割淮東，仍兼淮西策應使。乙未，以夏貴爲淮西安撫制置使，賜錢百萬激犒備禦。李庭芝辭免淮西策應使，不允。知安豐軍陳萬以舟師自城西大澗口抵正陽城，遇北兵力戰，詔旌其勞。

十二月甲子，以馬廷鸞爲浙東安撫使、知紹興府。丙寅，權參知政事章鑑再乞解機政，不允。丁丑，沿江制置使所轄四郡夏秋旱澇，免屯田租二十五萬石。

十年春正月壬午，城鄂州漢口堡。權總制施忠、部將熊伯明、知泰州龔準以天長縣東橫山、秦潼湖、青蒲口等處戰功推賞。戊子，江萬里以疾辭職任，詔依舊觀文殿大學士、提舉洞霄宮。乙丑，以留夢炎知潭州兼湖南安撫使。庚寅，城鄂州沌口西岸堡。京湖制司言襄陽勇信中軍鈐轄吳信隨呂文煥北往，今并妻子冒險來歸。詔吳信赴闕，制司仍存恤其家。丙申，江東沙圩租米，以咸淳九年水災，詔減什四。乙巳，雨土。

二月己酉，以趙順孫爲福建安撫使。辛酉，詔諸制閫就任升除恩數，其告命、衣帶、鞍馬，閤門勿差人給賜，往要厚賂，以失優寵制臣之意，違者有刑。

三月己卯，免郡縣侵負義倉米七十四萬八千餘石。

夏四月乙卯，子昺授左衞上將軍，進封永國公。詔賞沿江都統王達、黃侯戰黃連寺之功。戊午，以呂文福爲常德、辰、沅、澧、靖五郡鎭撫使，知沅州。辛酉，詔賞光州守陳岩、路分李全、許彥德、總管何成、路鈐仰子虎等牛市畈、丁家莊戰功。烏蘇蠻王詣雲南軍前納款大元。

五月丁亥，以高世傑爲湖北安撫副使兼知岳州，總統出戍軍馬。辛丑，馬廷鸞辭免觀文殿大學士、知紹興府、浙東安撫使，詔不允。壬寅，張珏表請城馬騣、虎頭兩山，或先築其一，以據險要。

六月戊午，以銀二萬兩命壽春府措置邊防。

秋七月壬午，汪立信乞致仕，不允。癸未，帝崩于福寧殿，遺詔太子㬎即皇帝位。甲申，臺臣劾內醫蔡幼習，詔奪五秩，送五百里州軍居住，二子並罷閤門職。

八月己酉，上大行皇帝謚曰端文明武景孝皇帝，廟號度宗。德祐元年正月壬午，葬于永紹陵。

贊曰：宋至理宗，疆宇日蹙，賈似道執國命。度宗繼統，雖無大失德，而拱手權奸，衰敝淩甚。考其當時事勢，非有雄才睿略之主，豈能振起其墜緒哉！曆數有歸，宋祚尋訖，亡國不于其身，幸矣。

校勘記

〔一〕詔立爲皇子 「皇子」，原作「皇太子」，據本書卷四三理宗紀、宋史全文卷三四寶祐元年正月庚寅條改。

〔二〕國子祭酒陳宜中 「陳宜中」，宋史全文附錄宋季朝事實作「雷宜中」。

〔三〕靜江軍 本書卷四五〇、昭忠錄范天順傳都作「定江軍」。

〔四〕寧遠軍 本書卷四五〇、昭忠錄牛富傳都作「靜江軍」。

〔五〕守闕進義副尉 「闕」，原作「關」，按本書卷一六三職官志，兵部有守闕進義副尉，「關」當爲「闕」字之誤，今改正。

〔六〕知泰州龔準 「泰州」，原作「秦州」，據下文十年正月壬午條改。這時秦州已入元，不屬宋。

宋史卷四十七

本紀第四十七

瀛國公 二王附

瀛國公名㬎，度宗皇帝子也，母曰全皇后，咸淳七年九月己丑〔一〕，生於臨安府之大內。九年十一月授左衞上將軍，封嘉國公。

十年七月癸未，度宗崩，奉遺詔卽皇帝位于柩前，年四歲，謝太后臨朝稱詔。甲申，兄昰保康軍節度使、開府儀同三司，進封吉王，加食邑一千戶；弟昺保寧軍節度使、開府儀同三司，進封信王，加食邑一千戶。命平章賈似道依文彥博故事，獨班起居。丙戌，上皇太后尊號曰壽和聖福太皇太后，皇后曰皇太后。又詔以生日爲天瑞節。戊子，命臨安府振贍細民。辛卯，以朱禩孫爲京湖、四川宣撫使兼知江陵府。壬寅，詔撫三邊將士。命州郡舉遺逸。除浙西安撫司、兩浙轉運司、臨安府見追贓賞錢。詔求言。

八月甲辰，詔乞言於老臣江萬里、葉夢鼎、馬廷鸞、留夢炎、趙順孫、王爚。李庭芝築清河城，以圖來上，詔庭芝進一秩，宣勞將士，具名推賞。加知鄂州李雷應守軍器監，知太平州孟之縉尙書兵部員外郎，知江州錢眞孫直寶章閣，知鎭江軍洪起畏直敷文閣。癸丑，大霖雨，天目山崩，水涌流，安吉、臨安、餘杭民溺死者亡算。甲寅，太皇太后以老不能御正衙，命暫以慈元殿爲後殿。辛酉，作度宗廟。戊辰，以全淸夫爲昭信軍節度使，謝堂檢校少保，謝垕保康軍節度使。馬廷鸞乞骸骨歸田里，詔趣之任。

九月丁丑，資政殿大學士、光祿大夫王爚乞致仕，詔不允。戊寅，發米振餘杭、臨安兩縣水災。餘杭災甚，再給米二千石。己卯，似道乞免筶拜，從之。辛巳，覆試文武舉士人。壬午，覆試文武舉士人。癸未，大元兵大會于襄陽。丙戌，丞相伯顏將一軍趣郢州，元帥唆都將一軍入淮，翟招討將一軍徇荆南。丁亥，大元軍薄郢州。戊子，免被水州縣今年田租。甲午，初開經筵。丁酉，天瑞節，免徵臨安府公私房賃錢十日。以金符十三、銀符百給夏貴激賞奇功。己亥，試正奏名進士，賜王龍澤以下出身有差。壬寅，有星見西方，委曲如蚓。復州副將翟國榮遇大元兵，戰爛泥湖死之。閩中旱。

冬十月丙午，知達州趙章復洋州，加右驍騎尉中郎將。大元兵破渠州禮義城，知州張資自殺。丁未，饒州布衣董聲應進諸史纂約、兵鑑、刑鑑，詔聲應充史館編校文字。癸丑，上度宗謚。廣西經略司權參議官邢友龍擊潮州、潭州寇，破之。乙卯，令州縣行義田、義役。丁巳，友龍以下諸將各轉官有差。大元兵攻郢州，都統制張世傑力戰禦之，遂去，由藤湖入漢。戊午，郢州副都統趙文義追戰全子湖死，恤其家。庚申，贈翟國榮復州團練使，官其二子，立廟復州。壬戌，以錢百萬給郢城屯戍將士。甲子，詔以明年爲德祐元年。乙丑，以章鑑同知樞密院事兼權參知政事，陳宜中簽書樞密院事兼權參知政事。大元兵徇沙洋城，京湖宣撫司遣總管王虎臣援之。丙寅，城破，虎臣與守隘官王大用皆被執。熒惑犯鎭星。大元兵至新城。戊辰，總制黃順出降。己巳，副總制仁寧出降〔三〕。都統制邊居誼力戰，城破赴火死。知復州翟貴以城降。閩中地震。

十一月癸酉，以朱禩孫爲京湖、四川宣撫使。丁丑，命沿江制置使趙溍巡江策應，賜錢百萬激賞戰功。戊寅，馬廷鸞力辭浙東安撫使、知紹興府，詔依舊觀文殿大學士、提舉洞霄宮。贈趙文義清遠軍節度使，與其兄威武軍節度使文亮共立廟揚州，賜名傳忠。庚辰，以陸秀夫爲淮東安撫制置司參議官。壬午，削諸班直溢額人。癸未至乙酉，覆試特奏名士人。丙戌，以王爚爲左丞相，章鑑爲右丞相，並兼樞密使。似道自九月乞命左右丞相，至是從之。以張晏然兼京湖、四川宣撫司參議官。己丑至庚寅，覆試特奏名士人。壬辰至癸巳，如上覆試。甲午，括邸第戚畹及御前寺觀田，令輸租。丁酉，加安南國王陳日煚寧遠功臣，其子威晃奉正功臣。

十二月癸卯朔，命建康府、太平州、池州振避兵淮民。以隆寒，勞賜京湖及沿江戍守將士。甲辰，詔：淮西四郡水旱，去年屯田未輸之租其勿徵。丁未，提舉興國宮呂師夔請募兵江州，詔知州錢眞孫同募，尙書省以錢米給之。癸丑，大元兵攻陽邏堡，夏貴以兵力守，武定軍都統制王達戰死。乙卯，大元兵夜以偏師乘雪渡靑山磯。丙辰，都統程鵬飛鏖戰，被重創歸鄂州，都統高邦憲屯馬家渡，棄舟走被執。大元兵復攻夏貴于陽邏堡，都統制劉成以定海水軍戰死，貴敗，沿江縱兵大掠，歸廬州。朱禩孫將兵至鄂州，聞鄂兵敗，夜奔江陵府。己未，權知漢陽軍王儀以城降。呂文煥以北兵攻鄂州。庚申，程鵬飛及權守張晏然以城降。幕僚張山翁不屈，諸將欲殺之，丞相伯顏曰：「義士也，釋之。」詔錢塘、仁和兩縣民年七十至九十已上者，賜帛及酒米。癸亥，詔似道都督諸路軍馬，以步軍指揮使孫虎臣總統諸軍，所辟官屬皆先命後奏。詔天下勤王。甲子，起李芾爲湖南提刑。乙丑，以高達爲湖北制置使兼安撫、知江陵府。詔：「邊費浩繁，吾民重困，貴戚釋道，田連阡陌，安居暇食，有司覈其租稅收之」。贈王達淸遠軍承宣使。庚午，度宗梓宮發引至浙江上，俟潮漲絕江，潮失期，日晡不至。程鵬飛以北兵徇黃州，知州陳奕遣人請降于壽昌軍。李庭芝以兵勤王。辛未，命州郡節制駐戍經從兵。

德祐元年春正月癸酉朔，大元兵入黃州。甲戌，陳奕遣人下蘄州，幷招其子巖于安東州。丁丑，知蘄州管景模遣人請降于黃州。戊寅，詔浙東郖第出米，減價糶民。壬午，葬度宗于永紹陵。大元兵入蘄州。癸未，似道以呂師夔權刑部尙書、都督府參贊軍事，任中流調遣。乙酉，以陳宜中同知樞密院事兼參知政事。呂師夔、錢眞孫遣人請降于蘄州。丙戌，大元兵徇江州。知安東州陳巖夜遁。邳州降。知壽昌軍胡夢麟寓治于江州，丁亥，自殺。戊子，知南康軍葉閶遣人請降于江州。似道出師。知德安府來興國以城降。夔路安撫張起巖與其將弋德攻開州，復取之。己丑，知安慶府范文虎遣人以酒饌如江州迎師。乙未，附度宗神主于新宮。以孫虎臣爲寧武軍節度使。戊戌，赦京畿罪。池州都統張林遣人請降于江州。大元兵入安慶，范文虎降，通判夏椅仰藥死。是月，知達州鮮汝忠以城降。

二月癸卯，似道以宋京爲都督府計議官，使大元軍中。甲辰，以黃萬石爲江南西路制置使，加湖北制置副使高達檢校少保。庚戌，大元兵入池州，權守趙卯發自經死。宋京如軍中，請稱臣、奉歲幣，不得請而還。辛亥，贈劉成淸遠軍承宣使。乙卯，五郡鎭撫呂文福遣所部淮兵入衞，降詔襃之。丙辰，詔勞賈似道，命都督府歲舉改官如史嵩之故事。己未，加張起巖福州觀察使，弋德以下各轉五官。庚申，虎臣與大元兵戰于丁家洲敗績，奔魯港，夏貴不戰而去。似道、虎臣以單舸奔揚州，諸軍盡潰，翁應龍以都督府印奔臨安。壬戌，大元兵徇饒州，知州唐震死之，故相江萬里赴水死，通判萬道同以城降。沿江制置大使趙溍、知鎭江府洪起畏、知寧國府趙與可、知隆興府吳益皆棄城遁。知和州王喜以城降。建康都統翁福出迎大元兵。甲子，大元兵至臨江軍，民盡去，知軍鮑廉死之。似道上書請遷都。乙丑，下公卿雜議，王爚言己不能與大計，遂去。張世傑將兵入衞臨安，道饒州，復取之，其將謝元、王海、李旺、袁恩、呂再興皆戰死。江西提刑文天祥起兵勤王。丙寅，以天祥爲江西安撫副使、知贛州，趣入衞。詔募兵。以謝堂爲兩浙鎭撫使，謝至保寧軍節度使，全永堅、謝㢑並檢校少保。戊辰，徵兩浙、福建諸郡廂禁兵之半入衞。湖南提刑李芾以兵勤王。知江陰軍鄭濡棄城遁，知無爲軍劉權、知太平州孟之縉皆以城降。己巳，大元兵攻嘉定九頂山，都統侯興戰死。以陳宜中知樞密院事兼參知政事，曾淵子同知樞密院事、兩浙安撫制置大使兼知臨安府，文及翁簽書樞密院事，倪普同簽書樞密院事。召王爚爲浙西、江東宣撫招撫大使，使居京師，以備咨訪。遣大元國信使郝經等歸。庚午，加夏貴開府儀同三司，令以所部兵入衞。令長吏給經過兵民錢米，一切勿征稅。應編配、拘鎖人，除僞造關會、強刼盜放火者，餘悉縱之。放免浙西公田逋米及諸處見監贓，諸文武官在謫籍者，並放自便與敍復改正，放參親民。加張珏寧遠軍節度使，昝萬壽保康軍節度使，張世傑和州防禦使，令將兵入衞。陳宜中乞誅似道，詔罷似道平章、都督，予祠。趙與可除名，令臨安府捕案之。招似道潰兵。辛未，右丞相章鑑遁。

三月壬申朔，詔復茶鹽市舶法。似道諸不恤民之政，次第除之，以公田給佃主，令率其租戶爲兵。殿前指揮使韓震請遷都，陳宜中殺之。震所部兵叛，攻嘉會門，射火箭至大內，急發兵捕之，皆散走。癸酉，都統徐旺榮迎大元兵入建康府，鎭江統制石祖忠請降于建康。命浙西提刑司準備差遣劉經戍吳江，兩浙轉運司準備差遣羅林、浙西安撫司參議官張濡戍獨松關，山陰縣丞徐垓、正將郁天興戍四安鎭，起趙淮爲太府寺丞，戍銀樹東壩。湖北安撫司計議官吳繼明攻通城縣，復取之，執縣令以歸。遣使召章鑑還朝。甲戌，以似道爲醴泉觀使。大元兵至無錫縣，知縣阮應得出戰，一軍皆沒，應得赴水死。詔發兵戍吳江。乙亥，發兵戍獨松嶺、銅嶺。詔諭呂文煥、陳奕、范文虎使通和議息兵。以王爚爲左丞相兼樞密使。閩中地復大震。丙子，下詔罪己。以陳宜中爲特進、右丞相兼樞密使。罷章鑑官，予祠。侍御史陳過請竄賈似道并治其黨人翁應龍等，不俟報而去。監察御史潘文卿、季可乞從過所請，乃命捕應龍下臨安府獄。罷廖瑩中、王庭、劉良貴、游汶、朱浚、陳伯大、董樸。責洪起畏鎭江自效〔三〕。丁丑，知滁州王應龍以城降。己卯，杖翁應龍，刺配吉陽軍。命王爚、陳宜中並都督諸路軍馬。加呂文福福州觀察使。庚申，贈唐震華文閣待制。削萬道同三官，罷之。壬午，復吳濳、向士璧官。知常州趙與鑒聞兵至遁，常民錢訔以城降。甲申，大元兵至西海州，安撫丁順降。乙酉，知東海州施居文乞降于西海州。知平江府濳說友，通判胡玉、林鏜以城降。加張世傑保康軍承宣使，總都督府諸軍。丙戌，知廣德軍令狐槩以城降。徙浙西提點刑獄司于平江府。張世傑遣其將閻順、李存進軍廣德，謝洪永進軍平江，李山進軍常州。丁亥，張德以下各轉官有差。謝元等贈十官。有星二鬭於中天，頃之，一星隕。己丑，滁人執王應龍歸於揚州，殺之。加呂文福保康軍承宣使，趣入衞。文福至饒州，殺使者，入江州降大元。庚寅，左司諫潘文卿、右正言季可、同知樞密院曾淵子、兩浙轉運副使許自、浙東安撫王霖龍相繼皆遁。簽書樞密院文及翁、同簽書樞密院倪普諷臺臣劾己，章未上，亟出關遁。知安東州孫嗣武以城降。雨土。辛卯，命在京文武官並轉兩官，其畔官而遁者，令御史臺覺察以聞。閻順戰安吉縣，復取鳳平。張濡部曲害大元行人嚴忠範于獨松關，執廉希賢至臨安，重創死。壬辰，岳州安撫高世傑軍洞庭中，大元兵攻之，世傑降。癸巳，攻岳州，總制孟之紹以城降。甲午，詔褒諭張世傑、閻順，諸將各轉官有差。乙未，免安吉縣今年夏田租，有戰沒者，縣令、丞恤之。丙申，顧順攻廣德軍，復取之。以陳合同簽書樞密院事。丁酉，贈邊居誼利州觀察使。戊戌，赦邊城降將罪，能自拔而歸者，錄之，復一州者予知州，復一縣者予知縣，所部僚吏將卒及土豪立功者同賞。罷章鑑祠官并奪宰輔恩數，曾淵子削兩官，奪執政恩數，陳過、陳堅、徐卿孫各削兩官，奪侍從恩數。趙與鑒追兩官罷之，遇赦永不收敍。罷許自、王霖龍。令淮東制置司用標由。庚子，徙淮東總領所于江陰軍。加吳繼明閤門宣贊舍人。

四月壬寅朔，贈趙卯發華文閣待制。貶陳過平江府。雄江軍統制洪福率衆復鎭巢軍。甲辰，贈江萬里太師，謚文忠，輟視朝二日。乙巳，大元兵入廣德縣，知縣王汝翼與寓居官趙時晦率義兵戰斗山，路分孟唐老與其二子皆死，汝翼被執至建康死之。王大用贈三官，王虎臣贈兩官，官其二子。丙午，大元兵破沙市城，都統孟紀死之，監鎭司馬夢求自經死。戊申，京湖宣撫朱禩孫、湖北制置副使高達以江陵降，京湖北路相繼皆下〔四〕。張起巖提兵保飛山。己酉，命劉師勇戍平江府。辛亥，顧順諸將各轉三官，孟唐老贈三官。壬子，以高斯得簽書樞密院事兼權參知政事。總統張敏與大元兵戰豐城死之，癸丑，贈五官，官其一子。阮應得贈十官。乙卯，以福王與芮爲武康、寧江軍節度使、判紹興府。丙辰，王爚來，令如文彥博故事，自朝參起居外並免拜。以樞密副使召夏貴提兵入衞。丁巳，總制霍祖勝攻溧陽縣，復取之。戊午，贈張資眉州防禦使，侯興復州團練使。乙未，文及翁、倪普並削一官，奪執政恩數；潛說友削三官，奪侍從恩數。庚申，令狐槩除名，配鬱林州牢城，籍其家。知金壇縣李成大率義局官含山縣尉胡傳心、陽春主簿潘大同、濠梁主簿潘大喬、進士潘文孫潘應奎攻金壇縣取之。鎭江統制侯岩、縣尉趙嗣濱復助大元兵來戰，成大二子及大同等皆死，執成大以歸。壬戌，大元兵攻眞州，知州苗再成、宗子趙孟錦率兵大戰于老鸛觜。癸亥，加知思州田謹賢、知播州楊邦憲並復州團練使，趣兵入衞。有大星自心東北流入濁沒。乙丑，熒惑犯天江。提舉太平興國宮常楙請立濟王後。丁卯，加李庭芝參知政事。戊辰，詔宜興、溧陽民兵助戰有功，特免今年田租；江陰民被兵，其租亦勿收責。庚午，大元兵至揚子橋，揚州都撥發官雷大震出戰死。是月，常德、鼎、澧皆降。

五月辛未朔，命宰執日赴朝堂治事。旌德縣城守有功，免其民今年田租。癸酉，大元兵至寧國縣，知縣趙與𥡴出戰死。甲戌，淮安總制李宗榮、知慶遠府仇子眞將兵來勤王。乙亥，加苗再成濠州團練使，趙孟錦揚州都統司計議官。以洪福知鎭巢軍。丁丑，詔趙溍統軍民舡屯江陰。劉師勇攻常州，復取之，執安撫戴之泰，司戶趙必佮、總管陸春戰死。戊寅，淮東兵馬鈐轄阮克己將兵來勤王，加左驍騎中郎將。己卯，賜婺州處士何基謚文定，王柏承事郎。加張玨檢校少保、四川制置副使、知重慶府。庚辰，贈雷大震保康軍節度使。辛巳，加劉師勇濠州團練使，其將劉圭以下各轉官有差。戊子，贈潘大同等官，餘有功人並轉兩官。辛卯，貶潛說友南安軍，吳益汀州，並籍其家。罷李玨，送婺州。籍呂文煥、孟之縉、陳奕、范文虎家。甲午，饒、信州饑，令民入粟補官。罷市舶分司，令通判任舶事。淮東、西官民兵各轉一官。丙申，詔張世傑、張彥、阮克己、仇子眞四道出兵，遣使告天地、宗廟、社稷、諸陵、宮觀。己亥，勞軍。吳繼明復蒲圻、通城、崇陽三縣，加帶行帶御器械、權知鄂州，令擇險爲寓治。贈鮑廉直華文閣，官其一子；趙與穗直華文閣。

六月庚子朔，日有食之，既，晝晦如夜。昝萬壽以嘉定及三龜、九頂、紫雲城降。知敍州李演將兵援嘉定府，遂解歸，戰羊雅江，兵敗被執。辛丑，太皇太后詔削尊號「聖福」字以應天戒。復魏克愚官，太學生蕭規、唐棣並補承信郎。知嘉興府余安裕坐聞兵求去，貽書朝中，語涉不道，削一官送徽州。徐卿孫削一官貶吉州。命侍從官已上各舉才堪文武者五人，餘廷臣各舉三人，雖在謫籍，亦聽舉之。丙午，王應麟言：「開慶之禍，始於丁大全，請凡大全之黨，在謫籍者皆勿有。」從之。己酉，免廣德軍今年田租及諸郡縣未納綱解。王應麟繳還章鑑、曾淵子錄黃，言韓震爲逆，二人實芘之；且淵子芘翁應龍致有逸罰，又嘗竊府庫金以遁。庚戌，命削鑑一官，放歸田里，淵子再削一官，徙吉州，誅翁應龍，籍其家。辛亥，銓試。甲寅，留夢炎入朝，王爚請相夢炎，乞以經筵備顧問，陳宜中請相夢炎，乞祠，詔二相毋藉此求閒。以爚爲平章軍國重事，一月兩赴經筵，五日一朝；宜中左丞相兼樞密使，都督諸路兵；夢炎右丞相兼樞密使，都督諸路兵。乙卯，詔求言。知敍州郭漢傑以城降。丙辰，疏決在京罪人。免引見。戊午，知瀘州梅應春以城降。己未，以李庭芝知樞密院事兼參知政事。庚申，知富順監王宗義以城降。王應麟復繳還曾淵子貶吉州録黃，癸亥，貶韶州。丙寅，吳繼明諸將各轉官有差。丁卯，朱禩孫除名，籍其家。

秋七月庚午朔，江西制置黃萬石移治撫州，詔還隆興府。辛未，張世傑諸軍戰焦山下，敗績。甲戌，徙似道居婺州，廖瑩中除名貶昭州，王庭除名貶梅州，徙曾淵子雷州。寧國吏楊義忠率義兵出戰死。乙亥，贈武功大夫。丁丑，徙似道建寧府。太白入東井。庚申，加知高郵軍褚一正〔五〕閤門宣贊舍人，知懷遠軍金之才帶御器械，知安淮軍高福閤門祗候，知泗州譚興閤門宣贊舍人，知濠州孫立右衞大將軍，賞守邊功。壬午，太白晝見。詔饒州被兵，令免今年田租。路鈐劉用調兵入靖州，知州康玉刼之，通判張起岩入殺玉，復靖州。癸未，拘內司局錢餉兵。丙戌，令權糴公田今年租，每石以錢十貫給佃主，十貫給種戶，其鎮江、常州、江陰被兵者勿糴。庚寅，謫似道爲高州團練副使〔六〕，貶循州，籍其家。糴浙西邸第、寺觀田米十之三。追復皮龍榮官。監司、郡守避事不卽到官者，令御史臺覺察以聞。辛卯，王爚子嵊京學生劉九皋等伏闕上書言：宜中擅權，黨似道，芘趙溍、潛說友，使門客子弟交通關節，其誤國將甚於似道。宜中去，遣使四輩召之，皆不至。謝堂乞罷兩浙鎭撫司，不從。張世傑乞濟師，不報。壬辰，下劉九皋等臨安獄，罷王爚爲醴泉觀使。癸巳，以夏貴知揚州，朱煥知廬州。甲午，遣使召宜中還朝。乙未，以陳文龍同簽書樞密院事兼權參知政事。通判婺州張鎮孫聞兵遁，罷其官。貶胡玉連州、林鎧韶州，並除名。沿江招討大使汪立信卒。丙申，削李珏兩官，貶潮州。以開慶兵禍，追罪史嵩之，奪其謚。戊戌，遣使召宜中還朝。

八月己亥朔，總制毛獻忠將衢州兵入衛。辛丑，疏決臨安府罪人。壬寅，右正言徐直方遁。加夏貴樞密副使、兩淮宣撫大使，李芾湖南鎮撫大使。總制戴虎破大南砦，轉三官。加張起岩太府寺丞、知靖州，劉用以下立功人各轉官有差。大元兵駐巴陵縣黃沙。乙巳，吳繼明復平江縣。戊申，試太學上舍生。己酉，拘閻貴妃集慶寺、賈貴妃演福寺田，還安邊所。庚戌，劉師勇攻呂城，破之。癸丑，復嘉定七司法。丁巳，遣使召宜中還朝。加張世傑神龍衞四廂都指揮使，總都督府諸兵。戊午，加劉師勇和州防禦使。熒惑犯南斗。趙淇除大理少卿，王應麟封還錄黃，言昔內外以寶玉獻似道，淇兄弟爲甚，己未，遂罷之。甲子，以文天祥爲浙西、江東制置使兼知平江府。乙丑，揚州文武官轉兩官。加吳繼明湖北招討使，朱旺諸將各轉三官。

九月己巳，陳宜中授觀文殿大學士、醴泉觀使兼侍讀。左司諫陳景行請令講官坐講陪宿直，從之。辛未，加田謹賢福州觀察使，楊邦憲利州觀察使，趣入衛。己卯，陳宜中乞任海防，不允。辛巳，有事于明堂，赦。李成大被執，不屈死，壬午，贈五官。丙戌，命文天祥爲都督府參贊官，總三路兵。會稽縣尉鄭虎臣部送似道之貶所，至漳州殺之。大元兵至泰州，知州孫虎臣自殺。庚寅，贈太尉。免靖州今年田租。辛卯，徙李珏梧州。乙未，劉良貴再削兩官，貶信州。張彥與大兵戰敗被執，以城降。

冬十月己亥，加張世傑沿江招討使，劉師勇福州觀察使，總統出戍兵。壬寅，宜中來。癸卯，玉牒殿災。丁未，以夢炎爲左丞相，宜中爲右丞相，並兼樞密使、都督。城臨安。辛亥，以張世傑爲沿江制置副使、兼知江陰軍兼浙西策應使。丁巳，太白會塡星。戊午，領戶部財用常楙〔七〕、中書舍人王應麟請立濟王後。贈夏椅直祕閣。徵紹興府處士陸應月爲史館編校文字。壬戌，大元兵發建康，參政阿剌罕、四萬戶總管奧魯赤將右軍出四安鎭趣獨松關，參政董文炳、范文虎將左軍出江入江陰軍，丞相伯顏將中軍入常州。熒惑犯壘壁陣。癸亥，張全、尹玉、麻士龍援常州，士龍戰虞橋死，全奔五牧。朱煥至廬州，貴不內，煥歸，復以爲淮東制置副使。陳合坐匿廖瑩中家資，奪執政恩數。甲子，尹玉戰五牧死之，張全不戰遁。丙寅，趣趙溍、趙與可、鄭𤅙所募兵。詔中外官有習兵略者，各以書來上。是月，李世脩以江陰降。

十一月丁卯朔，銅關將貝寶、胡岩起攻溧水死，贈寶武翼郎，岩起朝奉郎。庚午，以陳文龍同知樞密院事兼權參知政事，黃鏞同簽書樞密院。命諸制司各舉才堪將帥者十人，不限偏裨士卒，如不隸軍中者，許投匭自薦。辛未，起居舍人曾唯辭官不允，去。癸酉，贈尹玉濠州團練使、廂士龍高州刺史，免張全、朱華臨陣退師罪。丁丑，詔被俘將士能率衆來歸者，以人數補官，能立功者予節鉞；諸閫以下官，以所招人多寡行賞。戊寅，大元兵破廣德軍。己卯，破四安鎭，正將胡明等死之。召文天祥入衞。辛巳，曾唯削一官免。太白犯房。壬午，大元兵至隆興府，黃萬石棄撫州遁，轉運判官劉槃以隆興降。癸未，大元兵破興化縣，知縣胡拱辰自殺。甲申，中書舍人王應麟辭免兼給事中，不允。大元兵至常州，招降不聽，攻二日，破之，屠其城。知州姚訔、通判陳炤、都統王安節皆死，劉師勇潰圍奔平江。乙酉，改宜興縣爲南興軍。禮部侍郎陳景行辭官不允，去。丙戌，贈濟王太師、尙書令，進封鎭王，謚昭肅，令福王與芮擇後奉祀，賜田萬畝。丁亥，獨松關告急，趣文天祥入衞。戊子，調民兵出守餘杭、錢塘。己丑，獨松關破，馮驥死之，張濡遁，鄰邑望風皆遁。通判平江府鄭嚋遁，庚寅，通判王矩之、都統制王邦傑遣人迎降于常州。辛卯，大元兵趨撫州，都統密佑逆戰于璧邪，兵敗死之。癸巳，以張世傑爲浙西制置副使兼知平江府。甲午，權禮部尙書王應麟遁，黃萬石提兵走建昌軍。乙未，左丞相夢炎遁。丙申，遣使召夢炎還朝。賜餘杭、武康、長興縣民錢，并免今年田租。鄭嚋降一官，罷通判。撫州施至道以城降。

十二月丁酉朔，詔許似道歸葬，以其祖田廬還之。戊戌，復趙與可爲都督府參議官，放李珏自便。己亥，贈王汝翼朝奉郎。庚子，以吳堅簽書樞密院事，黃鏞兼權參知政事。遣柳岳奉書詣大元軍中，稱盜殺廉尙書，乞班師修好。癸卯，以陳文龍爲參知政事兼權知樞密院事，賜謝堂同進士出身，同知樞密院事。甲辰，贈姚岩龍圖閣待制，其父希得贈太師，陳炤直寶章閣，馮驥集英殿修撰。嘉興府告急，給封樁庫錢爲兵備。命趙與侲戍縉雲縣。復季可官，令如龍泉縣募兵。乙巳，以陳景行爲浙東安撫副使，戍處州。起方逢辰戍淳安縣。丙午，追封呂文德和義郡王。丁未，出安邊封樁庫金付浙東諸郡爲兵備。大元兵入平江府。起吳君擢爲太府少卿，提點臨平民兵。遣使召夢炎、應麟，皆不至。戊申，張世傑入衞，加檢校少保，降詔奬諭。王爚薨，輟視朝二日。乙酉，括臨安府州縣馬。庚戌，柳岳還。癸丑，遣宗正少卿陸秀夫、刑部尙書夏士林、兵部侍郎呂師孟使軍前。詔呂文煥、趙孟桂通好。己未，方興、丁廣、趙文禮兵皆敗歸。庚申，以柳岳爲工部侍郎，洪雷震爲右正言，使燕祈請。大元兵破大洪山，知隨州朱端履降。權吏部尙書丁應奎、左侍郎徐宗仁遁。癸亥，遣使召夢炎不至。

德祐二年春正月丁卯朔，大元兵自元年十月圍潭州，湖南安撫兼知州李芾拒守三月，大小戰數十合，力盡將破，芾闔門死，郡人知衡州尹穀亦舉家自焚，帥司參議楊霆及幕屬陳億孫、顏應焱等皆從芾死。守將吳繼明、劉孝忠以城降。寶慶降，通判曾如驥死之。陸秀夫等至大元軍中，求稱姪納幣，不從；稱姪孫，不從。戊辰，還，太皇太后命用臣禮。己巳，嘉興守劉漢傑以城降。庚午，同簽書樞密院事黃鏞、參知政事陳文龍遁。以謝堂爲兩浙鎮撫大使，文天祥知臨安府，全永堅浙東撫諭使。辛未，命吳堅爲左丞相兼樞密使，常楙參知政事。日午宣麻慈元殿，文班止六人。諸關兵盡潰。遣監察御史劉岊奉表稱臣，上大元皇帝尊號曰仁明神武皇帝，歲奉銀絹二十五萬，乞存境土以奉蒸嘗。癸酉，左司諫陳孟虎、監察御史孔應得遁。熒惑犯木星。甲戌，大元兵至瑞州，知州姚岩棄城去。乙亥，以賈餘慶知臨安府。丙子，命吉王昰、信王昺出鎮。丁丑，以夏士林簽書樞密院事。己卯，加全永堅太尉。參知政事常楙遁。三學生誓死不去，特與放釋褐出身。以楊亮節爲福州觀察使，提舉吉王府行事；俞如珪爲環衞官、提舉信王府行事。大元兵入安吉州，知州趙良淳自經死。月暈東井。庚辰，簽書樞密院夏士林遁。辛巳，祀太乙宮。癸未，升封吉王昰爲益王，判福州、福建安撫大使；信王昺爲廣王，判泉州兼判南外宗正事。以留夢炎爲江東西、湖南北宣撫大使。甲申，大元兵至皐亭山，遣監察御史楊應奎上傳國璽降，其表曰：「宋國主臣㬎謹百拜奉表言，臣眇然幼沖，遭家多難，權奸似道背盟誤國，至勤興師問罪。臣非不能遷避，以求苟全，今天命有歸，臣將焉往。謹奉太皇太后命，削去帝號，以兩浙、福建、江東西、湖南、二廣、兩淮、四川見存州郡，悉上聖朝，爲宗社生靈祈哀請命。伏望聖慈垂念，不忍臣三百餘年宗社遽至隕絕，曲賜存全，則趙氏子孫，世世有賴，不敢弭忘。」是夜，丞相陳宜中遁，張世傑、蘇劉義、劉師勇各以所部兵去。乙酉，以文天祥爲右丞相兼樞密使、都督。丙戌，命天祥同吳堅使大元軍。賜家鉉翁進士出身，簽書樞密院事，賈餘慶同簽書樞密院事、知臨安府。戊子，知建德軍方回、知婺州劉怡、知處州梁椅、知台州楊必大皆降。是月，知臨江軍滕岩瞻遁。

二月丁酉朔，日中有黑子相盪，如鵝卵。辛丑，率百官拜表祥曦殿，詔諭郡縣使降。大元使者入臨安府，封府庫，收史館、禮寺圖書及百司符印、告敕，罷官府及侍衞軍。壬寅，猶遣賈餘慶、吳堅、謝堂、劉岊、家鉉翁充祈請使。是日，大元軍軍錢塘江沙上，潮三日不至。

三月丁丑，入朝。

五月丙申，朝于上都。降封開府儀同三司、瀛國公。是月，陳宜中等立昰于福州，後二年四月昰殂于碙洲，陸秀夫等復立衞王昺，後三年始平之。

贊曰：司馬遷論秦、趙世系同出伯益。夫稷、契、伯益其子孫皆有天下，至於運祚短長，亦係其功德之厚薄焉。趙宋雖起於用武，功成治定之後，以仁傳家，視秦宜有間矣。然仁之敝失於弱，卽文之敝失於僿也。中世有欲自強，以革其敝，用乖其方，馴致棼擾。建炎而後，土宇分裂，猶能六主百五十年而後亡，豈非禮義足以維持君子之志，恩惠足以固結黎庶之心歟？瀛國四歲即位，而天兵渡江，六歲而羣臣奉之入朝。漢劉向言：「孔子論詩至『殷士膚敏，祼將于京。』喟然嘆曰：大哉天命，善不可不傳於後嗣，是以富貴無常。」至哉言乎！我皇元之平宋也，吳越之民，市不易肆。世祖皇帝命征南之帥，輒以宋祖戒曹彬勿殺之言訓之。書曰：「大哉王言，一哉王心。」我元一天下之本，其在于茲。

二王者，度宗庶子也。長建國公昰，母淑妃楊氏；季永國公昺，母修容俞氏。度宗崩，謝太后召賈似道等入宮議所立，衆以爲昰長當立，似道主立嫡，乃立㬎而封昰爲吉王，昺信王。德祐二年正月，文天祥尹臨安，請以二王鎭閩、廣，不從，始命二王出閤。大元兵迫臨安，宗親復以請，乃徙封昰爲益王、判福州、福建安撫大使，昺爲廣王、判泉州兼判南外宗正，以駙馬都尉楊鎭及楊亮節、俞如珪爲提舉。

大元兵至高亭山〔八〕，鎭等奉之走婺州。丞相伯顏入臨安，遣范文虎將兵趣婺，召鎭以王還，鎭得報即去，曰：「我將就死於彼，以緩追兵。」亮節等遂負王徒步匿山中七日，其將張全以兵數十人始追及之，遂同走溫州，陸秀夫、蘇劉義繼追及於道。遣人召陳宜中于清澳，宜中來謁，復召張世傑于定海，世傑亦以所部兵來溫之江心寺。高宗南奔時嘗至是，有御座在寺中，衆相率哭座下，奉昰爲天下兵馬都元帥，昺副之。乃發兵除吏，以秀王與睪〔九〕爲福建察訪使兼安撫、知西外宗正，趙吉甫知南外宗正兼福建同提刑，先入閩中撫吏民，諭同姓。太皇太后尋遣二宦者以兵八人召王于温，宜中等沉其兵江中，遂入閩。時汀、建諸州方欲從黃萬石降，聞昰將至，卽閉城，却使者，萬石將劉俊、宋彰、周文英輩亦多來歸。

五月乙未朔，宜中等乃立昰于福州，以爲宋主，改元景炎，册楊淑妃爲太后，同聽政。封信王昺爲衞王。宜中爲左丞相兼都督，李庭芝爲右丞相，陳文龍、劉黻爲參知政事，張世傑爲樞密副使，陸秀夫爲簽書樞密院事。命吳浚、趙溍、傅卓、李珏、翟國秀等分道出兵。改福州爲福安府〔一〇〕，温州爲瑞安府。郊赦。是日黎明，有大聲出府中，衆皆驚仆。文天祥自鎭江亡歸，庚辰，以爲右丞相兼知樞密院事。遣其將呂武入江、淮招豪傑，杜滸如温州募兵。廣東經略使徐直諒遣梁雄飛請降于隆興帥府，乃假雄飛招討使，使徇廣州。既而直諒聞昰立，命權通判李性道、摧鋒軍將黃俊等拒雄飛于石門，性道不戰，俊戰敗奔廣州，直諒棄城遁。

六月丙子，雄飛入廣州，諸降將皆授以官，俊獨不受，遂爲衆所殺。吳浚聚兵于廣昌，取南豐、宜黃、寧都三縣。翟國秀取秀山，傅卓至衢、信諸縣，民多應之者。命文天祥爲同都督。

七月丁酉，進兵南劍州，欲取江西。是月，吳浚兵敗於南豐，翟國秀聞兵至，遂引還。傅卓兵敗，詣江西元帥府降。平章阿里海牙破嚴關，馬曁退保靜江府。

八月，漳州亂，命陳文龍爲閩、廣宣撫使以討之。甲戌，秀王與檡圍婺州。丙子，聞大兵至，遂解歸。以王積翁爲福建提刑、招捕使，知南劍州，備禦上三郡；黃恮爲同提刑、招捕使，知漳州，備禦下三郡。張世傑遣兵助吳浚與元帥李恆戰兜零，兵敗奔寧都。興化石手軍亂。

九月，復以陳文龍知興化軍。東莞人熊飛爲黃世傑守潮、惠二州，聞趙溍至，即以兵應之，攻雄飛于廣州。壬寅，雄飛遁，熊飛遂復韶州。新會令曾逢龍亦帥兵至廣州，李性道出迎謁，飛與逢龍執而殺之。衢州守將魏福興出戰福星橋死。壬子，趙溍入廣州。是月，招討也的迷失會東省兵于福州。元帥呂師夔、張榮實將兵入梅嶺。

十月壬戌朔，文天祥入汀州。趙溍遣曾逢龍就熊飛禦大軍于南雄，逢龍戰死，熊飛奔韶州。大軍圍韶州，守將劉自立以城降，飛率兵巷戰，兵敗赴水死。

十有一月，參政阿剌罕、董文炳將兵至處州，李珏以城降。甲辰，秀王與檡逆戰于瑞安，觀察使李世達死之。與檡及其弟與慮、子孟備、監軍趙由瑀、察訪使林溫被執皆死。阿剌罕兵至建寧府，執守臣趙崇鐖，知邵武軍趙時賞、知南劍州王積翁皆棄城去。乙巳，是入海。癸丑，大軍至福安府，知府王剛中以城降〔二〕。是欲入泉州，招撫蒲壽庚有異志。初，壽庚提舉泉州舶司，擅蕃舶利者三十年。是舟至泉，壽庚來謁，請駐蹕，張世傑不可。或勸世傑留壽庚，則凡海舶不令自隨，世傑不從，縱之歸。繼而舟不足，乃掠其舟并沒其貲，壽庚乃怒殺諸宗室及士大夫與淮兵之在泉者。是移潮州。是月，福、興化皆降〔三〕。英德守臣凌彌堅、徐夢得等亦降。

十二月辛酉朔，趙溍棄廣州遁。乙丑，制置方興亦遁，吳浚退走入瑞金。戊辰，蒲壽庚及知泉州田眞子以城降。知興化軍陳文龍嬰城不下，乙酉，通判曹澄孫以城降，文龍被執，不屈死。是次甲子門。

至元十四年正月，大軍破汀關。癸巳，知循州劉興降。壬寅，吳浚棄瑞金遁，鎭撫孔遵入瑞金，文天祥走漳州，浚尋還汀州降。戊申，知潮州馬發及其通判戚繼祖降，癸丑，復來歸。丁巳，權知梅州錢榮之以城降。

二月，大軍至廣州，縣人趙若岡以城降。廣東諸郡皆降。

三月，文天祥取梅州，陳文龍從子瓚舉兵殺守將林華，據興化軍。

四月，文天祥取興國縣，廣東制置使張鎭孫襲廣州取之，梁雄飛等棄城走韶州。

五月，張世傑將兵取潮州，文天祥提兵自梅州出江西入會昌縣，淮民張德興亦起兵殺太湖縣丞王德顒，據司空山，攻下黄州、壽昌軍。丁巳，遇宣慰鄭鼎戰樊口，鼎墜水死。

六月辛酉，文天祥取雩都。己卯，入興國縣。

七月，遣兵取吉、贛諸縣，圍贛州。衡山人趙璠、撫州人何時皆起兵應之。乙巳，張世傑圍泉州，遣將高日新復邵武。淮兵在福州者，欲殺王積翁以應世傑，皆爲積翁所戮。江西宣慰李恆遣兵援贛州，而自將兵入興國。

八月，文天祥諸將兵皆敗，乃引兵卽鄒㵯于永豐，㵯兵亦潰。己巳，熒惑掩月，天色赤。壬申，文天祥兵敗于興國。己卯，大軍破司空山，張德興敗，亡走。甲申，天祥至空坑，兵盡潰，遂挺身走循州，諸將皆被執。

九月，元帥唆都援泉州。戊申，張世傑歸淺灣。左丞塔出將兵入大庾嶺，參政也的迷失將兵復取邵武入福州。

十月甲辰，唆都破興化軍，陳瓚死之。進攻潮州，馬發拒之，乃去攻惠州。

十一月，塔出圍廣州〔三〕。庚寅，張鎭孫以城降。元帥劉深以舟師攻昰于淺灣，昰走秀山。陳宜中入占城，遂不反。

十二月丙子，昰至井澳，颶風壞舟幾溺死，遂成疾。旬餘，諸兵士始稍稍來集，死者十四五。丁丑，劉深追昰至七州洋，執俞如珪以歸。

十五年正月，大軍夷廣州城。張世傑遣兵攻雷州，不克。己酉，大軍克涪州，執守將王明。

二月，大軍破潮州，馬發死之。

三月，文天祥取惠州，廣州都統凌震、轉運判官王道夫取廣州。昰欲往居占城不果，遂駐碙洲。遣兵取雷州。曾淵子自雷州來，以爲參知政事、廣西宣諭使。

四月戊辰，昰殂于碙洲，其臣號之曰端宗。庚午，衆又立衞王昺爲主，以陸秀夫爲左丞相。是月，有黃龍見海中。

五月癸未朔，改元祥興。乙酉，升碙洲爲翔龍縣。遣張應科、王用取雷州，應科三戰皆不利，用因降。

六月丁巳，應科再戰雷州，遂死之。知高州李象祖降。己未，昺徙居厓山，升廣州爲翔龍府。己巳，有大星東南流，墜海中，小星千餘隨之，聲如雷，數刻乃已。己卯，都元帥張弘範、李恆征厓山。

十月，趙與珞與謝明、謝富守瓊州，阿里海牙遣馬成旺招之，與珞率兵拒于白沙口。

十一月癸巳，州民執與珞以降。

閏月庚戌，王道夫棄廣州遁。壬戌，凌震遁。癸亥，大軍入廣州。

十二月壬午，王道夫攻廣州，兵敗被執。凌震兵繼至亦敗。文天祥走海豐，壬寅，被執于五坡嶺。震兵又敗于茭塘。大軍破南安縣，守將李梓發死之。

十六年正月壬戌，張弘範兵至厓山。庚午，李恆兵亦來會。世傑以舟師碇海中，棊結巨艦千餘艘，中艫外舳，貫以大索，四周起樓棚如城堞，居昺其中。大軍攻之，艦堅不動。又以舟載茅，沃以膏脂，乘風縱火焚之。艦皆塗泥，縛長木以拒火舟，火不能爇。

二月戊寅朔，世傑部將陳寶降。己卯，都統張達以夜襲大軍營，亡失甚衆。癸未，有黑氣出山西。李恆乘早潮退攻其北，世傑以淮兵殊死戰。至午潮上，張弘範攻其南，南北受敵，兵士皆疲不能戰。俄有一舟檣旗仆，諸舟之檣旗遂皆仆。世傑知事去，乃抽精兵入中軍。諸軍潰，翟國秀及團練使劉俊等解甲降。大軍至中軍，會暮且風雨，昏霧四塞，咫尺不相辨。世傑乃與蘇劉義斷維，以十餘舟奪港而去，陸秀夫走衞王舟，王舟大，且諸舟環結，度不得出走，乃負昺投海中，後宮及諸臣多從死者，七日，浮尸出于海十餘萬人。楊太后聞昺死，撫膺大慟曰：「我忍死艱關至此者，正爲趙氏一塊肉爾，今無望矣！」遂赴海死，世傑葬之海濱，已而世傑亦自溺死。宋遂亡。

贊曰：宋之亡徵，已非一日。曆數有歸，眞主御世，而宋之遺臣，區區奉二王爲海上之謀，可謂不知天命也已。然人臣忠於所事而至於斯，其亦可悲也夫！

校勘記

〔一〕咸淳七年九月己丑　「七年」，原作「六年」。按本書卷四六度宗紀載咸淳七年九月己丑「子㬎生」，宋史全文附錄宋季朝事實也載咸淳七年九月己丑「皇后誕生皇子」，本卷下文又說咸淳十年卽皇帝位，「年四歲」，可見趙㬎實生于咸淳七年，據改。

〔二〕副總制仁寧出降　「仁寧」，平宋錄卷上、元史卷一二七伯顏傳都作「任寧」。

〔三〕責洪起畏鎭江自效　「責」，原作「貴」。按南宋對黜降的武官有責令其在某處自效的制度，「貴」當爲「責」的形訛，因改。

〔四〕京湖北路相繼皆下　按宋無「京湖北路」，京湖宣撫原轄湖北和京西部分地區，「京」下疑脫「西」字。

〔五〕褚一正　原作「楮一正」，據本書卷四二一李庭芝傳、卷四五四本傳改。

〔六〕謫似道爲高州團練副使　「副」字原脫，據宋季三朝政要卷五、宋史全文後附宋季朝事實補。

〔七〕領戶部財用常楙　「財」，原作「材」，本書卷二四六鎮王竑傳作「提領戶部財用兼修國史常楙」。按本書卷一六三職官志、朝野雜記甲集卷一七，都說建炎初年開始設置「提領措置戶部財用」。據改。

〔八〕高亭山　宋季三朝政要卷五、宋史全文後附宋季朝事實同，上文德祐二年正月甲申條、本書卷四五一徐道隆傳、平宋錄卷中都作「臯亭山」。按咸淳臨安志卷二四有臯亭山，幷說見唐書地理志，宋寧宗御書三字爲扁。疑作「臯亭山」是。

〔九〕秀王與睪　「睪」，據本書卷四五〇、昭忠錄本傳作「檡」，宋季三朝政要附錄廣王本末作「擇」。

〔一〇〕改福州爲福安府　「福安府」，原作「安福府」。按宋季三朝政要附錄廣王本末：「五月一日廣王登極於福州，升福州爲福安府。」宋史全文後附宋季朝事實：「升福州爲福安府，以司馬王剛中知府事。」本卷下文十一月癸丑條，亦作「福安」。據改。

〔一一〕大軍至福安府知府王剛中以城降　「福安府」原作「福安州」，「知府」原作「知州」，據宋季三朝政要附錄廣王本末、宋史全文後附宋季朝事實改。

〔一二〕是月福興化皆降　此句有誤。據下文，興化降在下月，宋季三朝政要附錄廣王本末、宋史全文後附宋季朝事實同。

〔三〕十一月塔出圍廣州　「十一月」原作「十月」，與上文「十月」重複。按宋季三朝政要附錄廣王本末所載，元兵圍攻廣州乃十一月事，據改。